Informationstechnologien für die Praxis

Springer
*Berlin
Heidelberg
New York
Barcelona
Hongkong
London
Mailand
Paris
Singapur
Tokio*

Henrik Loeser
Geboren 1971 in Essen. Studium der Informatik mit Nebenfach
Wirtschaftswissenschaften an der Universität Kaiserslautern von
1991 bis 1996. Dort zunächst von 1994 bis 1996 wissenschaftliche
Hilfskraft und dann von 1996 bis 2001 Wissenschaftlicher Mitarbeiter
in der Arbeitsgruppe Datenbanken und Informationssysteme von
Prof. Dr. Theo Härder. Im Rahmen der Tätigkeiten u.a. Arbeit mit
objekt-orientierten und Non-Standard-Datenbanksystemen, ab 1995
mit objekt-relationalen Datenbanksystemen. Schwerpunkt bei Techniken für Datenbank-gestützte Informationssysteme, insbesondere Web-
Informationssysteme. Tätigkeiten als Webmaster. 2000 Promotion
zum Dr.-Ing. im FB Informatik an der Universität Kaiserslautern.
Seit Juni 2001 Software-Entwickler bei IBM, San Jose, Kalifornien.

„Einsatz objekt-relationaler Datenbanksysteme für Web-Informationssysteme"

Vom Fachbereich Informatik der Universität Kaiserslautern zur Verleihung
des akademischen Grades Doktor der Ingenieurwissenschaften (Dr.-Ing.)
genehmigte Dissertation.

Dekan des Fachbereichs Informatik: Prof. Dr. M. Richter Promotionskommission:
Vorsitezender: Prof. Dr. K. Madlener
Berichterstatter: Prof. Dr. T. Härder
                         Prof. Dr. A. Heuer

Tag der wissenschaftlichen Aussprache: 29. 9. 2000
D 386 (Diss. Univ. Kaiserslautern)

Henrik Loeser

Web-Datenbanken

Einsatz objekt-relationaler Datenbanken für Web-Informationssysteme

Mit 31 Abbildungen und 52 Beispielen

 Springer

Autor
Dr.-Ing. Henrik Loeser
Röntgenstraße 5
33129 Delbrück

Reihenherausgeber
Prof. Dr. Stefan Jablonski, Universität Erlangen
Dr. Wolfgang Deiters, Fraunhofer ISST, Dortmund

ISSN 1438-972X
ISBN 13: 978-3-540-41932-7

Die Deutsche Bibliothek – CIP-Einheitsaufnahme
Loeser, Henrik: Web-Datenbanken: Einsatz objekt-relationaler Datenbanken für Web-
Informationssysteme / Henrik Loeser. – Berlin; Heidelberg; New York; Barcelona;
Hongkong; London; Mailand; Paris; Singapur; Tokio: Springer, 2001
(Informationstechnologien für die Praxis)
ISBN 13: 978-3-540-41932-7   e-ISBN 13: 978-3-642-59490-8
DOI: 10.1007/978-3-642-59490-8

Springer-Verlag Berlin Heidelberg New York,
ein Unternehmen der BertelsmannSpringer Science + Business Media GmbH
http://www.springer.de

Umschlaggestaltung: Künkel + Lopka Werbeagentur, Heidelberg
Satz: Belichtungsfertige Daten vom Autor
Gedruckt auf säurefreiem Papier SPIN: 10832726 33/3142 ud – 5 4 3 2 1 0

Vorwort der Herausgeber

Das World Wide Web (WWW oder Web) hat als Bestandteil der Internet-Technologie in den vergangenen Jahren einen Siegeszug wie keine andere Technologie angetreten. Das Web stellt heute ein nahezu allgegenwärtiges Medium mit einem schier unermeßlichen Informationsangebot sowohl für geschlossene (Intranet) wie auch offene Benutzergruppen (Internet) dar. Dabei hat das Web als Informationsmedium auch sehr schnell eine wirtschaftliche Dimension entwickelt. Für viele Unternehmen ist ein adäquater Web-Auftritt in der Zwischenzeit wettbewerbskritisch geworden. Dies betrifft sowohl die Frage der Nutzung des Webs im Rahmen der Geschäftsprozesse eines Unternehmens wie auch die Nutzung des Webs im Außenraum zur Darstellung, zu Marketingzwecken, etc. Vor diesem Hintergrund ist die Frage nach der Verwaltung von Informationen in Web-basierten Anwendungen eine hochaktuelle. Web-Datenbanken stellen einen grundlegenden Baustein dieser Anwendungen dar. Diesem Thema widmet sich Henrik Loeser in diesem Buch, in dem er sich mit der Frage der Nutzung objekt-relationaler Datenbanken für web-basierte Informationssysteme auseinandersetzt.

Objekt-relationale Datenbanken sind Weiterentwicklungen relationaler Datenbanksysteme, die in der Lage sind, multimediale Objekte zu speichern. Diese Hauptanforderung stellt sich für viele Web-Anwendungen. Henrik Loeser stellt in seinem Buch zunächst Grundlagen der objekt-relationalen Technologie und des Webs vor und beschäftigt sich anschließend schwerpunktartig mit Fragen der Informationsbereitstellung, d.h. Fragen der Bereitstellung von Dokumenten mit aktuellen, sich verändernden Informationen. Hiermit eng verbunden ist die Möglichkeit zur Suche im jeweils aktuellen Dokumentenbestand sowie die Nutzung von Inhaltsverzeichnissen (Web-Katalogen).

Das vorliegende Buch richtet sich somit an Leser, die vor der Aufgabe der Konzeption komplexer web-basierter Informationssysteme stehen. Es stellt die Nutzung einer noch recht neuen Technologie vor – mit SQL:1999 werden erstmals Teile objekt-relationaler Funktionalität standardisiert – und kann somit dazu beitragen, Erfahrungen in die industrielle Praxis zu transferieren. Dabei gibt es Antworten auf eine Vielzahl von Themen rund um web-basierte Informationssysteme, von denen auszugsweise genannt sein sollen: Dokumentenverwaltung, Systemarchitekturen für web-basierte Systeme, transaktionale Datenbank-Anwendungen im Web-Umfeld, Sicherheit, Personalisierung. Alle diese Themen stellen Herausforderungen dar, die bei der Entwicklung von web-basierten Informationssystemen gelöst werden müssen; das Buch gibt dem Leser Hilfestellung bei der Lösung dieser Aufgaben.

Erlangen, im Mai 2001   Dortmund, im Mai 2001
Stefan Jablonski   Wolfgang Deiters

Vorwort des Autors

Mit Web-Informationssystemen und objekt-relationalen Datenbanksystemen stoßen
in diesem Buch zwei spannende Themen aufeinander. Beide Begriffe wurden in der
Mitte der 90-er Jahre geprägt, wenn allerdings auch ihre technologischen Vorläufer
älter sind. Web-Informationssysteme sollen die *globale* Informationsbereitstellung
und den *globalen* Zugriff auf die Information ermöglichen, objekt-relationale
Datenbanksysteme die *universelle* Datenverwaltung. Wie sieht aber die (meist eingeschränkte und nicht so blumige) Realität aus? Können die beiden Technologien,
wenn man sie kombiniert, voneinander profitieren? Diese und weitere Fragen habe
ich, bei ständig fortschreitender Entwicklung, zu beantworten versucht. Die Ergebnisse finden Sie in diesem Buch, das auf meiner Dissertation beruht.

Danken möchte ich ganz besonders meinem Doktorvater Prof. Dr. Theo Härder, der
mir in seiner Arbeitsgruppe „Datenbanken und Informationssysteme" an der Universität Kaiserslautern die Arbeit an diesen Themen ermöglicht hat. Er hat mir die
notwendigen Freiheiten gegeben und mich mit seinen Fragen und Diskussionen
begleitet. Ein großer Dank gebührt auch Prof. Dr. Andreas Heuer, der nicht nur die
Bürde des Zweitgutachters, sondern auch die langen Bahnfahrten auf sich genommen hat. Prof. Dr. Klaus Madlener danke ich für die Übernahme des Vorsitzes in der
Promotionskommision.

Meinen Kollegen in der Arbeitsgruppe möchte ich für das Arbeitsklima danken, für
die fachlichen Diskussionen und die vielen sonstigen Gespräche, u. a. auch in der
berühmt-berüchtigten Lauterer Tee-Ecke, besonders Marcus Flehmig und Budi Surjanto für die Kommentare zum Inhalt und Lothar Gauß für den schnellen Service.
An den Ergebnissen der vorliegenden Arbeit haben auch die Studenten der Arbeitsgruppe einen Anteil, die in Projekt- und Diplomarbeiten sowie bei Hiwi-Jobs Ideen
weiterentwickelt und realisiert haben.

Danken möchte ich auch den beiden Herausgebern Prof. Dr. Stefan Jablonski und
Dr. Wolfgang Deiters sowie den Damen und Herren vom Springer-Verlag, die das
vorliegende Buch mitermöglicht haben.

Schließlich danke ich meiner Familie, insbesondere meinen Eltern, die mir unter
Aufnahme so mancher Mühen und Verzicht auf Geld und Freizeit u. a. meine Aus-
bildung ermöglicht haben, und meiner Frau Daniela, die meine Arbeit, das Entstehen dieses Buches eingeschlossen, mit viel Liebe, Verständnis und Geduld mitträgt.

Delbrück, im Mai 2001   Henrik Loeser

Inhaltsverzeichnis

5 Bereitstellung aktueller Information

6 Lokale Suche und Navigationshilfen

7 ORDBS-gesteuerte Generierung

10 Realisierungsaspekte

11 Abgrenzung

12 Zusammenfassung und Ausblick

1 Einleitung

Seit dem Entstehen des *World Wide Web* (WWW oder auch kurz „Web") im Jahre 1991 sind keine zehn Jahre vergangen [Cai95]. Heute wird das Web von vielen fälschlicherweise oft mit dem *Internet* gleichgesetzt, obwohl das WWW „nur" einen von vielen Internet-Diensten darstellt. Schuld an dieser Gleichsetzung ist der übergroße Erfolg des Web, der sicherlich auch mit dem Sinken der Kommunikationskosten zusammenhängt. Er hat das Internet der Öffentlichkeit bekannt und für Jedermann zugänglich gemacht. Heute ist es in vielen Ländern selbstverständlich, im Web zu „surfen", E-Mails zu lesen, mit anderen zu „chatten" und über das Web einzukaufen[1]. Unternehmen habe ihre internen Abläufe z. T. schon an das Web und die damit verbundenen Technologien angepasst, viele werden das in Zukunft noch tun. Immer mehr Kommunikationsmittel und Geräte werden „Web-fähig", Informationen können über das Mobiltelefon abgerufen werden, Steuergeräte und z. T. sogar schon Haushaltsgeräte (als Prototypen) über das Web überwacht und über Organizer, Fernseher und Telefone E-Mails verschickt werden.

Mit dem WWW verbundene Software und auch immer neue Vorschläge und sog. „Standards" werden in immer kürzeren Abständen auf den Markt gebracht bzw. publiziert. Der Begriff „Web-Jahre" wurde geprägt, um diese überaus schnelle Entwicklung zu beschreiben. Durch die Nutzung von Internet-Techniken ist es möglich geworden, Daten aller Art, wie z. B. Dokumente, Programme, Bilder und Videos, innerhalb kurzer Zeit auszutauschen. Wer einen Zugang zum Internet hat, kann von jedem Ort der Welt aus jederzeit auf die im „Netz der Netze" angebotenen Informationen zugreifen, Nachrichten mit anderen austauschen, einkaufen, Bankgeschäfte tätigen und vieles mehr. Um die Möglichkeiten des Internet zu testen, wurde 1999 in Deutschland erstmalig sogar der Wettbewerb „Survival '99"[2] durchgeführt. Bei ihm mussten mehrere Teams versuchen, nur mit Hilfe der Internet-Technik 100 Stunden lang zu überleben und sich die benötigten Dinge über das Internet zu organisieren. Das Ziel des Wettbewerbs wurde nicht nur von allen Teilnehmern erreicht, über „Banner-Werbung" konnten sogar Einnahmen erzielt und für einen guten Zweck gespendet werden.

---

1 Für den mit dem elektronischen, d. h. über das WWW abgewickelten Handel und die damit zusammen hängenden Bereiche wurde der Begriff „E-Commerce" (*electronic*) und bei Nutzung eines Mobiltelefons das Schlagwort „M-Commerce" (*mobile*) geprägt.

2 Mehr Informationen sind unter der Adresse http://www.survival99.de erhältlich.

Damit auf Informationen zugegriffen und Produkte geordert werden können, bedarf es entsprechender Angebote. Um diese realisieren zu können, werden wiederum zahlreiche Komponenten, Konzepte und Kommunikationsprotokolle benötigt. Auf die dabei mit dem Einsatz von Datenbanksystemen zusammenhängenden Aspekte werden wir im Rahmen dieses Buches genauer eingehen.

1.1 Überblick

Heute lassen sich zu fast allen Themenbereichen im WWW Informationen finden; das Angebot ist mittlerweile nicht mehr überschaubar. Laut [DM98] steht aber im Hinblick auf die Zahl der im Web verfügbaren Informationen die eigentliche Revolution noch bevor. Dann wird es möglich sein, „alle Informationen" *online* verfügbar zu halten. Wurde früher noch ein Großteil der Informationen papierbasiert, z. B. in Telefonbüchern, Katalogen oder Rundschreiben, oder elektronisch über Informationssysteme verbreitet, stehen sie heute immer mehr über die so genannten Webbasierten Informationssysteme bzw. Web-Informationssysteme (WIS) zur Verfügung.

1.1.1 Web-Informationssysteme

Was aber genau sind Web-Informationssysteme? In [IBV98] werden WIS als Systeme bezeichnet,

- die basierend auf der Web-Technologie

- die Arbeit unterstützen und

- eng mit anderen Informationssystemen, wie z. B. Datenbanksystemen oder Transaktionsverarbeitungssystemen, verknüpft sind.

Kernelement eines jeden WIS und des WWW, und damit einen Teil der oben geforderten Web-Technologie bildend, sind die so genannten *WWW-Server* (siehe Abbildung 1.1). Sie machen über ein spezielles Kommunikationsprotokoll, das HTTP (*HyperText Transfer Protocol*, [FG+99]), u. a. HTML-, XML- oder auch WML-Dokumente verfügbar[3]. HTML, die *HyperText Markup Language* [RLJ99], ist die „Ursprache" des Web. Die *eXtensible Markup Language* (XML, [BPS98]) und auf ihrer Basis definierte Sprachen, u. a. auch die *Wireless Markup Language* (WML, [WAP99]), stellen eine neue Sprachgeneration dar und werden heute immer mehr zur Dokumentenerstellung eingesetzt. Auf die von den Web-Servern angebotenen Dokumente kann von jedem Ort der Erde zugegriffen werden, vorausgesetzt, ein sog. WWW-Client, ein Web-Browser[4], steht zur Verfügung. Die Browser kön-

---

3 Wegen ihres Aufbaus werden Web-Dokumente auch als semistrukturierte Daten bezeichnet. Im weiteren Verlauf des Buches werden wir aber die Begriffe (Web-)Dokument und Web-Seite verwenden, um den technischen Aspekt der Dokumentenbereitstellung zu betonen.

nen textbasiert oder grafisch sein. Entsprechende Software gibt es heute auf fast allen Betriebssystemen, zudem für spezielle Mobiltelefone, für *Organizer bzw. digitale Assistenten oder* auch schon für Fernseher.

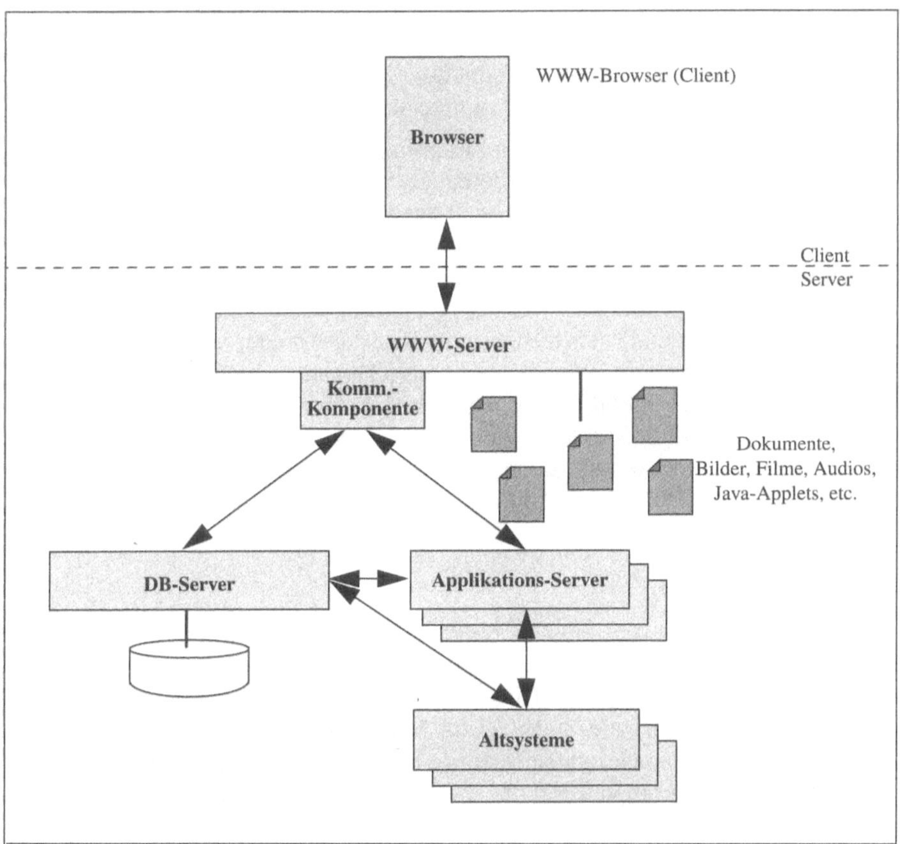

Abb. 1.1: Aufbau eines WIS (vereinfacht)

Die Dokumente sind entweder statisch und liegen im Dateisystem des Web-Servers oder werden erst beim Zugriff eines Benutzers vom Server erzeugt. Für die dynamische Dokumentengenerierung stehen mittlerweile zahlreiche Techniken, Schnittstellen und natürlich Programme bzw. ganze Programmpakete zur Verfügung. Die für die Dokumentenerzeugung benötigten Daten werden heute in der Regel in Datenbanken (DB) gespeichert, die von Datenbankverwaltungssystemen (DBVS)

---

4 Heute werden in Anlehnung an die beiden dominanten Produkte „Netscape Navigator" und „Microsoft Internet Explorer" die Browser, je nach Präferenz, auch nur kurz als „Navigator" oder „Explorer" bezeichnet.

verwaltet werden, was der oben für ein WIS geforderten engen Verknüpfung mit anderen Informationssystemen entspricht. Zu den für die Generierung verwendeten Daten gehören z. B. gespeicherte Bestellungen, Kundendaten und Produktinformationen etc. bei einem Online-Shop, Literaturdaten für einen Online-Bibliothekskatalog oder auch Informationen über Vorlesungen, Räume, Mitarbeiter usw. Weil die Daten auch für andere Anwendungen als das WIS eingesetzt werden (können), wollen wir sie im Folgenden kurz als „Produktionsdaten" bezeichnen, um sie von den Web-Dokumenten, den „Web-Daten", zu unterscheiden.

Neben der Web-Technik und der engen Zusammenarbeit mit anderen Informationssystemen wird für ein WIS auch gefordert, dass es bei der Arbeit unterstützt. Da die Arbeit zum einen sehr unterschiedlich sein kann und zum anderen meist nicht nur ein bestimmter Dienst benötigt wird, werden innerhalb eines WIS in der Regel zahlreiche Informationen bereitgestellt und verschiedene Dienste angeboten, u. a. die Suche im lokalen Datenbestand. Werden dabei unter einer markanten Einstiegsadresse Informationen und Dienste unterschiedlichster Art oder mit einer speziellen, z. B. regionalen oder unternehmensrelevanten Thematik angeboten, so wird das WIS heute gerne auch als Portal bezeichnet. Bei Portalen ist es häufig der Fall, dass die Dienste von unterschiedlichen Anbietern stammen und unter „das Dach" des Portals integriert sind. Das Portal dient als Einstiegspunkt zu vielen Angeboten[5] und kann u. U. sehr viele Dokumente umfassen.

1.1.2 Komponenten

Ein Web-Informationssystem, insbesondere ein WIS mit einem sehr großen Informationsangebot und vielen Diensten, besteht in der Regel aus einer Reihe von Komponenten (siehe Abbildung 1.1). Diese sind selbst wieder Informationssysteme, Datenbanksysteme (DBS) oder andere (Alt-)Anwendungen. Um sie zu kontaktieren und die vom Benutzer gewünschten Daten zu erhalten, verfügt der Web-Server über eine Kommunikationskomponente, die z. T. auch schon Anwendungslogik enthalten kann. Mit ihr wird entweder direkt basierend auf den aus einer DB gewonnenen Daten oder vom Applikations-Server eine Web-Seite generiert, an den Web-Server und von diesem weiter an den Browser geliefert. Die Applikations-Server können für die Abarbeitung der eingehenden Aufträge auf DBS oder andere Anwendungen, meist sog. Altsysteme (*legacy systems*) zurückgreifen, wobei letztere selbst wieder DBS nutzen können. Die einzelnen DB- und Anwendungs-Server sowie Altsysteme können auf zahlreichen, u. U. weit verteilten Rechnern laufen und im Falle eines

---

5 Wegen ihres Bekanntheitsgrades und dem damit zusammen hängenden Benutzeraufkommen werden die Adressen, d. h. die Domain-Namen der Portale und mehr noch die Aktien des das Portal betreibenden Unternehmens an den Börsen hoch gehandelt. Bei bekannten Unternehmen reichte sogar schon die Ankündigung, die Web-Präsentation des Unternehmens zu einem Portal umzubauen, um den Aktienkurs in die Höhe schnellen zu lassen.

Portals sogar von unterschiedlichen Unternehmen bereitgestellt und administriert werden. Die genauen Abläufe, Komponenten und Technologien werden wir später diskutieren und es hier bei diesem groben Überblick belassen.

Die immer größer werdende Zahl von Web-Seiten auf einem Server war für viele Betreiber einer *Web-Site* bzw. eines WIS der Auslöser, die Dokumente und ihre Komponenten während der Entwicklung (*development*) in Datenbanksystemen zu speichern und später dann in das Dateisystem des Web-Servers zu übertragen (*deployment* oder *publishing*). Während für die Speicherung der Produktionsdaten in der Regel keine besonderen Anforderungen bezüglich der DB-Technik vorliegen und sog. „Standard-DBS", d. h. relationale DBS (RDBS) eingesetzt werden können, sind das WWW und die Dokumentkomponenten multimedial. Wegen der damit verbundenen besonderen Anforderungen eignen sich RDBS nur unzureichend. Daher werden hierfür oft objektorientierte DBS (OODBS) oder spezialisierte *Repositories* eingesetzt.

Seit wenigen Jahren gibt es nun auch objekt-relationale Datenbankverwaltungssysteme (ORDBVS, [Kim96, Sto96, SBM99]), eine Weiterentwicklung der RDBVS. „Universal Server", „Universal Database", „Adaptive Server" und „Universal Data Option" waren einige der in der Anfangsphase der ORDBVS von ihren Herstellern geschaffenen Marketing-Namen[6]. Hierdurch wollten sie die (vermeintliche?) Fähigkeit der ORDBVS, alle Anwendungsarten unterstützen zu können, herausstellen. Diese Fähigkeit besitzen die ORDBVS aufgrund der Kombination relationaler und objektorientierter Eigenschaften sowie ihrer so genannten Erweiterbarkeit. Im Zuge des Trends zu immer mehr DBS-basierten Web-Sites und WIS kamen noch Marketing-Schlagworte wie „first Internet-ready database" oder „Internet Foundation" hinzu. Mit SQL:1999 [JTC99a] wurden erstmals Teile der objekt-relationalen Funktionalität standardisiert.

Da ein WIS potentiell sehr viele Komponenten beinhalten kann, auf die es zur Informationsbereitstellung angewiesen ist, existieren zahlreiche Anwendungsgebiete im Hinblick auf die Bereitstellung von Web-Dokumenten. Um den Inhalt des Buches einordnen und abgrenzen zu können, geben wir im Folgenden eine zwar lange, aber trotzdem unvollständige Auflistung von DB-Themen und Aspekten rund um den Betrieb eines WIS:

- *Dokumentenverwaltung*: Wie können statische HTML- oder XML-Dokumente und Dokumentenkomponenten bzw. allgemein semistrukturierte Daten verwaltet werden? Welche Funktionalität wird benötigt?

- *Anbindung von Anwendungslogik*: Über welche Protokolle bzw. Schnittstellen werden vom Web-Server Module mit Anwendungslogik eingebunden bzw.

---

6 Dieses waren entsprechende erste Marketing-Namen von IBM, Informix, Oracle und Sybase. Um die zahlreichen traditionellen, also relationalen Anwender nicht abzuschrecken, wurde die Namen später nicht mehr so intensiv genutzt.

externe Systeme angesprochen? Wie werden Daten und benötigte Zusatzinformationen (welche?) ausgetauscht?

- *Systemarchitekturen für Web-basierte Anwendungen*: Wie kann ein WIS möglichst effizient gestaltet werden, so dass es sowohl kurze Antwortzeiten gewährleistet als auch wenig Ressourcen für die Anfragebearbeitung verwendet, gleichzeitig aber auch leicht zu installieren und zu administrieren ist?

- *Anbindung von DBS*: Wie können in DBS gehaltene Daten in Dokumente eingebunden werden? Wie können diese Dokumente trotz Datenaktualisierungen konsistent gehalten werden?

- *Realisation transaktionaler DB-Anwendungen*: Wie können Transaktionen im Web-Umfeld realisiert werden? Welche Einschränkungen gibt es? Was ist zu beachten?

- *Skriptsprachen*: Um nicht für die unterschiedlichen Aufgaben stets Programme entwickeln zu müssen und auch die Portabilität der Lösungen zu gewährleisten, werden für die Programmierung Skriptsprachen eingesetzt. Welchen Funktionsumfang müssen diese haben? Wie können sie sinnvoll eingesetzt werden? Wie sehen die Schnittstellen zum Web-Server und zu anderen Anwendungen aus?

- *Bereitstellung lokaler Suchmaschinen und Inhaltsverzeichnisse*: Um das Auffinden von in einem WIS bereitgestellten Informationen zu erleichtern, werden lokale Suchmaschinen und Inhaltsübersichten offeriert. Wie können die Indexdaten auf einem aktuellen Stand gehalten werden? Welche Informationen werden indexiert? Wie lassen sich die Inhaltsverzeichnisse automatisch erstellen? Wie lassen sie sich organisieren?

- *Anfragesprachen für das Web:* Kann mit (deskriptiven) Anfragesprachen auf das Web zugegriffen werden? Wie werden solche Anfragesprachen konstruiert? Wie lassen sich Web-Daten bzw. Ergebnisse miteinander verknüpfen (Verweisverfolgung)?

- *Hyperlink-Konsistenz*: Wie kann die Konsistenz aller Hyperlinks innerhalb eines WIS überprüft bzw. garantiert werden? Was geschieht insbesondere bei einer Restrukturierung des WIS?

- *WIS-Entwurfsmethodiken*: Wie muss beim methodischen Entwurf eines WIS vorgegangen werden? Welche Methoden gibt es, um die Verzeichnis- und Dokumentenstruktur zu entwerfen? Wie kann am besten eine Trennung von Inhalt, Struktur und Präsentation vorgenommen werden? Wie kann eine Restrukturierung des WIS erleichtert werden?

- *Sicherheit*: Mit dem Thema Sicherheit verknüpft sind Aufgaben wie der Schutz vor unerlaubtem Zugriff, die Identifikation von Benutzern, die Verschlüsselung von übertragenen Daten, der Schutz des WIS vor Angriffen (z. B. den sog. *denial-of-service attacks*) usw.

- *Personalisierung*: Benutzer möchten möglichst schnell auf die für sie relevanten Informationen und Dienste zugreifen können. Durch die Personalisierung des

Angebotes für einzelne Anwender oder Gruppen kann der Nutzwert gesteigert werden. Wie lassen sich Benutzer erkennen und Profile erzeugen? Wie können Dienste an unterschiedliche Anforderungen adaptiert werden?

- *Leistungsmessung*: Wie kann die Leistung eines WIS gemessen und mit anderen WIS verglichen werden? Was kann gemessen werden? Welche Kennzahlen sind sinnvoll?

Neben den vorgestellten gibt es noch zahlreiche weitere Forschungsthemen und entsprechenden Diskussionsstoff, u. a. allein zum Thema E-Commerce. Die meisten der Themen lassen sich nicht unabhängig von anderen diskutieren, es existieren viele Abhängigkeiten. Daher ist es auch nicht einfach, den Inhalt präzise einzuordnen und abzugrenzen. Im Folgenden wollen wir dieses dennoch versuchen.

1.2 Zielsetzung und Einordnung

Glaubt man den Herstellern objekt-relationaler DBVS, so eignen sich die Produkte, die als „Universal Server", „Universal Database" oder als „Adaptive Server" angepriesen werden, nun für jeden Einsatzbereich. Zusätzlich ist es sogar so, dass die DBVS die ersten für das Internet vorbereiteten („first Internet-ready database") bzw. das Fundament des Internet („Internet Foundation") sind. Ist dieses aber wirklich so, d. h., braucht man insbesondere für WIS außer ORDBVS keine anderen DBVS mehr?

In diesem Buch wollen wir uns dieser Thematik annehmen und untersuchen, wie gut sich die objekt-relationale DB-Technologie für den Einsatz in Web-Informationssystemen eignet. Dazu werden wir auf dem Zusammenspiel von WIS und DBS beruhende Technologien, Produkte und Verfahren betrachten und ihre jeweiligen Vor- und Nachteile erörtern. Darauf aufbauend werden wir dann versuchen, ORDBS-basierte Verbesserungen zu entwickeln. Der Schwerpunkt des Buches wird dabei auf der Informationsbereitstellung liegen, d. h. der Bereitstellung von Dokumenten mit aktueller Information. Hiermit eng verknüpft ist die Möglichkeit zur Suche im jeweils aktuellen Dokumentenbestand sowie die Nutzung von Inhaltsverzeichnissen (Web-Katalogen).

Um das Grundgerüst für die Seitengenerierung zu haben, werden wir auch auf Skriptsprachen und die Dokumentenverwaltung eingehen. Durch die in diesem Buch entwickelten Verfahren kann auch die Sicherheit des WIS erhöht werden, so dass wir z. T. auch auf diese Thematik eingehen werden. Die oben vorgestellten Bereiche der Systemarchitekturen und Entwurfsmethodiken werden wir nur am Rande streifen, denn es kann beim Einsatz von ORDBS möglich oder notwendig werden, andere Systemarchitekturen zu verwenden. Weiterhin sollen die bestehenden WIS-Entwurfsmethodiken ihre Gültigkeit behalten. Im Rahmen der Dokumentenverwaltung werden wir zudem kurz auf das Thema der Hyperlink-Konsistenz eingehen.

Nachdem wir neue ORDBS-basierte Verfahren entwickelt haben, wird sich auch die Frage nach ihrer Anwendbarkeit und ihrer Leistungsfähigkeit stellen. Zwar werden wir die Frage zu beantworten versuchen, dabei jedoch nicht auf den oben vorgestellten Bereich der Leistungsmessung und -bewertung von WIS eingehen, weil dieses auf die Leistung des gesamten WIS bzw. des Web-Servers und nicht auf die einzelner Komponenten abzielt[7].

Eine andere zu beantwortende Frage wird sein, ob die „universellen" und „für das Internet bereiten" DBS schon ausgereift und mächtig genug sind und wo evtl. noch Schwächen und damit Verbesserungsmöglichkeiten bestehen. Hierbei wollen wir überprüfen, ob es mit Hilfe vorhandener (standardisierter) DB-Technologie möglich ist, die Anforderungen zur Bereitstellung von Dokumenten aktuellen Inhalts zu erfüllen, oder ob spezielle Lösungen erforderlich sind. Ist es, wie im Marketing versprochen, möglich, ein ORDBS als Basis für ein WIS zu nehmen oder wird noch weitere Funktionalität benötigt? Welche der für den Betrieb eines WIS verwendeten DB-Funktionalität ist standardisiert? Wofür müssen zur Zeit herstellerspezifische Erweiterungen eingesetzt werden und besteht für diese unter den DBVS-Herstellern Konsens?

1.3 Gliederung

Um später die oben vorgestellten Fragestellungen beantworten zu können, werden wir im weiteren Verlauf zunächst die benötigten Grundlagen erarbeiten. Objektrelationale Datenbanksysteme bilden die Basis, ihre Erweiterbarkeit und die im Vergleich zu relationalen DBVS neuen objektorientierten Eigenschaften machen erst die in diesem Buch diskutierten Verfahren möglich. Daher stellen wir im nächsten Kapitel zunächst ORDBVS vor. Wir beginnen mit den relationalen und den objektorientierten Grundeigenschaften von ORDBVS und gehen dann auf ihre Erweiterungsmöglichkeiten ein. Anschließend nehmen wir eine Abgrenzung zum SQL-Standard, SQL:1999 [JTC99a], sowie zu objektorientierten DBVS und dem ODMG-Standard (*Object Data Management Group*) vor. In Kapitel 3 gehen wir dann auf die Grundlagen von Web-Dokumenten ein. Nach einem Überblick über die Geschichte des Web und von Hypertext-Dokumenten stellen wir zunächst HTML, dann XML und schließlich WML, die für Mobiltelefone verwendete Dokumentenauszeichnungssprache vor. Im anschließenden Kapitel 4 gehen wir auf Web-Informationssysteme ein und stellen nach einem Überblick die verwendeten Schnittstellen und Protokolle sowie die einzelnen Bereiche und Aufgabengebiete vor.

---

7   Unter anderem in [SPEC99] und [TPC00] werden Anstrengungen unternommen, die Leistung eines Web-Servers bzw. eines Web-Informationssystems einheitlich zu messen und zu bewerten.

Der Einsatz von ORDBS zur Verbesserung der Dokumentenbereitstellung aktuellen Inhalts sowie die Suche und Navigation im lokalen Dokumentenbestand stehen im Mittelpunkt des Buches. In Kapitel 5 porträtieren wir nach einem Überblick über die allgemein eingesetzten Komponenten und Verfahren für Makrosprachen die bisher für die Bereitstellung DB-basierter Dokumente eingesetzten Techniken. Nach einer Diskussion der gängigen Eigenschaften, von Weiterentwicklungen sowie von Anforderungen an neue Lösungen motivieren wir einen ORDBS-basierten Ansatz zur DBS-gesteuerten automatischen Dokumentenaktualisierung. Ähnlich gehen wir im Kapitel 6 auch für die Thematik „Lokale Suche und Navigationshilfen" vor. Für jeden der beiden Aspekte betrachten wir zunächst wieder die gängigen Verfahren, bevor wir ORDBS-basierte Verbesserungen entwickeln.

Nach der überblickshaften Betrachtung der ORDBS-basierten Verfahren greifen wir sie in den Kapiteln 7 und 8 wieder auf und diskutieren Details. In Kapitel 7 verfeinern wir dazu den generellen Ablauf der ORDBS-gesteuerten Dokumentengenerierung. Anschließend diskutieren wir Möglichkeiten zur Adaption des Verfahrens an unterschiedliche Einsatzumgebungen und Anforderungen. Dann erörtern wir, wie weitere Datenquellen genutzt und in ein entsprechendes System integriert werden können. Da auch bzw. speziell bei einer ORDBS-basierten Lösungen mit einer Server-seitigen Verarbeitung Fehler auftreten können, charakterisieren wir die potentiellen Fehler und diskutieren geeignete Reaktionsmöglichkeiten. In Kapitel 8 greifen wir ORDBS-Einsatzmöglichkeiten für die lokale Suche und die Bereitstellung von Navigationshilfen auf und erörtern Details. Anschließend, in Kapitel 9, gehen wir auf Aspekte der ORDBS-basierten Dokumentenverwaltung ein.

Nach den gesamten mehr oder weniger theoretischen Ausführungen diskutieren wir in Kapitel 10 Realisierungsaspekte. Hierbei stellen wir zuerst das Projekt iWebDB [Loe99, Loe00a, Loe00b, LR99], eine „integrierte Web-Datenbank", vor. Es bildete den Rahmen für unsere Untersuchungen zum Einsatz von ORDBS für die Verbesserung von Web-Informationssystemen. Dann diskutieren wir die anhand unserer prototypischen Realisierung von iWebDB-Komponenten im Hinblick auf die Praktikabilität und die Leistungsfähigkeit der Verfahren gewonnenen Erfahrungen. Sie bilden auch die Grundlage für die Bewertung der kommerziell erhältlichen ORDBVS und des SQL-Standards SQL:1999.

Schließlich nehmen wir in Kapitel 11 eine Abgrenzung vor. Wir vergleichen die in diesem Buch entwickelten Verfahren mit verwandten Arbeiten auf dem Gebiet der Dokumentenbereitstellung sowie der Suche in Web-Dokumenten und gehen auch auf andere integrierte Ansätze ein. Zudem diskutieren wir, ob und wie gut die entwickelten Lösungen auch mit der bisherigen relationalen und objektorientierten DB-Technologie zu realisieren sind. Das Buch schließt in Kapitel 12 mit einer Zusammenfassung der Ergebnisse und einem Ausblick auf die aus unserer Sicht zukünftige Entwicklung der objekt-relationalen Datenbanktechnologie und offenen Forschungsbedarf rund um das Thema ORDBS und WIS. Im Anhang finden sich u. a. zwei vollständige Anwendungsbeispiele zu dem in diesem Buch diskutierten Verfahren der Dokumentenaktualisierung.

2 Objekt-Relationale Datenbanksysteme

Die Erweiterbarkeit objekt-relationaler Datenbanksysteme (ORDBS) bildet die Grundlage für die in diesem Buch vorgestellten Ideen und Lösungsansätze. Daher wollen wir in diesem Kapitel die für die Thematik interessanten Teile der objekt-relationalen DB-Technologie, insbesondere die Erweiterungs-Infrastruktur, vorstellen und eine Abgrenzung zum SQL:1999-Standard sowie zu objektorientierten DBVS (OODBVS) vornehmen. Dazu geben wir zunächst einen Überblick über die Entstehung von ORDBVS, bevor wir auf ihre unterschiedlichen Facetten eingehen, indem wir zunächst die relationalen und dann die objektorientierten Eigenschaften erläutern. Anschließend folgt eine detaillierte Betrachtung der einzelnen Erweiterungsmöglichkeiten. Hierauf aufbauend versuchen wir eine Abgrenzung zu SQL:1999 sowie zu OODBVS vorzunehmen.

2.1 Überblick

Heutige objekt-relationale Datenbankverwaltungssysteme haben ihre Wurzeln in verschiedenen, in den 80-er Jahren entstandenen DB-Technologien. Hierzu gehören die erweitert-relationalen DBVS (*extended relational DBMSs*), die erweiterbaren DBVS (*extensible DBMSs*), objektorientierte DBVS (OODBVS) und auch zahlreiche andere, nicht direkt einordbare Systeme.

In den 80-er Jahren waren relationale DBVS (RDBVS) zur Standarddatenbanktechnologie geworden. Gründe waren das einfache Datenmodell, die (zwar erst) 1989 erstmalig genormte Verarbeitungssprache SQL (*Structured Query Language*, [JTC89]) sowie die Robustheit, Skalierbarkeit und die durch ACID-Transaktionen [HR83] garantierte Konsistenz im Mehrbenutzerbetrieb. In der Forschung war man jedoch zu diesem Zeitpunkt schon nicht mehr mit diesen Eigenschaften zufrieden. Insbesondere das Fehlen von für sog. Non-Standard-Anwendungen benötigten Datentypen und die für diese Anwendungen hinderliche mengenorientierte Verarbeitungsweise führten zur Entwicklung von OODBVS mit einer navigierenden Schnittstelle und einem erweiterbarem Typsystem. Erweiterbare DBS dagegen hatten ihren Schwerpunkt nicht im Hinblick auf das Typsystem, sondern erlaubten dem Benutzer, die gesamte Speicherverwaltung oder andere Komponenten des DBVS an die jeweiligen Anwendungsbedürfnisse anzupassen. Weitere Systeme, wie etwa KRISYS [Ma91] oder PRIMA [HMMS87], zielten auf einzelne, in RDBVS unbefriedigende Aspekte ab. So ist KRISYS ein objektorientiertes Wissensbankverwaltungssystem mit einer sehr mächtigen (objektorientierten) Anfragesprache, PRIMA mit seinem Molekül-Atom-Datenmodell (MAD, [Mit88]) dagegen zielt auf die Unterstützung von Komplexobjekten ab.

Viele der in den verschiedenen, diesen unterschiedlichen „Entwicklungspfaden" zuordbaren Projekten erzielten Resultate finden sich heute als Funktionalität in den ORDBVS wieder, jedoch war es ein anderer Entwicklungsweg, der letztlich zu den heutigen ORDBVS führte. Dieser bestand in der Ergänzung der bestehenden und wohlverstandenen RDBVS um neue Typen und Sprachmittel, wie etwa bei Postgres[1] [RS87], und führte zu erweitert-relationalen DBVS. Aus der Erkenntnis heraus[2], dass es sich hierbei eigentlich um die Anreicherung relationaler DBVS um objektorientierte Funktionalität handelte, wurden diese dann später in objekt-relationale DBVS umgetauft [Sto96], obwohl anfangs mit UniSQL [Kim94, Kim96] auch ein eher aus der Welt der OODBVS stammendes ORDBVS verfügbar war.

Heute basieren aber alle (kommerziell) erhältlichen ORDBVS auf relationalen DBVS, so dass insbesondere die klassischen relationalen Eigenschaften mehr oder minder gut ausgeprägt sind und hier auch eine weitgehende Übereinstimmung der ORDBVS-Fähigkeiten der einzelnen Hersteller herrscht. Ganz anders sieht es mit der für diese Systeme neuen objektorientierten Funktionalität und im Hinblick auf die jeweilige Erweiterbarkeit des DBVS aus.

2.2 Relationale Eigenschaften

Im Folgenden gehen wir kurz auf die relationalen Eigenschaften der ORDBVS ein und beschränken uns dabei auf die für dieses Buch wichtigen Teile. Wir beginnen mit dem relationalen Modell, werfen einen kurzen Blick auf die deskriptive Verarbeitungssprache SQL, um dann gezielt auf besondere Funktionalität zur Integritätssicherung einzugehen.

2.2.1 Relationales Modell

Dem relationalen Modell folgend bilden Tabellen die zentralen Datenstrukturen, in denen die Daten abgelegt werden. Beziehungen zwischen den in Tabellenzeilen abgelegten Instanzen (Tupeln) werden über die Wertegleichheit von Attributwerten,

---

1 Auf der Basis von Postgres haben sich zwei erfolgreiche ORDBVS entwickelt. So wurde unter der Leitung von Michael Stonebraker ein kommerzielles Produkt mit dem Namen Illustra geschaffen. Das Unternehmen wurde von Informix aufgekauft und der Code in das Produkt Informix Dynamic Server integriert. Eine frei verfügbare Version (*Open Source*) von Postgres war zunächst unter dem Namen Postgres95 verfügbar. Dann wurde die Anfragesprache SQL-konform(er) und das ORDBVS zu PostgreSQL umbenannt [Mom99].

2 Marketing-Gründe waren weitere Ursachen. Hierdurch konnte man schon bekannte Technologien unter einem neuen Deckmantel anpreisen.

die in den jeweiligen Tabellenspalten abgelegt sind, modelliert. Hierzu wird jedes Tupel eindeutig über einen (minimalen) Primärschlüssel (*primary key*) identifiziert. Dem entsprechend werden die diesen Schlüssel referenzierenden Attribute als Fremdschlüssel (*foreign key*) bezeichnet. Primär- und Fremdschlüssel müssen nicht vom selben Typ sein. Aufgrund der Wertebasiertheit von Beziehungen muss nur die Vergleichbarkeit gewährleistet, also eine Konvertierung von einem Typ in den anderen, möglich sein.

2.2.2 Deskriptive Verarbeitungssprache

Mit der *Structured Query Language* (SQL) steht in den ORDBVS eine deskriptive, mengenorientierte Verarbeitungssprache zur Verfügung. Neben Anweisungen zur Definition und zum Löschen von Tabellen, Sichten, Wertebereichen usw. gibt es natürlich auch Kommandos zum Einfügen, Lesen, Ändern und Löschen von Daten. Zum Lesen und Manipulieren werden die zu verarbeitenden Tupel anhand von Prädikaten beschrieben, um so den Kreis der in Frage kommenden Daten einzuschränken (s. Bsp. 2.1).

```
SELECT     name, vorname
FROM       adressen
WHERE      plz=67663 AND strasse LIKE 'Lämmches%';
```

Beispiel 2.1: SQL-Anfrage

Wie wir später sehen werden, birgt diese für relationale Daten geeignete mengenorientierte Verarbeitungsweise in Bezug auf bestimmte objektorientierte Erweiterungen aber auch Probleme.

2.2.3 Integritätssicherung

Neben der Überwachung von Beziehungen können dem DBS noch weitere Aufgaben der Integritätssicherung übertragen werden. Hierzu stehen neben der Zusicherung der Eindeutigkeit sowie der Verhinderung von Nullwerten auch die folgenden drei Möglichkeiten zur Verfügung.

2.2.3.1 Check-Constraints

Durch die Definition sog. *Check Constraints* („überprüfte Einschränkungen") kann das DBS veranlasst werden, den Wert eines Attributes bzw. die wertabhängige Beziehung zwischen Attributen einer Tabelle zu überprüfen. Ein *Constraint* ist dazu entweder direkt mit einem Attribut oder mit der Tabelle verknüpft (s. Bsp. 2.2). Für letzteren Fall muss es zudem benamt sein (hier: *checkDates*). Check-Constraints dürfen Unteranfragen und auch Funktionsaufrufe (*metalang(doc)*) enthalten.

```
CREATE TABLE GermanDocs (
    id        INTEGER UNIQUE NOT NULL,
    doc       HTML CHECK(metaLang(doc)='de')
    created   datetime,
    updated   datetime,
    ...
    CONSTRAINT checkDates CHECK(created<=updated)
    ...
```

Beispiel 2.2: Constraints

2.2.3.2 Assertions

Anders als Check-Constraints können sich die in *Assertions* („Erklärungen") überprüften Bedingungen auch auf mehrere Tabellen beziehen und auch vollständige Anfragen enthalten (s. Bsp. 2.3). Liefert die Anfrage ein Ergebnis, so ist die Bedingung erfüllt. Wie auch bei Check-Constraints kann der Zeitpunkt der Überprüfung festgelegt werden. Es gibt die Zeitpunkte IMMEDIATE, also sofort bei der Ausführung der Manipulationsoperation, und DEFERRED. In diesem Fall wird die im Check-Constraint oder in der Assertion spezifizierte Bedingung erst am Transaktionsende überprüft und im Fehlerfall eine Ausnahme (*Exception*) signalisiert und die gesamte Transaktion zurückgesetzt.

```
CREATE ASSERTION checkForOpenLinks
CHECK ((SELECT id FROM Links WHERE open='t'));
```

Beispiel 2.3: Assertion

2.2.3.3 Trigger

Trigger („Auslöser") stellen im Vergleich zu den beiden gerade beschriebenen Verfahren ein weitaus mächtigeres Werkzeug zur Integritätssicherung dar, weil mit ihrer Hilfe nicht nur Bedingungen überprüft, sondern auch Aktionen ausgeführt werden können (s. Bsp. 2.4).

```
CREATE TRIGGER linkExtractTrigger
AFTER INSERT ON webDocs
REFERENCING NEW AS doc
FOR EACH ROW CALL extractAndStoreLinks(doc);
```

Beispiel 2.4: Trigger

Hierdurch ist es z. B. möglich, Daten zu validieren, Geschäftsregeln einzubringen oder Transitionen zu definieren. Auch können über Trigger Querverbindungen mit anderen Tabellen automatisch gepflegt, Änderungen bzw. Zugriffe protokolliert oder verhindert und auch Rückmeldungen, z. B. über E-Mail, realisiert werden.

Im obigen Beispiel wird durch den Trigger nach dem Einfügen eines neuen Dokumentes die Funktion *extractAndStoreLinks* aufgerufen. Trigger können sich entweder auf die gesamte Tabelle, auf der eine Anweisung ausgeführt wird, beziehen oder, wie im Beispiel, auf jedes von der Anweisung betroffene Tupel. Zudem muss der Zeitpunkt der Trigger-Auswertung angegeben werden, d. h., ob dieser vor, nach oder anstelle (INSTEAD) der Änderung bzw. dem Zugriff durchgeführt werden kann. Durch das Ersetzen der eigentlich vom Benutzer intendierten Anweisung können benutzerspezifische Sichten erzeugt und Zugriffsrechte überprüft werden, um so eine höhere Datensicherheit zu erreichen [SHH87].

2.3 Objektorientierte Erweiterungen

Aufbauend auf der (meist) relationalen DB-Maschine und -Architektur wurden die ORDBVS um objektorientierte Eigenschaften erweitert. Im Gegensatz zu der eigentlichen Erweiterbarkeit stellen diese neue Typkonstruktionsmöglichkeiten und Basistypen zur Verfügung und offerieren hierdurch neue Verarbeitungsmöglichkeiten. Zusammen mit der Erweiterbarkeits-Infrastruktur bilden sie das Rückgrat für die nun mögliche Adaption des DBS an die spezifischen Anwendungsbedürfnisse. Im Folgenden wollen wir die objektorientierten Eigenschaften getrennt nach strukturellen und Verhaltensaspekten besprechen. Im nächsten Abschnitt gehen wir dann auf die hiermit sehr eng zusammenhängende Erweiterbarkeit ein.

2.3.1 Struktur

Die wichtigste objektorientierte Eigenschaft der ORDBVS ist die nun stärkere Typisierung bzw. die Typbildung allgemein. Werden bei RDBVS Tabellen mit Spalten eines bestimmten Typs angelegt, so ist es jetzt möglich, zunächst eine Typhierarchie und später eine passende Instanzenhierarchie aufzubauen. Dies bedeutet, es können in Analogie zu einer Tabellendefinition ein Typ definiert und von diesem ausgehend mit dem Mittel der Vererbung Subtypen abgeleitet werden. Bei der Typdefinition dürfen für Attribute selbst wieder andere zuvor definierte Typen verwendet werden, so dass auch komplex geschachtelte Konstruktionen möglich sind.

Im Bsp. 2.5 könnte z. B. der Typ adressTyp selbst wieder aus den einzelnen Anschriftenkomponenten zusammengesetzt sein und die Typen nNameTyp und vNameTyp könnten für einen maximal 40 Zeichen langen String stehen. Diese Redefinition ergänzt die rein relationalen Maßnahmen der Integritätssicherung und führt durch die Typisierung und die zur Laufzeit durchgeführte Typüberprüfung zu einer höheren Konsistenz. So kann beispielsweise vermieden werden, dass ein Vorname einem Nachnamen zugewiesen wird.

```
CREATE TYPE person AS (
    pnr             INTEGER,
    nachname        nNameTyp,
    vorname         vNameTyp,
    adresse         adressTyp,
    bild            BLOB(2M),
    cv              CLOB(64K),
    eltern          REF(person) ARRAY[2],
    kinder          REF(person) ARRAY[10]
) NOT FINAL;

CREATE TYPE kuenstler UNDER person AS (
    kuenstlername   kNameTyp
) NOT FINAL;
```

Beispiel 2.5: Typdefinition und -hierarchie

Bei ORDBVS können Instanzen eines Typs nicht direkt angelegt werden. Hierzu ist es erforderlich, basierend auf einem Typ zunächst eine Tabelle anzulegen, in der dann die Instanzen gespeichert werden können. Hat man eine Typhierarchie (person und kuenstler), so muss diese noch einmal als Tabellenhierarchie nachgebildet werden. Basierend auf einem Typ lassen sich mehrere Tabellen definieren. Im Bsp. 2.6 werden die Tabellen schlagersaenger und schauspieler als Subtabellen von personen angelegt. Beide Subtabellen sind vom selben Typ kuenstler.

```
CREATE TABLE personen OF person;
CREATE TABLE schlagersaenger OF kuenstler UNDER personen;
CREATE TABLE schauspieler OF kuenstler UNDER personen;
```

Beispiel 2.6: Tabellenhierarchie

Um die nicht gewollte Erweiterung der Typhierarchie zu verhindern, kann das Schlüsselwort FINAL verwendet werden. Das NOT FINAL im Bsp. 2.5 gibt an, dass vom Typ person Subtypen gebildet werden können.

Ein weiteres objektorientiertes Mittel sind Kollektionen, wie z. B. (un-)geordnete Mengen, Listen und Arrays. In obigem Bsp. 2.5 ist beispielsweise das Attribut kinder ein ARRAY mit maximal 10 Elementen vom Typ REF auf person. REF ist dabei ebenfalls ein neues Konstrukt, mit dem die in der objektorientierten Welt gängigen

Objekt-Identifikatoren (OIDs) und die Referenzen auf diese nachgebildet werden. Mittels Referenzen können die relationalen Primär-/Fremdschlüsselkonstrukte abgelöst werden.

```
SELECT p.nachname,p.vorname,k.id->nachname,k.id->vorname
FROM personen AS p, UNNEST(p.kinder) AS k(id);
```

Beispiel 2.7: Navigation: Eine Person und ihre Kinder

Unter der Voraussetzung, dass basierend auf dem Typ person (Bsp. 2.5) eine Tabelle personen angelegt wurde, kann nun mit der aus der OO-Welt bekannten Pfeilnotation entlang der Referenz zum referenzierten Datensatz navigiert werden, hier zu den jeweiligen Kindern einer Person (s. Projektionsklausel in Bsp. 2.7). Mit Hilfe der UNNEST-Operation (s. FROM-Klausel) werden dabei die Elemente der Arrays zwecks Zugriff in die Tabellenform transformiert.

Neben diesen Möglichkeiten der Typkonstruktion werden zudem Datentypen zur Speicherung langer Felder (*Binary/Character Large OBject*, BLOB/CLOB) zur Verfügung gestellt. In Bsp. 2.5 dienen sie zur Aufnahme eines Passfotos bzw. eines Lebenslaufes.

2.3.2 Verhalten

In Ergänzung zu den rein strukturellen Möglichkeiten der Objektorientierung wird von ORDBVS auch die Modellierung des Verhaltens unterstützt. Hierzu kann der Benutzer Methoden definieren, die im Gegensatz zu „freien" Funktionen (*free floating functions*, s. auch „Erweiterbarkeit") direkt an einen benutzerdefinierten Typ gebunden sind. Dazu wird die Methode bei der Typdefinition durch die Angabe der Signatur deklariert und kann dann später über ein eigenes Kommando definiert werden (Bsp. 2.8).

```
CREATE TYPE person (...) ...
METHOD anzahlKinder() RETURNS INTEGER;

CREATE METHOD anzahlKinder() FOR person
BEGIN
...
END;

SELECT p.anzahlKinder() FROM personen p;
SELECT p.kinder[1]->anzahlKinder() FROM personen p;
```

Beispiel 2.8: Methodendefinition

Für Methoden werden die objektorientierten Möglichkeiten des Überladens und Überschreibens angeboten. Hierdurch lassen sich mehrere Methoden mit demselben Namen, aber anderen Parametern für einen Typ definieren bzw. sich Methoden für einen Subtyp angepassen. Methoden können in SQL-Anweisungen entweder mit der Punktnotation oder, wenn dieses auf einem zusammengesetzten bzw. referenzierten Typ geschieht, über die Pfeilnotation aufgerufen werden.

Für die in einem Typ enthaltenen Attribute werden vom ORDBS automatisch Methoden für den lesenden und schreibenden Zugriff erzeugt. Sie werden auch als *Observer*- (Lesen) und *Mutator*-Funktionen (Schreiben) bezeichnet.

2.4 Erweiterbarkeit

Objekt-relationale DBVS stellen durch ihre sog. Erweiterbarkeit (*Extensibility*) dem Anwender ein mächtiges Werkzeug zur Verfügung[3]. Legt man eine entsprechende Schichtenmodell-Architektur [HR99] des DBVS zugrunde, so kann der Anwender mit Hilfe der ihm angebotenen Schnittstellen („Erweiterungs-Infrastruktur") das System auf mehreren Ebenen um Funktionalität ergänzen und damit an die spezifischen Anforderungen der Anwendungen anpassen. Im Folgenden wollen wir auf die unterschiedlichen Formen der Erweiterbarkeit eingehen. Sie hängen z. T. eng mit den bereits vorgestellten objektorientierten Eigenschaften zusammen, weil die Möglichkeiten der Typ- und Methodendefinition noch ergänzt werden. Zudem können für die Realisierung nicht mehr starre, festkodierte Systemaufrufe eingesetzt werden, sondern es ist ähnlich wie beim objektorientierten Prinzip der Polymorphie zur Laufzeit die jeweils richtige Implementierung (System oder Erweiterung) auszuwählen.

2.4.1 Typen

Neben der schon im Rahmen der objektorientierten Eigenschaften angesprochenen Möglichkeit der Redefinition von Typen, den sog. *distinct types*, und der Definition von komplexen Datentypen (*structured types*) auf Basis vorhandener Typen bieten ORDBVS auch die Möglichkeit zur Erstellung komplett neuer Datentypen an. Weil die Typ-interne Struktur dem DBS nicht unbedingt bekannt sein muss, spricht man hierbei auch von *opaque types* bzw. *black box types*. Diese drei unterschiedlichen Arten der Typdefinition werden unter dem Begriff der benutzerdefinierten Datentypen (*user-defined types*, *UDTs*) zusammengefasst. Im Folgenden werden wir zunächst kurz auf die beiden ersten Arten und dann ausführlicher auf die *opaque types* eingehen.

---

3   Wird es nicht richtig eingesetzt, so kann es in Abhängigkeit von der jeweiligen Architektur des ORDBVS z. T. negative Auswirkungen auf die Stabilität, das Leistungsverhalten usw. des DB-Servers haben.

2.4.1.1 Distinct Types und Structured Types

Wie schon angesprochen, erlaubt das Mittel der *distinct types* die Neubenennung vorhandener Datentypen, um so z. B. statt FLOAT nun Dollar oder Euro in den SQL-Anweisungen verwenden zu können. Durch eine sinnvolle Namensgebung und spezifische Integritätsbedingungen kann mittels der *distinct types* mehr Semantik in das DB-Schema gebracht werden und es können neue Verarbeitungsmöglichkeiten geschaffen werden. Durch letzteres lassen sich in Verbindung mit dem Überladen von Funktionen beispielsweise anstelle einer komplexen und durch die generischen Parameter fehleranfälligen Funktion (toEuro(float,string)) mehrere, auf den jeweiligen Typ zugeschnittene Routinen bereitstellen (toEuro(dollar), toEuro(dmark), ...). Das DBS übernimmt die Typüberprüfung und ruft dann die entsprechende Routine auf.

Mit Hilfe der *structured types* können auf Basis der vorhandenen eingebauten und benutzerdefinierten Typen komplexe Typen konstruiert werden, die dann entweder wiederum als Attributtyp in einer Tabelle oder als Vorlage für die Definition getypter Tabellen (*typed tables*) dienen können.

2.4.1.2 Opaque Types

Während *distinct types* und *structured types* aufgrund der Neubenennung bzw. der Zusammensetzung vorhandener Typen „nur" ein erweiterbares Typsystem voraussetzen, stellen *opaque types* weitaus größere Anforderungen an das ORDBVS. Dies ist dadurch bedingt, dass das System nicht die interne Struktur des Typs kennt und somit einen Weg finden muss, trotzdem die verschiedenen anfallenden Aufgaben zu bewältigen. Daher sind in Ergänzung zu der eigentlichen Typdefinition noch sog. *support functions* („Unterstützungsfunktionen") zu definieren. Diese Prozeduren werden vom ORDBS aufgerufen, um den Inhalt einer Instanz z. B. von der internen in eine externe textuelle Repräsentation zu überführen, beim Datenim- und -export Instanzen entsprechend aufzubereiten sowie die DB-interne Speicherung zu koordinieren.

Da die Handhabung der so definierten Typen aufgrund der nicht bekannten internen Struktur nur über die Unterstützungsfunktionen möglich ist, aber die normalen Eigenschaften des DBS weiterhin Gültigkeit haben sollen, sind geeignete Mittel zur Integration der neuen Funktionalität bereitzustellen. Dieses kann von einer Sonderbehandlung der UDTs über eine Abbildung auf bestehende interne Mechanismen und Funktionalität bis hin zu einer vollständigen Integration von UDTs und dabei schon internen Abstraktion von eingebauter und benutzerdefinierter Funktionalität reichen. Entsprechende Alternativen zur Realisierung von Erweiterbarkeit werden in [Sto99] vorgestellt.

2.4.2 Funktionen

ORDBVS stellen mit dem Konzept der benutzerdefinierten Funktionen (*user-defined functions*, *UDFs*) ein mächtiges Werkzeug zur Verfügung. Mit Hilfe von UDFs lässt sich das ORDBS um anwendungsspezifische Funktionalität erweitern. Diese wird nun nicht mehr in einem Anwendungsprogramm oder -Server, sondern direkt im DB-Server selbst ausgeführt und kann innerhalb von SQL-Anweisungen aufgerufen werden. Anders als bei den schon länger bekannten *Stored Procedures*, deren Syntax ebenfalls erstmals bei SQL:1999 im Rahmen von SQL/PSM (*Persistent Stored Modules*, [JTC99c]) normiert wird, kann die Funktion in einer höheren Programmiersprache wie C, C++ oder Java implementiert werden. SQL/PSM offeriert neben SQL-Kommandos u. a. auch Befehle zu Variablenverarbeitung sowie zur Programmflusssteuerung. Mehr Möglichkeiten stehen jedoch durch den Einsatz einer höheren Programmiersprache zur Verfügung.

```
CREATE FUNCTION toEuro(IN dollar)
RETURNS Euro
LANGUAGE C
EXTERNAL NAME '/cfuncs/DollarToEuro';
```

Beispiel 2.9: Funktionsdefinition

Hierzu werden dem DBS die Signatur sowie die Datei, die die Funktionsimplementierung enthält, bekannt gemacht (s. Bsp. 2.9), so dass zur Laufzeit, wenn die Funktion aufgerufen wird (Bsp. 2.10), die entsprechende Routine aus dem Modul geladen werden kann. Die in Verbindung mit einer Typdefinition deklarierten Methoden (s. Abschn. 2.3.2, Seite 17) werden auf ähnliche Art und Weise dem DBS bekannt gemacht.

```
SELECT toEuro(salary) FROM us_manager;
```

Beispiel 2.10: Funktionsaufruf

Auf diese Weise kann die Mächtigkeit von SQL-Anfragen erheblich erweitert werden, Daten brauchen nicht mehr für die anwendungsspezifische Auswertung vom DB-Server zum Client transportiert zu werden. Dies kommt insbesondere dann zum Tragen, wenn entweder viele Einzelwerte oder große Objekte, wie z. B. Dokumente, ausgewertet werden müssen. Durch die Möglichkeit, Anwendungslogik anstelle von SQL-Anweisungen in einer höheren Programmiersprache im Server ausführen zu lassen, können zudem Vorteile bei der Ausführungsgeschwindigkeit erreicht werden.

Allerdings, wie schon angedeutet, können durch die falsche Nutzung von UDFs auch erhebliche Nachteile entstehen. So ist es möglich, dass durch falsch programmierte UDFs bei einer tiefen Integration der Erweiterbarkeit in das DBS sowohl das Leistungsverhalten als auch die Stabilität des ORDBS beeinträchtigt wird. Bei Verlagerung von nicht geeigneter Funktionalität in das ORDBS, beispielsweise sehr langdauernde, rechenzeitintensive Aufgaben, kann wiederum das Leistungsverhalten nicht nur des DBS, sondern des gesamten Anwendungssystems negativ beeinflusst werden. Über die Nutzung so genannter Funktionsindizes, die allerdings nicht zur allgemeinen ORDBS-Funktionalität gehören, können Ergebnisse nicht-varianter Funktionen für die in einer Tabelle gespeicherten Werte vorberechnet und bei Datenänderungen automatisch aktualisiert werden. Die Ergebnisse stehen beim eigentlichen Funktionsaufruf dann direkt zur Verfügung, so dass die sonst notwendige Rechenzeit eingespart werden kann.

2.4.3 Weitere Formen

Zusätzlich zu UDTs und UDFs existieren noch weitere Erweiterungsmöglichkeiten, die wir im Folgenden vorstellen.

2.4.3.1 Integration externer Daten

Über benutzerdefinierte Zugriffsmethoden (*user-defined access methods, UDAMs*) ist es möglich, die in ein ORDBVS eingebaute Funktionalität zum internen Tabellenzugriff (primäre Zugriffsmethode) sowie der Nutzung von Indizes (sekundäre Zugriffsmethode[4]) zu ergänzen.

```
CREATE PRIMARY ACCESS METHOD am_fileSystem
(
    AM_CREATE=fs_create,
    AM_GETNEXT=fs_getnext,
    ...
);

CREATE TABLE dateisystem
(
    dateiname    VARCHAR(128),
    ...
) USING am_fileSystem;

SELECT * FROM dateisystem;
```

Beispiel 2.11: Integration externer Daten

Oft ist es nicht sinnvoll oder nicht möglich, externe Daten in das DBS einzulagern, obwohl man diese Daten gerne DB-intern in Kombination mit den dort gespeicherten Daten auswerten möchte. Um dieses zu realisieren, kann das Konzept der

---

4 Informix bezeichnet in [Inf99e, Inf99f] die Funktionen für den Tabellenzugriff als primäre und die für den Indexzugriff als sekundäre Zugriffsmethoden. Wir werden diese Nomenklatur ebenfalls verwenden.

UDAMs in Verbindung mit speziellen, für diese Problematik bereitgestellten Datentypen genutzt werden. Durch den Einsatz einer primären UDAM können extern gehaltene Daten dem DBS in Tabellenform zugänglich gemacht werden, so dass sie wie „normale" Tabellendaten in SQL-Anweisungen angesprochen werden können (s. Bsp. 2.11). Auf diese Weise lässt sich z. B. der Inhalt einer Tabellenkalkulationsdatei verfügbar machen, eine Datenkonvertierung und anschließende Einlagerung in das DBS durch den Benutzer wird damit überflüssig.

Dazu muss zunächst eine Zugriffsmethode (am_fileSystem) definiert werden. Hierbei werden für die unterschiedlichen im „Leben" einer Tabelle vorkommenden Abläufe Funktionen zugewiesen; beispielsweise ist die Funktion fs_create für die beim Anlegen einer Tabelle zu erledigenden Aufgaben zuständig. Je nach Datenquelle kann es ausreichen, lediglich eine Auswahl der möglichen Funktionen, z. B. nur Lesefunktionen, bereitzustellen. Ist eine UDAM definiert worden, so können darauf basierende Tabellen angelegt werden, wobei bei der Tabellendefinition die zu verwendende Zugriffsmethode anzugeben ist (using am_fileSystem). Anstelle der direkten Attributdefinition (s. CREATE TABLE-Anweisung in Bsp. 2.11) lässt sich auch eine getypte Tabelle angelegen. Nach dem Erzeugen der Tabelle kann sie wie eine DB-interne Tabelle gelesen und, je nach verwendeter UDAM, auch modifiziert werden.

Eine weitere Möglichkeit, externe Daten im DBS verfügbar zu machen, besteht in der Nutzung eines speziellen Datentyps, dem DATALINK (s. Bsp. 2.12). Ein Attribut dieses Typs enthält einen Verweis auf eine im Dateisystem befindliche Datei. Anders als beim Zugriff über eine UDAM auf eine beliebige Datenquelle ist nur der Zugriff auf ein meist lokales Dateisystem möglich. Dies ist dadurch begründet, dass Teile des Betriebsystems durch eine DBS-Komponente ersetzt werden müssen. Über diese Zusatzkomponente können der Zugriff auf und damit auch die Integrität der Dateien kontrolliert werden. Für Änderungen am Dateisystem, beispielsweise der Modifikation einer Datei, sind entsprechende Rechte notwendig, die vom DBS verwaltet und vergeben werden. Somit kann das DBS zur Verwaltung des lokalen Dateisystems eingesetzt werden.

```
CREATE TABLE webDocs
(
    dateiname      VARCHAR(80),
    ...
    inhalt         DATALINK(200)
                      LINKTYPE URL
                      INTEGRITY ALL
    ...
);
```

Beispiel 2.12: Datalinks

Neben primären UDAMs und DATALINKs gibt es noch die Möglichkeit, den Zugriff auf große Objekte zu simulieren, d. h. eine DB-interne Speicherung vorzutäuschen. Hierzu müssen wie bei einer UDAM entsprechende UDFs bereitgestellt werden, die die verschiedenen Zugriffs-, Vergleichs- und sonstigen Operationen realisieren. Weil die externen BLOBs wie interne gehandhabt werden können, nennt man sie auch *abstract LOBs*. Während mit primären UDAMs beispielsweise der Dateiinhalt in Form einer Tabelle verfügbar gemacht werden kann, wird über abstrakte LOBs lediglich das jeweilige große Objekt für die DB-interne Verarbeitung bereitgestellt. Auf diesem können dann UDFs aufgerufen und so der LOB-Inhalt verarbeitet werden.

2.4.3.2 Benutzerdefinierte Indizes

Neben den benutzerdefinierten primären Zugriffsmethoden, über die der direkte Tabellenzugriff simuliert wird, existieren die sekundären Methoden zur weiterer Zugriffsunterstützung. Sie haben die Aufgabe, mittels einer Dateninvertierung den Zugriff auf die eigentlichen Daten zu beschleunigen bzw. überflüssig zu machen, um so die gesamte Anfragebearbeitung zu beschleunigen. Für die Bereitstellung einer benutzerdefinierten Indexstruktur müssen, anders als bei der primären UDAM, mehrere Schritte vollzogen werden. Als erstes ist zunächst die sekundäre Zugriffsmethode in Analogie zur primären zu erzeugen, d. h., die Funktionen müssen den unterschiedlichen Aufgaben zugewiesen werden. Da ein Index nur bestimmte Such- oder Vergleichsoperationen unterstützt, müssen diese dem ORDBS in Form einer *Operator Class* bekannt gemacht und mit der sekundären Zugriffsmethode verknüpft werden (s. erste Anweisung in Bsp. 2.13).

```
CREATE OPERATOR CLASS XMLops FOR myXmlAM
    STRATEGIES(tagSearch,dtdSearch)
    SUPPORT(ASCII2XML);

CREATE INDEX xmlIndex ON XMLdocs(content XMLops)
USING myXmlAM;

SELECT *
FROM XMLdocs
WHERE dtdSearch('Dissertation.dtd');
```

Beispiel 2.13: Benutzerdefinierte Indexstruktur

Strategiefunktionen (STRATEGIES) bezeichnen die in SQL-Anweisungen für den Index verwendbaren Operatoren. Diese sind z. B. die traditionellen Vergleichsfunktionen (*lessThan, greaterThan, equal*) oder wie im Bsp. 2.13 die Funktionen tagSearch und dtdSearch. Während es für die Vergleichsfunktionen die üblichen Symbole gibt ($<$, $>$, $=$), werden alle anderen Strategiefunktionen wie normale UDFs aufgerufen (s. SELECT-Anweisung, WHERE-Klausel).

Unterstützungsfunktionen (SUPPORT) werden intern, z. B. für Vergleiche oder Konvertierungen, verwendet. Durch die Entkopplung von Operatorklassen und sekundären UDAMs können letztere durch die Angabe einer anderen Operatorklasse schnell an neue Datentypen angepasst oder das Verhalten verändert werden, ohne dass die eigentliche Zugriffsmethode verändert werden muss. So kann auch der normalerweise im ORDBVS eingebaute B-Baum an UDTs angepasst werden. Im Bsp. 2.13 könnte die Funktion ASCII2XML zur Konvertierung einer ASCII-Textdatei in das von der Zugriffsmethode intern benötigte Format dienen.

2.4.3.3 Aggregate

Als spezielle Form der UDFs können Aggregatfunktionen angesehen werden, da sie nicht ein Ergebnis pro Aufruf liefern, sondern für alle sich qualifizierenden Tupel ein gemeinsames Ergebnis berechnen müssen. Hierfür ist es notwendig, dass das benutzerdefinierte Aggregat (*user-defined aggregate*, *UDA*) die drei unterschiedlichen Zustände (Initialisierung, Schleifendurchlauf, Endergebnis) sowie die Berechnung von Zwischenergebnissen beherrscht. Daher sind beim Anlegen eines benutzerdefinierten Aggregats Funktionen für diese unterschiedlichen Zwecke zu spezifizieren. Für die in Bsp. 2.14 verwendete Aggregatfunktion zur Berechnung der Standardabweichung müssen beim Start die internen Variablen initialisiert, beim Schleifendurchlauf die Werte aufsummiert und zum Schluss die Abweichung berechnet werden.

```
SELECT stdDeviation(noten)
FROM KlausurTeilnehmer;
```

Beispiel 2.14: Benutzerdefinierte Aggregate

2.5 Abgrenzung: SQL:1999

Nachdem wir im vorangegangenen Abschnitt auf die objektorientierten Eigenschaften und die Erweiterbarkeit der ORDBVS eingegangen sind, wollen wir nun eine Abgrenzung zu SQL:1999 [JTC99a] vornehmen. In diesem erst kürzlich verabschiedeten Standard wurde die in den unterschiedlichen DBVS z. T. schon seit langem vorhandene Funktionalität vereinheitlicht. Hierbei sind aber oft Kompromisslösungen aus den Vorschlägen der einzelnen Hersteller entstanden, so dass nicht immer die besten Lösungen und nur Teile der bereits erhältlichen Funktionalität genormt wurden. Im Folgenden zeigen wir, welche der vorgestellten Funktionalität bereits im Standard enthalten ist, wo schon Standardisierungsbemühungen im Gange sind und wo noch Bedarf besteht.

2.5.1 Integritätssicherung

In SQL:1999 werden erstmals Trigger standardisiert. Als erstes Manko werden jedoch nur Insert-, Update- und Delete-Trigger definiert. Select-Trigger wurden nicht aufgenommen, da nicht alle Hersteller diese unterstützen. Eine weitere Schwäche liegt darin, dass die Änderungsoperationen, nach entsprechender Überprüfung einer optionalen Bedingung, nur zusätzliche Aktionen aufrufen können. Die Ausführung einer Aktion anstelle (DO INSTEAD) der auslösenden Operation ist nicht möglich. Positiv zu vermerken ist, dass Trigger sowohl bezogen auf die gesamte Tabelle oder nur auf die betroffenen Tupel hin ausgelöst werden können. Werden Trigger tabellenbezogen ausgewertet, so steht sogar eine Transitionstabelle (*transition table*) zur Verfügung, die alle betroffenen Tupel enthält. Hierdurch lässt sich in verschiedenen Situationen, insbesondere unter Verwendung von UDFs, einiges an Verarbeitungsaufwand innerhalb der Trigger vermeiden, da statt tupel- nun tabellenweise gehandelt werden kann.

2.5.2 Objektorientierte Eigenschaften

SQL:1999 unterstützt die Definition von *distinct types* und *structured types*, so dass der Benutzer neue Typen erzeugen kann. Über Vererbung, allerdings keine Mehrfachvererbung, können mit den strukturierten Typen zunächst Typ- und dann auch Tabellenhierarchien aufgebaut werden. Zudem ist es möglich, zu den einzelnen Typen Methoden zu definieren und diese über den Pfeil-Operator aufzurufen. Über diesen Operator ist es, falls man den in SQL:1999 definierten REF-Typ verwendet, auch möglich, entlang von Beziehungen zu traversieren. Allerdings müssen Attribute vom Typ REF kontextbezogen (*scoped*) sein, d. h., der Suchraum muss durch die Angabe der referenzierten Tabelle bzw. Tabellenhierarchie eingeschränkt werden, ein Verweis auf „irgendein" Objekt des angegebenen Typs ist nicht möglich.

Auch was die Unterstützung von Kollektionen betrifft, ist nur ein eingeschränktes Angebot vorhanden. So werden lediglich Arrays angeboten. Allerdings können innerhalb von SQL-Anfragen mit der UNNEST-Operation Array-Inhalte in die Tabellenform überführt und somit direkt in der FROM-Klausel verwendet werden.

Neben einigen anderen neuen Datentypen, wie z. B. BOOLEAN, bietet SQL:1999 auch verschiedene Typen zur Aufnahme von großen Objekten an. Zudem wird z. Zt. an einer SQL-Erweiterung für Multimedia, SQL/MM, gearbeitet, so dass hier demnächst noch entsprechende neue Datentypen mit geeigneten Operationen zu erwarten sind.

2.5.3 Erweiterbarkeit

Durch die Funktionalität der einzelnen kommerziell erhältlichen ORDBVS ausgelöst finden sich auch unterschiedliche Formen der Erweiterbarkeit im SQL-Standard. Hierbei wurden allerdings nur kleine Teile aus dem Spektrum der Erweiterungsmöglichkeiten aufgenommen. So fehlen die *opaque types* gänzlich, d. h., der Benutzer hat keine Möglichkeit, wirklich neue Datentypen zu definieren.

2.5.3.1 Funktionen und Aggregate

Dafür kann der Anwender mittels der schon angesprochenen Methoden oder über „freie" Funktionen Funktionalität in das ORDBS integrieren. Hierzu wird in SQL:1999 die Syntax für die Definition von UDFs vereinheitlicht. Es wird zwischen SQL- und externen Routinen unterschieden. Weil die interne Realisierung für die Erweiterung um externe Routinen systemspezifisch ist, können die in einer Programmiersprache erstellten Erweiterungsmodule nur sehr schwer von einem Hersteller zum nächsten portiert werden. Erfreulich ist hier der Standard SQLJ [SQLJ99]. In ihm werden im Teil 1 die für das Ausführen von in Java implementierten UDFs notwendigen Grundlagen spezifiziert, so dass sich für Java-UDFs eine größere Chance auf Portierbarkeit ergibt. Noch besser sieht dies für SQL-Funktionen aus, da mit SQL/PSM nun die Syntax für die Server-seitige Skriptsprache definiert wurde.

Anders verhält es sich mit benutzerdefinierten Aggregaten, weil diese nicht in SQL:1999 aufgenommen wurden. Da allerdings auch keine neuen Datentypen definiert werden können, brauchen diese auch keine angepassten Aggregatfunktionen. So fehlt lediglich die Möglichkeit zur Definition eigener Aggregatfunktionen, wie sie z. B. für Data-Warehouse-Anwendungen benötigt werden, obwohl SQL:1999 gerade für diese erstmals spezielle Operatoren, wie z. B. CUBE oder ROLLUP, zur Verfügung stellt.

2.5.3.2 Integration externer Daten und Zugriffsmethoden

Für die Thematik „Integration externer Daten" wurde mit SQL/MED (*Management of External Data*, [JTC99d]) ein eigener Abschnitt (Part 9) im Standard vorgesehen. Er hat jedoch erst Komitee-Status und wird daher wohl frühestens Ende 2000 fertiggestellt sein. Die Vorschläge der Arbeitsgruppe enthalten neben dem vorgestellten Datentyp DATALINK und den abstrakten großen Objekten (*abstract LOBs*) auch so genannte abstrakte Tabellen (*abstract table*, Bsp. 2.15).

```
CREATE ABSTRACT TABLE dateisystem
(
    dateiname    VARCHAR(128),
    ...
)
ITER getNext
STATE getState;

SELECT * FROM dateisystem;
```

Beispiel 2.15: Abstrakte Tabellen

Abstrakte Tabellen ähneln in ihrer Form den vorgestellten primären UDAMs, haben aber im Vergleich zu diesen zahlreiche Einschränkungen. So ist die Tabellen- und Zugriffsmethodendefinition nicht getrennt, so dass bei jeder Tabellendefinition alle benötigten Funktionen erneut angegeben werden müssen. Zudem können abstrakte Tabellen nicht auf Basis eines strukturierten Typs definiert werden. Dies erzwingt für jede Tabellendefinition trotz möglicherweise gleicher Struktur die erneute Spezifikation aller Attribute und verhindert die Bildung von Tabellenhierarchien.

Sekundäre Zugriffsmethoden, wie sie für das Erzeugen von benutzerdefinierten Indexstrukturen benötigt werden, sind in SQL:1999 nicht enthalten. Auch gibt es derzeit noch keine dementsprechenden Ergänzungswerke, so dass für die nächste Zeit mit keiner Vereinheitlichung der zugehörigen Syntax und ORDBVS-Funktionalität gerechnet werden kann. Insgesamt bleibt es im Hinblick auf die Erweiterbarkeits-Infrastruktur abzuwarten, wie sich hier der SQL-Standard weiterentwickeln wird und was letztlich als „Standard-Funktionalität" eines ORDBVS angesehen werden kann.

2.6 Abgrenzung: Objektorientierte Datenbanksysteme

Nachdem wir Eigenschaften und Funktionalität von ORDBVS sowie den in SQL:1999 genormten Funktionsumfang vorgestellt haben, wollen wir im Folgenden sie mit objektorientierten Datenbankverwaltungssystemen (OODBVS, [Heu97]) vergleichen. Wir betrachten die OODBVS, um später entscheiden zu können, ob die in diesem Buch diskutierten Ideen auch mit OODBVS umsetzbar sind und wo durch ihren Einsatz im Vergleich zu ORDBVS Vorteile entstehen können.

Im Folgenden geben wir zunächst einen Überblick über den Standard für OODBVS, ODMG 2.0 bzw. ODMG 3.0 (*Object Database Management Group*, [Cat97, CB00]). Anschließend stellen wir OODBVS-spezifische Erweiterungen vor.

2.6.1 ODMG 2.0 und ODMG 3.0

Der Standard für OODBVS, der 1997 in der Version 2.0 bzw. zum Jahresanfang 2000 in der Version 3.0 erschien, enthält einen Überblick über das Objektmodell, die Vorstellung der Objektdefinitions- und -anfragesprache sowie verschiedene Programmiersprachenbindungen. Letztere definieren die Abbildung eines Programmiersprachentypmodells auf das eines OODBVS. Viele der kommerziell angebotenen OODBVS haben ihren Ursprung bei persistenten Programmiersprachen[5], d. h., die DB-Schemadefinition erfolgt implizit durch die Typdefinition innerhalb des Anwendungsprogrammes. Ein Präprozessor untersucht den Quellcode und erzeugt darauf basierend das DB-Schema. Daher wird die Objektdefinitionssprache vom Anwender eher selten eingesetzt. Im Folgenden gehen wir zunächst auf das Objektmodell der ODMG-Spezifikation genügenden OODBVS ein und diskutieren dann die *Object Definition Language* (ODL). Daran anschließend stellen wir die Anfragesprache *Object Query Language* (OQL) sowie kurz die Programmiersprachenbindungen vor.

2.6.1.1 Objektmodell

Anders als bei ORDBVS gibt es bei OODBVS keine Unterscheidung zwischen Typ- und Instanzenebene. Während bei ORDBVS zunächst die Definition von Tabellen zu einem Typ notwendig ist, werden bei OODBVS alle Objekte direkt als Instanz eines Typs angelegt. Es wird zwischen dem Typ (Klasse), der die eigentliche Implementierung darstellt, und der Schnittstelle (*interface*) mit Spezifikation der öffentlich sichtbaren Attribute und Methoden unterschieden. Hierdurch ist dann allerdings wieder ein Vergleich mit ORDBVS möglich. Im Gegensatz zu OODBVS können zu einer Schnittstelle (*structured type*) auch mehrere Implementierungen (*typed table*) existieren und diese Tabellen können u. U. noch weitere Attribute und Eigenschaften, wie z. B. Integritätsbedingungen, besitzen.

Während Instanzen in ORDBVS einen vom Benutzer vergebenen Primärschlüssel haben, besitzen in einem OODBVS alle Objekte einen eindeutigen vom System vergebenen Identifikator, die OID (*Object IDentifier*). Zudem kann ein Objekt verschiedene Eigenschaften sowie Verhalten besitzen. Während das Verhalten ähnlich wie bei ORDBVS über zum Typ zugehörige Methoden modelliert wird, können die Eigenschaften entweder aus „normalen" Attributen oder aus Beziehungen bestehen. Letztere sind vergleichbar mit den relationalen Primär-/Fremdschlüsselbeziehungen, gehen aber bezüglich der Mächtigkeit über diese hinaus. So können explizit 1:1-, 1:n- und n:m-Beziehungen definiert werden, für die das OODBVS auch die Gegenreferenzen wartet. In einem RDBVS lassen sich Beziehungen nur (unzurei-

---

5   Viele der angebotenen OODBVS haben anfangs nur eine Programmiersprache, wie z. B. C++ oder Smalltalk, unterstützt. Später kam dann eine im Vergleich schlechtere Unterstützung anderer Programmiersprachen hinzu. Dies ist jedoch abhängig vom internen Aufbau des OODBVS und der damit zusammenhängenden Abbildung von externen (Wirtssprachenobjekten) auf interne Objekte.

chend) über wertgleiche Schlüssel simulieren. In einem ORDBVS kann z. T. der REF-Typ eingesetzt werden. In OODBVS sind nur binäre Beziehungen möglich, andere Formen müssen wie in ORDBVS auch über Beziehungsobjekte simuliert werden, die dann die Beziehungen zu allen beteiligten Typen bzw. deren Instanzen aufnehmen.

Die ODMG unterstützt in ihrem Objektmodell zahlreiche Arten von Kollektionen. Diese haben, wie andere Datentypen auch, eine entsprechende Schnittstelle und offerieren über sie ihre Verarbeitungsfunktionen. Hierdurch können, anders als bei ORDBVS, Instanzen der Kollektionen- und Grundtypen direkt (in der jeweiligen Programmiersprache) als Objekte manipuliert werden, d. h., die Kollektionen besitzen entsprechende Methoden zur Manipulation ihres Inhalts.

Weil die ODMG nur eine Anfrage- und keine Manipulationssprache zur Verfügung stellt, erfolgt die gesamte Objektmanipulation in den Anwendungsprogrammen über Methodenaufrufe auf den vorher selektierten Objekten bzw. durch direkte Wertzuweisungen. Ziel eines OODBVS ist es daher auch „nur", die Objekte persistent zu speichern und den konsistenten und effizienten Zugriff auf diese im Mehrbenutzerbetrieb zu ermöglichen [Cat97, CB00].

2.6.1.2 Object Definition Language (ODL)

Wie schon angesprochen, erfolgt die DB-Schemadefinition oftmals über entsprechende Werkzeuge basierend auf den im Anwendungsprogramm enthaltenen Typdefinitionen. Für eine von den Programmen getrennte Schemadefinition stellt die ODMG die *Object Definition Language* zur Verfügung.

Über die ODL können Schnittstellen und Typen definiert sowie die zugehörigen Methoden deklariert werden. Im Bsp. 2.16 ist analog zur Definition in SQL (Bsp. 2.5, Seite 16) die Syntax für die Definition einer Klasse Person gegeben. Der extent spezifiziert den Namen einer Kollektion, über die alle Instanzen dieses Typs verwaltet werden, und kann mit der Tabelle zur Speicherung der Instanzen in einem ORDBVS verglichen werden.

```
class Person
(extent personen)
{
    attribute    string    nachname;
    attribute    string    vorname;
    attribute    Adresse   adresse;
    attribute    Bild      bild;
    attribute    Text      cv;
    relationship list<Person> eltern inverse Person::kinder;
    relationship list<Person> kinder inverse Person::eltern;
}
```

Beispiel 2.16: ODL-Typdefinition

Komplexe Attributtypen, wie z. B. die Adresse, können entweder vorher als Typ definiert und somit mit einer eigenen Verwaltung versehen oder über das Schlüsselwort struct als eingebettete Struktur erzeugt werden. Dann werden die Strukturen nicht eigenständig verwaltet, sondern stehen nur über den Kontext des sie beherbergenden Typs zur Verfügung.

Anders als in SQL können weder Integritätsbedingungen noch mit Triggern vergleichbare Regeln definiert werden. Zwar werden Beziehungen automatisch gewartet und die Gegenreferenzen aktualisiert, so dass bestimmte Konstrukte, wie z. B. Trigger, erst gar nicht benötigt werden, jedoch können z. B. Wertebereichsüberprüfungen o. Ä. nicht definiert werden. Ein Ausweg besteht darin, in den Anwendungsprogrammen entsprechende Änderungsmethoden für die einzelnen Objektattribute anstelle von direkten Wertzuweisungen zu verwenden. Diese können intern vor der Datenmanipulation Bedingungen überprüfen und gegebenenfalls eine Ausnahmesituation (*exception*) auslösen und somit die Änderung verhindern sowie u. U. die Transaktion zurücksetzen. --

2.6.1.3 Object Query Language (OQL)

Die *Object Query Language* (OQL) ist wie SQL eine deskriptive Anfragesprache, d. h., die zu selektierenden Objekte werden über ihre Eigenschaften beschrieben. Die Syntax von OQL ist der von SQL'92, abgesehen von den objektorientierten OQL-spezifischen Erweiterungen, sehr ähnlich [Cat97]. Jedoch ist OQL eine reine Anfragesprache, da Datenmanipulation über Zuweisungen und Methodenaufrufe direkt im Anwendungsprogramm vorgenommen werden müssen, und enthält somit keine Änderungsoperationen.

Während in SQL der Rückgabewert eine Tabelle mit allen qualifizierten Tupeln ist, ist das Ergebnis einer OQL-Anfrage typisiert, d. h., es werden für die in der Projektionsklausel angegebenen Attribute bzw. Objekte entsprechende Ergebnisobjekte generiert. Qualifiziert sich mehr als ein Objekt, so wird ein *bag* mit den Ergebnisobjekten zurückgegeben. Wie schon angedeutet, kann der *extent* mit einer Tabelle verglichen werden. Folglich müssen in der FROM-Klausel einer Anfrage auch die *extents* der in der Anfrage verwendeten Objekte angegeben werden.

```
SELECT p
FROM personen p
WHERE count(p.kinder) > 2
AND p.adresse.plz=67663
```

Beispiel 2.17: OQL-Anfrage

Wie in SQL können in OQL Pfadausdrücke verwendet werden. Auch wird bei Methodenaufrufen spät gebunden und Polymorphie unterstützt. Über besondere Befehle lassen sich Operatoren und Anfragen (*named queries*) vorab definieren und dann in anderen Anfragen verwenden, so dass diese übersichtlicher bleiben. Dieses ist vergleichbar mit den SQL-basierten UDFs (*stored procedures*).

In OQL-Anfragen, insbesondere in Unteranfragen, können während der Ausführung neue Objekte, Strukturen oder Kollektionen erzeugt und verarbeitet werden. Bezogen auf Anfragen, ist die Mächtigkeit von OQL größer als die von SQL(:1999). Allerdings wird über den Ausführungsort der benutzerdefinierten, d. h. der nicht auf eingebauten Datentypen definierten Methoden nichts gesagt. Da es keine Konstrukte zum Einbringen einer Methodenimplementierung in das OODBS gibt, werden diese (meist) im Anwendungsprogramm, in das die Anfrage eingebettet ist, und nicht im DB-Server ausgeführt.

2.6.2 OODBVS-spezifische Erweiterungen

Der Standard ODMG 3.0 stellt, wie bei vielen anderen Standards, nur einen Kompromiss aus den unterschiedlichen, auf der Funktionalität der einzelnen OODBVS beruhenden Herstellervorschlägen dar. Viele der kommerziell erhältlichen OODBVS und weit mehr noch verschiedene Forschungsprototypen bieten zusätzliche Funktionalität. Auf einige Erweiterungen dieser Systeme wollen wir im Folgenden eingehen.

Um auf Änderungen an Objekten oder auf DB-Ereignisse reagieren zu können, bieten einige der kommerziellen OODBVS (GemStone, ObjectStore, Poet) nach einer Registrierung der Objekte oder für spezielle Ereignisse (Versant) einen entsprechenden „Benachrichtigungsdienst" an [LC98]. Die Intention ist mit der der Trigger vergleichbar, so dass der Anwender über entsprechende Funktionen auf Ereignisse reagieren kann. Allerdings sind die aufgerufenen Routinen im Anwendungsprogramm angesiedelt und stehen somit nicht allen Benutzern bzw. Programmen zur Verfügung.

In das OODBVS ODE [GJ91, LGA96], einem Forschungsprototyp, wurden Trigger und *Constraints* integriert. Benutzer können zusätzlich zu den DB-Aktionen eigene Ereignisse definieren, wobei allerdings das jeweilige Anwendungsprogramm das OODBS über das Auftreten dieser benutzerdefinierten Ereignisse informieren muss. Um Trigger für die DB-Aktionen auszulösen, werden die anwendungsinternen Methodenaufrufe auf *Wrapper*-Funktionen umgeleitet. Diese rufen die eigentliche Methode auf und informieren vorher und nachher die Trigger-Verwaltung, damit diese gegebenenfalls die ereignisabhängigen Aktionen ausführen kann. Die Trigger-Verwaltung ist dabei in das Anwendungsprogramm integriert. Somit ist wie bei den kommerziellen Systemen auch keine vom Anwendungsprogramm unabhängige Reaktion auf DB-Ereignisse möglich.

Eine andere über den ODMG-Standard hinausgehende Erweiterung ist die Möglichkeit zur Versionierung. So unterstützen viele der kommerziellen OODBVS (Ontos,
Itasca/Orion, ObjectStore, Versant, etc.) die Versionierung von Objekten. Einige
von ihnen, z. B. ObjectStore, ergänzen diese Fähigkeiten noch mit einer Konfigura-
tionsverwaltung, so dass sich auch untereinander verknüpfte Objekte versionieren
und verwalten lassen [Heu97]. Die Möglichkeit zur Versionierung und Konfiguration wird für die Dokumentenverwaltung benötigt.

2.7 Zusammenfassung

In diesem Kapitel haben wir die Funktionalität objekt-relationaler DBVS vorgestellt. Dazu haben wir zunächst die klassischen Eigenschaften, wie das relationale
Datenmodell, die deskriptive Anfragesprache und Möglichkeiten zur Integritätssicherung besprochen. Anschließend sind wir dann auf die neuen objektorientierten
Eigenschaften und die Erweiterungsmöglichkeiten eingegangen. In ORDBVS ist es
u. a. möglich, komplexe Datentypen (Struktur) und zugehörige Methoden (Verhalten) zu definieren, Typ- und Tabellenhierarchieren anzulegen sowie das DBS um
eigene primäre und sekundäre Zugriffsmethoden zu erweitern.

Im Anschluss an die Diskussion objekt-relationaler DBVS haben wir eine Abgrenzung zum derzeitigen SQL-Standard, SQL:1999, sowie zu objektorientierten DBVS
und ihrem Standard ODMG 3.0 vorgenommen. Während bereits viele objektorientierte Elemente in SQL:1999 aufgenommen wurden, fehlen z. Zt. noch eine einheitliche Sprache und ein homogener Funktionsumfang in Bezug auf die sog. Erweiterbarkeit. Zwar sind bereits benutzerdefinierte Funktionen und strukturierte Typen im
Standard enthalten und auch einige Ergänzungsarbeiten im Gange, jedoch besteht
nach wie vor kein Konsens bezüglich der Erweiterbarkeit „tieferer" DB-Server-
Schichten, beispielsweise im Hinblick auf Zugriffsmethoden.

Objektorientierte DBVS und der zugrundeliegende Standard ODMG 3.0 erlauben
die Definition neuer Datentypen und bieten mächtige Sprachkonstrukte zur Selek-
tion. Ihnen fehlen allerdings im DB-Server aktive Elemente, wie z. B. Trigger,
sowie die grundlegende Erweiterbarkeit des DBVS. Wie wir später noch im Detail
sehen werden, stellen OODBVS damit zunächst für die intendierten Zwecke keine
Alternative dar, obwohl sie in Bezug auf die objektorientierten (Anfrage-) Möglichkeiten derzeit mehr zu bieten haben. Daher heißt es abzuwarten, wie sich ORDBVS
und der SQL-Standard auf der einen und OODBVS und ODMG-Standard auf der
anderen Seite weiterentwickeln.

3 HTML und XML

HTML ist *die* Sprache für Web-Dokumente, d. h., die meisten der im Web verfügbaren Dokumente sind (heute noch) im HTML-Format erstellt worden. XML bzw. XHTML, neue „Verwandte" von HTML, scheinen mittelfristig diese Rolle einzunehmen, für Mobiltelefone existiert ferner noch die Sprache WML. Die Verwaltung und Bereitstellung von bzw. das Angebot von aktueller Information mit Hilfe von HTML-/XML-Dokumenten ist daher die zentrale Aufgabe eines WIS. Um später besser die damit verbundenen Probleme und Lösungen diskutieren zu können, wollen wir in diesem Kapitel zunächst kurz auf die Geschichte sowie die Grundzüge und Eigenschaften von HTML eingehen, anschließend dann XML und für dieses Buch interessante auf XML-basierende „Standards"[1] vorstellen. Den Abschluss dieses Kapitels bilden eine kurze Übersicht zu WAP und WML, dem für Mobiltelefone verwendeten Protokoll und der entsprechenden Auszeichnungssprache, sowie eine Zusammenfassung.

3.1 HTML

Im Folgenden geben wir zunächst einen kurzen Überblick über die Entstehung des *World Wide Web* und von HTML. Anschließend stellen wir erst die Grundzüge von HTML vor und diskutieren im Anschluss daran die vorhandenen Probleme.

3.1.1 Geschichte

Die *HyperText Markup Language* (HTML, [RLJ99]) und das *World Wide Web* (WWW oder Web) wurden Anfang der 90-er Jahre von Tim Berners-Lee am europäischen Kernforschungszentrum (CERN) in Genf entwickelt. Waren HTML und das WWW von 1989 bis Mitte 1991 nur interne Vorschläge zur Verbesserung der internen Informationsbereitstellung und erste Prototypen, so wurde 1991 das Projekt der Öffentlichkeit vorgestellt. Auch waren immer mehr Personen an der Entwicklung der benötigten Software, einem Client-Programm, dem sog. *Browser*, sowie des Web-Servers, beteiligt [Cai95].

---

1 Viele der im Umfeld von XML diskutierten Sprachen und Definitionen sind Vorschläge oder Arbeitspapiere, nur wenige von ihnen sind z. Zt. schon offizieller Standard bzw. Empfehlungen des W3C.

Heute ist eine unüberschaubare Zahl von Unternehmen mit dem Web verbunden, sei es durch die Entwicklung von Web-bezogener Software, den Betrieb von Web-Servern und anderen damit verbundenen Diensten (*Web Hosting*), die Bereitstellung von Internet-Zugängen (*Internet Service Provider*, ISP), durch entsprechende Beratungstätigkeiten und vielerlei mehr. Dabei sind HTML und die zugrundeliegenden Konzepte nicht neu. Schon 1945 schlug Vanevar Bush ein elektromechanisches (!!!) Verfahren zur Navigation in Mikrofiches vor, in den 60-er Jahren entwickelte Doug Engelbart Software mit ähnlicher Intention wie der Funktionalität des WWW. Hierzu musste er sogar zunächst die Maus als Eingabegerät erfinden. Worin liegt also der Erfolg des Web begründet? Der Hauptgrund hierfür dürfte das einfache, aber gute Konzept von miteinander durch Verweise (sog. *Hyperlinks*) verknüpfter (HTML-)Dokumente und die Integration zahlreicher anderer Internet-Dienste über einheitlich aufgebaute Adressen (URLs, *Uniform Resource Locators*) sein, kombiniert mit dem Zeitpunkt des Entstehens.

HTML basiert vom Aufbau her auf der *Standard Generalized Markup Language* (SGML, [ISO86]) und wurde von der ersten Fassung bis heute in der Version 4.0 ständig weiterentwickelt. Zwar ist das 1994 gegründete *World Wide Web Consortium* (W3C, [W3C00]) für die Standardisierung von HTML zuständig, jedoch wurde die Entwicklung von HTML zu seiner heutigen (unübersichtlichen) Form besonders durch Unternehmen wie Microsoft und Netscape vorangetrieben. Das W3C hatte daher meist die Aufgabe, einen gemeinsamen kleinsten Nenner zwischen den meist unterschiedlichen Vorschlägen der beiden Browser-Hersteller zu finden. So kommt es auch heute noch oft vor, dass im Web angebotene HTML-Seiten nur im Browser des einen Herstellers vollständig angezeigt werden können. Neben den Differenzen in den HTML-Versionen haben die Hersteller aber auch unterschiedliche Skript-Sprachen, *Javascript* (Netscape) und *JScript* (Microsoft)[2]. Diese Skript-Sprachen entstanden aus dem Wunsch heraus, die Starrheit der HTML-Seiten auf der Client-Seite zu überwinden und mehr Anwendungslogik in den Browser bzw. die HTML-Seiten verlagern zu können. Zwar werden die Skript-Sprachen für vielerlei Aufgaben eingesetzt, jedoch ist die Client-seitige Überwachung der von Benutzern in HTML-Formulare eingetragenen Daten, vergleichbar mit den Integritätsbedingungen in einer DB, neben dem Erzeugen von besonderen grafischen Effekten nach wie vor eine der Hauptanwendungen.

Im Folgenden stellen wir die wesentlichen Grundzüge von HTML vor und gehen auf die bei der Nutzung von HTML auftretenden (allgemeinen) Probleme ein.

---

2   Eine „überparteiliche" Angleichung beider Skript-Sprachen wurde von der ECMA (*European association for standardizing information and communication systems*) mittels der Sprache ECMAScript [ECMA99] vorgenommen.

3.1.2 Sprachgrundzüge und Techniken

Beginnen wollen wir den Überblick mit der Dokumentenstruktur. Im Anschluss daran gehen wir auf die Adressierung und Verweise ein.

3.1.2.1 Dokumentenstruktur

HTML-Dokumente bestehen, wie in Bsp. 3.1 dargestellt, aus zwei großen Abschnitten, dem Dokumentkopf <HEAD> und dem -rumpf <BODY>. Eingeschlossen werden diese beiden Sektionen durch das HTML-Tag. Vorher kommt noch die optionale Angabe, um welchen (SGML-)Dokumenttyp es sich handelt, im Beispiel um ein auf HTML-4.0 basierendes Dokument. Die Dokumenttypangabe ist durch SGML als Vorbild von HTML begründet und enthält einen Hinweis auf die Dokumenttypdefinition (DTD, siehe auch „XML"). Während der Dokumentkopf den Titel, potentiell zahlreiche Meta-Angaben und andere allgemeine Informationen enthält, steht der eigentliche und im Browser sichtbare Inhalt im Dokumentrumpf.

```
<!DOCTYPE HTML PUBLIC "-//W3C//DTD HTML 4.0 Transitional//EN">
<HTML>
    <HEAD>...</HEAD>
    <BODY>...</BODY>
</HTML>
```

Beispiel 3.1: Aufbau einer HTML-Seite

Über im Kopf enthaltene META-Tags können zahlreiche Angaben zu einem Dokument gemacht werden. Diese sind zum einen für Suchprogramme, zum anderen für den Browser selbst von Interesse. Um Suchprogrammen eine Einordnung der im Dokument enthaltenen Inhalte in Kategorien zu vereinfachen[3], können Stichworte angegeben werden (Bsp. 3.2). Zudem sind zahlreiche andere Angaben zum Autor und Dokument selbst (Datum, Quellen etc.) möglich. Für das Format der Meta-Angaben gibt es wieder unterschiedliche Möglichkeiten, wobei die strukturiertere und damit bessere Variante, die Spezifikation *Dublin Core Metadata* [DCMI99], kaum verbreitet ist [MN98]. Eine weitere Alternative stellt die Auslagerung der Dokumentbeschreibung in eine oder mehrere separate Dateien dar, so dass diese von unterschiedlichen Dokumenten verwendet werden können. Für den Verweis auf diese Ressourcen-Beschreibungsdateien gibt es wiederum spezielle Tags. Möchte man Suchmaschinen die Aufnahme des Dokumentes in einen Index verbieten, so ist dies ebenfalls möglich.

---

3   Durch die Nutzung können Suchroboter, je nach Qualität der eingesetzten Verfahren, auch bewusst in die Irre geführt werden!

```
<meta name="author" content="Henrik Loeser">
<meta name="keywords" content="ORDBVS, WIS, HTML, XML">
<meta name="description" content="Beispiele f&uuml;r Meta-Angaben">
```

Beispiel 3.2: META-Tags

Dem Browser können über Angaben im Dokumentkopf Hinweise auf die Beziehungen zu anderen Dokumenten gegeben (LINK) werden, auch lassen sich hierüber andere Dokumente bzw. Komponenten, wie z. B. Skripte, einbinden. Zudem können zahlreiche andere Angaben und Einstellungen gemacht werden.

Im Dokumentrumpf steht der eigentliche Inhalt des Dokumentes. Um diesen auszuzeichnen, d. h. mit Markierungen (Tags) zu versehen, steht eine entsprechend große Auswahl an Tags zur Verfügung. Diese lassen sich meist einer der folgenden Aufgabenbereiche bzw. Funktionalität zuordnen: Absatzformatierung, Aufzählungen (verschiedene Listenformate), Tabellen, Formulare, Rahmen, Einbindung von Grafiken und Multimedia-Objekten sowie zur allgemeinen Text- und Absatzgestaltung.

```
...
<BODY>
<BASEFONT SIZE=4 COLOR=#0000FF FACE="Times">
<H1>Eine Überschrift</H1>
<CITE>Ein Zitat</CITE>
<B><I>Fett und kursiv gesetzter Text</I></B>
</BODY>
...
```

Beispiel 3.3: HTML-Dokumentrumpf

Zwar war die Darstellung der einzelnen Absatzformate zunächst Browser-abhängig, jedoch wurden mit neueren HTML-Versionen immer mehr Autor-spezifische Änderungs- bzw. Formatier-Optionen in den Standard aufgenommen (siehe <BASEFONT>, Bsp. 3.3). Auf diese Weise kann innerhalb einer HTML-Seite die Darstellung einzelner Absätze und anderer Markierungen festgelegt werden. Um bestimmte Sätze (Absätze) oder einzelne Worte zu formatieren, gibt es logische (Struktur) und physische Markierungen (Darstellung). Während erstere wieder nur den potentiellen Inhalt beschreiben, z. B. „Zitat" (<CITE>), so geben die physischen Tags die gewünschte Darstellung vor, z. B. „kursiv" (<I>) oder „fett" (<B>). In HTML-Seiten werden heute zumeist die physischen Tags verwendet, da ein Großteil der HTML-Editoren und der Entwurfswerkzeuge sowie viele der Web-Seitengestalter (Web-Designer) der grafischen Aufmachung mehr Bedeutung zumessen.

Über spezielle Tags lassen sich Bilder, Java-Applets oder auch Multimedia-Objekte allgemeiner Natur, wie z. B. Musikstücke oder Videosequenzen, in eine HTML-Seite einbinden. Der Browser ist für die jeweilige Darstellung verantwortlich, lediglich der vom Objekt benötigte Platz sowie Ausrichtungsinformationen können spezifiziert werden.

3.1.2.2 Uniform Resource Identifier

Neben dem eigentlichen Inhalt sind die Verweise (*Hyperlinks*) ein wesentlicher Bestandteil eines Dokumentes. Sie sind auch der Hauptgrund für den Erfolg des WWW, da weitere Informationen nur „einen Mausklick entfernt" sind. Der eigentliche Verweis, d. h. die eigentliche Zieladresse, wird auch als URL (*Uniform Resource Locator*, [BMM94]) bzw. URI (*Uniform Resource Identifier*, [BFM98]) bezeichnet. Letztere stellen dabei eigentlich die Obermenge über URLs und URNs (*Uniform Resource Names*) dar. Im Folgenden wollen wir zunächst grob den Aufbau eines URL bzw. URI erläutern, später dann auf die Verwendungsmöglichkeiten in HTML eingehen.

Bei einem URI muss man zwischen absoluten und relativen Adressen unterscheiden. Während absolute URIs direkt auf eine Ressource verweisen, sind relative URIs nur im Kontext mit einem absoluten URI auflösbar. Ein absoluter URI hat den folgenden prinzipiellen Aufbau [BFM98]:

```
<scheme>://<authority><path>?<query>

http://wwwdbis.informatik.uni-kl.de:8080/cgi-bin/search?name=Loeser
```

Beispiel 3.4: Aufbau eines URI

Das Schema (*scheme*) spezifiziert, wie auf die Ressource zugegriffen wird, und beeinflusst auch die restlichen Komponenten des URI, da nicht alle Optionen oder Bestandteile für jede Ressourcenart anwendbar sind. Die *authority* („Autorität") legt die Quelle, von der die Ressource kommt, fest und kann die Adresse eines Servers bzw. Dienstes oder auch ein (eindeutiger) registrierter Name sein. Der Pfadname (*path*) wird für das Auffinden der Ressource innerhalb der Quelle, z. B. auf einem Web-Server, verwendet und beinhaltet z. B. auch den Namen der gewünschten Datei. Die optionalen Anfrageparameter (*query*) nach dem Fragezeichen stellen eine Möglichkeit dar, Informationen an die Quelle zu übermitteln und so z. B. die angeforderte Ressource zu individualisieren. Im obigen Bsp. 3.4 wird eine Ressource spezifiziert, die über HTTP (siehe Abschn. 4.2.1 ab Seite 52) angesprochen wird. Sie liegt auf einem Web-Server an der Universität Kaiserslautern und der Pfad ist „/cgi-bin/search". Über den Anfrageparameter wird das Attribut name auf den Wert Loeser gesetzt.

Relative URIs beschreiben die Differenz zwischen dem aktuellen Kontext, der in der Regel durch einen absoluten URI (sog. Basis-URI) gegeben ist, und dem absoluten URI der neuen Ressource. Infolgedessen besteht ein relativer nur aus Teilkomponenten eines absoluten URI, wie dem Pfad und der Anfrage oder in seltenen Fällen evtl. auch noch der Autorität. Ein relativer URI kann auf vier verschiedenen Weisen aufgelöst werden [BFM98]:

- Der Basis-URI befindet sich im Dokument: In einigen Ressourcenarten, wie z. B. (X)HTML, ist es möglich, eine Basisadresse anzugeben. Ist diese vorhanden, so werden relative URIs über sie aufgelöst.

- Der Basis-URI der umgebenden Entität wird genutzt: Wird eine Ressource im Kontext einer anderen Entität geladen, z. B. als Komponente einer HTML-Seite, so dient die Adresse dieser umgebenen Entität als Basis.

- Der zuletzt genutzte Basis-URI wird verwendet: Die Adresse des aktuellen Dokumentes dient als Basis für die relativen URIs.

- Anwendungsabhängiger „Default"-Basis-URI: Trifft keine der drei obigen Fälle zu, so wird die Basis durch den Anwendungskontext bestimmt und kann daher differieren. Daher sollte dieser Fall vermieden werden.

3.1.2.3 HTML, Verweise und URLs

Nachdem wir URIs vorgestellt haben, wollen wir nun auf ihre Verwendung innerhalb von HTML-Dokumenten eingehen. Wie schon angedeutet haben Verweise eine zentrale Bedeutung für das WWW. Sie werden, wie in Bsp. 3.5 zu sehen, über das sog. Anker-Tag (<A HREF>) realisiert und können neben einem URI als Wert des HREF-Attributs noch zahlreiche weitere Parameter enthalten. Verweise können auf eine Ressource zeigen oder in diese hinein (siehe #deutsch). Wird entweder ein Textabschnitt durch die Markierung <A NAME="deutsch"> oder ein Tag über das ID-Attribut (<H1 ID="deutsch">) gekennzeichnet, kann mittels der Raute und dem entsprechenden Namen in das referenzierte Dokument direkt zu dem Abschnitt oder dem Tag verwiesen werden.

```
<A HREF="http://wwwdbis.informatik.uni-kl.de:8080/">Unsere Homepage</A>
<A HREF="mailto:loeser@ordbms.de?Subject=Dissertation">Mail an mich</A>
<A HREF="http://www.db4711.de/hallo?x=2&y=3#hallo" target=_top>Test</A>
<A HREF="../welcome.html#deutsch">Willkommens-Seite</A>
```

Beispiel 3.5: HTML-Verweise

Allerdings sind Verweise nur eines von vielen Markierungselementen, in denen URIs verwendet werden können. In HTML 4.0 gibt es ca. 20 Tags bzw. Attribute innerhalb dieser, deren Wert vom Typ URL (URI) ist. Sie dienen dazu, Bilder einzubinden, Dokumente in Rahmen zu laden, auf externe Metadaten zu verweisen,

Basisadressen festzulegen, Quellen für Multimedia-Objekte oder Applets zu spezifizieren usw. Ohne genauer auf die einzelne Bedeutung eingehen zu wollen, zeigen wir im Folgenden einige Beispiele:

```
<BASE HREF="http://www.uni-kl.de/AG-Haerder/">
<IMG SRC="http://www.uni-kl.de/AG-Haerder/pics/mail.gif">
<FRAME HREF="/AG-Haerder/welcome.html">
<BODY BACKGROUND="/images/bg.jpg">
<META HTTP-EQUIV="refresh" CONTENT="0;URL=http://www.uni-kl.de/">
<LINK REL=stylesheet TYPE="text/css" HREF="formate.css">
```

Beispiel 3.6: URIs und HTML

Das letzte der Beispiele (<LINK>) zeigt, wie eine in einer Datei abgelegte Formatvorlagen-Definition eingebunden werden kann.

3.1.2.4 Cascading Style Sheet (CSS)

Für die Definition von Formatvorlagen (*style sheets*) gibt es mehrere Vorschläge. Sieht man von der direkten Stilzuordnung innerhalb eines Tags ab, so wurde aber keiner der Vorschläge in die HTML-Spezifikation aufgenommen. Die vom Web-Konsortium vorgeschlagenen *Cascading Style Sheets* (CSS) stellen die am weitesten verbreitete Lösung dar und erlauben die zumindest teilweise Trennung von Formatierung und Inhalten. Dazu werden in einem eigenen Block, der auch in einer separaten Datei stehen kann (s. o.), die Formate (Vorlagen) für die unterschiedlichen Tags definiert (Schriftart, Größe, Farbe, Darstellungsstil usw.). Möchte man für ein Tag verschiedene Formate definieren, so ist dies durch das Erzeugen von (Format-) Klassen möglich. Diese sind dann beim Tag im HTML-Dokument als Attribut anzugeben, bspw. <P CLASS="eins">. Zudem lassen sich seit der CSS-Version 2.0 Formatvorlagen für unterschiedliche Ausgabemedien, wie etwa Browser und Drucker, festlegen.

```
<STYLE TYPE="TEXT/CSS">
   BODY { font-size:12pt; font-family:helvetica,arial; color:black }
   P, BLOCKQUOTE { font-size:11pt; font-family:helvetica,arial;
                   color:black }
   TD,TR{ font-size:11pt; font-family:helvetica,arial; color:darkblue }
   H1   { font-size:28pt; font-family:helvetica,arial; color:darkblue }
   H3   { font-size:14pt; font-family:helvetica,arial; color:darkblue }
</STYLE>
```

Beispiel 3.7: Cascading Stylesheets

Im obigen Bsp. 3.7 werden die Schriftgröße, -familie und -farbe für unterschiedliche Tags definiert. Wird diese Definition in einer separaten Datei gespeichert, so kann, wie in Bsp. 3.6 dargestellt, die Formatdefinition über das LINK-Tag eingebunden werden. Da Formatvorlagen für die weitere Diskussion nur eine untergeordnete Bedeutung haben, wollen wir nicht näher auf sie eingehen, sondern z. B. auf [MN98] verweisen.

3.1.3 Einschränkungen und Probleme

HTML ist als „Kind" von bzw. als eine SGML-Anwendung entstanden. Das ursprüngliches Ziel war dabei der Austausch von Informationen, wobei dem Browser die Entscheidung über die Darstellung überlassen wurde. Mit den nachfolgenden HTML-Versionen und darüber hinaus mit den Hersteller-Erweiterungen wurde immer mehr Wert auf die grafische, dynamische und interaktive Aufbereitung der, z. T. recht kargen, Inhalte gelegt. Hierdurch ist es zu einer immer stärkeren Vermischung von Inhalt und Präsentation gekommen, an der die Einführung von externen Stildefinitionen nicht viel geändert hat.

Der Sprachumfang umfasst zahlreiche Elemente, die nicht unbedingt ein schließendes Tag benötigen. Für diese wird nur empfohlen, auch eine schließende Markierung einzusetzen. Daher wird es von vielen Benutzern und einem Teil der Werkzeuge auch nicht gemacht, wodurch die maschinelle Verarbeitung (mit Hilfe eines Parsers) sehr erschwert wird[4].

Für die Navigation über Verweise stellt HTML das Anker-Tag sowie zur Auflösung von relativen URLs das BASE-Tag zur Verfügung. Beide verfügen über das Attribut HREF. Neben diesen Tags gibt es aber noch sehr viele weitere Markierungen, in denen ein URI verwendet werden kann. Allerdings wird in den meisten Elementtypen ein anderes als das HREF-Attribut verwendet, so dass eine einfache automatische Erkennung von URL-Attributen verhindert wird. Ein aufwendiger Ausweg stellt die Auswertung der jeweiligen HTML-Spezifikation und der in ihr enthaltenen Attributtypen dar.

Weitere Einschränkungen von HTML betreffen vor allem die Darstellung von mathematischen Zeichen und Formeln, chemischen Molekülen usw., d. h. die Unterstützung von Anwendungen mit über die bloße Darstellung von Text hinausgehenden Anforderungen. Für die Textdarstellung allein bietet HTML Kritikern einen zu großen Sprachumfang, so dass Bestrebungen im Gange waren bzw. sind, (X)HTML in eine einfache Basis sowie anwendungsspezifische Erweiterungen aufzutrennen.

---

4   Dieses ist auch eines der Hauptprobleme von SGML.

3.2 XML

Ausgehend von den Problemen mit HTML, insbesondere der Vermischung von Inhalt und Präsentation sowie der aufwendigen maschinellen Verarbeitbarkeit, wurde seit Mitte der 90-er Jahre nach Auswegen und Lösungen gesucht. Das HTML-Vorbild SGML (*Standard Generalized Markup Language*, [ISO86]) bietet zwar viele Vorteile, ist aber für die meisten Anwender viel zu kompliziert und umfangreich und wegen seiner zahlreichen Optionen maschinell ebenfalls nur schwer zu verarbeiten. Daher entschloss man sich, eine neue *Markup*-Sprache zu entwickeln und sich dabei erneut an SGML zu orientieren. Das Ergebnis ist die *eXtensible Markup Language* (XML, [BPS98]), die wir im Folgenden vorstellen wollen. Anders als HTML ist sie eine Metasprache, mit deren Hilfe man andere Markup-Sprachen definieren kann. So gibt es mittlerweile zahlreiche auf XML aufbauende Sprachvorschläge und Spezifikationen, von denen wir für dieses Buch wichtige und interessante im Anschluss an XML präsentieren werden.

3.2.1 Sprachgrundzüge und Techniken

Durch den Einsatz von XML ist es möglich, den Inhalt und die Präsentation von Dokumenten zu entkoppeln und den zur Formatierung verwendeten Tags (mehr) Semantik zu geben. Da XML „nur" eine Metasprache ist und somit keine Dokumentformate definiert, muss dieses selbst erst gemacht werden. XML stellt die dazu erforderlichen Mittel zur Verfügung, d. h., es werden die allgemeinen Grammatik- und Syntaxregeln festgelegt. Oberstes Ziel beim Entwurf der Regeln war es, diese möglichst einfach zu gestalten, so dass XML-Parser kompakt gehalten und in jede Software eingebettet werden können. Ein weiteres Ziel war es, die Trennung von Inhalt und Präsentation zu ermöglichen. Im Folgenden gehen wir zunächst auf die Definition von Dokumentenstrukturen, anschließend auf die Aufbereitungsmöglichkeiten für die Präsentation ein.

3.2.1.1 Allgemeine Regeln und Document Type Definitions

Neben der Zeichenkodierung, die u. a. festlegt, wie z. B. Umlaute und andere Sonderzeichen kodiert werden müssen, spezifiziert der XML-Standard auch die Verwendung von Attributen und Tags. Grundsätzlich muss zu jedem geöffneten Tag auch ein schließendes auf derselben Schachtelungstiefe existieren. Da es aber auch Tags gibt, die eigentlich keinen Inhalt haben, wie z. B. das `<BR>` in HTML, definiert XML sog. leere Markierungen (*empty tags*, siehe `<Pause/>` in Bsp. 3.8). Sie enden mit einem /> und benötigen kein zusätzliches schließendes Tag. Während in HTML der einem Attribut zugewiesene Wert entweder eine Zeichenkette oder ein in Anführungszeichen eingeschlossener Text sein kann, schreibt XML Anführungszeichen vor.

Die in einem XML-Dokument zu verwendenden Markierungen und ihre Attribute werden in einer *Document Type Definition* (DTD) definiert (s. u.), ein DTD ist jedoch nicht unbedingt erforderlich. In der XML-Spezifikation wird zwischen zwei verschiedenen Dokumentenarten unterschieden: zwischen wohlgeformten und gültigen. Während sich wohlgeformte XML-Dokumente nur an die allgemeinen Regeln halten, folgen gültige Dokumente zusätzlich noch der zum jeweiligen Dokument gehörenden DTD.

```
<?xml version="1.0" ?>
<!DOCTYPE Ansprache SYSTEM "Ansprache.dtd">
<Ansprache>
<Begruessung Betonung="nervoes">Hallo, seid gegruesst,
    werte Leser!</Begruessung>
<Pause Laenge="10"/><Inhalt>&steht_woanders;</Inhalt>
<Schluss Betonung="euphorisch">Danke fuer
    Ihre Aufmerksamkeit!</Schluss>
</Ansprache>
```

Beispiel 3.8: Aufbau eines XML-Dokumentes

Im Normalfall beginnt jedes XML-Dokument mit einem Prolog, der mit einer Prozessor-Anweisung (*Processing Instruction*) in der Form <?Anweisung?> beginnt. In ihr wird die XML-Version angegeben (Bsp. 3.8). Diese Angabe kann aber auch entfallen. Liegt einem Dokument eine DTD zugrunde, so enthält das Dokument im Prolog eine spezielle DOCTYPE-Markierung, in der entweder die für das Dokument maßgebliche DTD-Datei angegeben wird (siehe Beispiel) oder die eigentliche Dokumenttypdefinition enthalten ist.

```
<!DOCTYPE Ansprache [
<!ELEMENT Ansprache (Begruessung|Pause|Inhalt|Schluss)* >
<!ELEMENT Pause EMPTY>
<!ATTLIST Pause Laenge (10|20|30|40|50|60) #REQUIRED>
<!ELEMENT Begruessung (#PCDATA)>
<!ATTLIST Begruessung CDATA #IMPLIED>
<!ELEMENT Inhalt ANY>
<!ELEMENT Schluss (#PCDATA)>
<!ATTLIST Schluss CDATA "euphorisch">
<!ENTITY steht_woanders SYSTEM
        "http://www.uni-kl.de/AG-Haerder/devNull/">
]>
```

Beispiel 3.9: DTD „Ansprache.dtd"

Die in der externen Datei oder im Tag enthaltene DTD legt die im Dokument verwendbaren Tags (!ELEMENT) fest. Zudem kann definiert werden, innerhalb welcher Kontexte eine Markierung auftreten darf (siehe Ansprache, Bsp. 3.9), welche vorgeschriebenen (#REQUIRED) und optionalen (#IMPLIED) Attribute (!ATTLIST) es hat und welche Werte diese annehmen dürfen. Bei den Attributwerten kann der Wertebereich eingeschränkt werden, z. B. auf eine vorgegebene Liste von Werten (siehe Werte für die Pausenlänge). Desweiteren kann auch ein Default-Wert angegeben werden. Wird anstelle des Wertebereichs das Schlüsselwort #FIXED spezifiziert, so muss als Attributwert stets der vorgegebene Default-Wert verwendet werden.

Eine Besonderheit stellen sog. *References* dar. Über sie können Makros definiert werden, die zur Laufzeit expandiert werden. Dieses können Zeichenreferenzen sein, wie z. B. gt und lt (> und <), oder, wie in den Beispielen 3.8 und 3.9 verwendet, Entitätenreferenzen (*entity reference*, !ENTITY). Während Zeichenreferenzen eine Art vordefinierte Kürzel für jeweils ein Zeichen darstellen und verwendet werden, um nicht z. B. Sonderzeichen in kodierter Form eingeben zu müssen, verweisen Entitätenreferenzen auf den Inhalt einer Entität. Diese kann innerhalb des Dokumentes stehen oder, wie im Beispiel, in einer externen Datei.

3.2.2 XML-basierte Spezifikationen

Nachdem wir die grundlegenden Konzepte von XML vorgestellt haben, wollen wir in den folgenden Abschnitten kurz auf für dieses Buch wichtige Spezifikationen eingehen. Sie beruhen entweder auf XML, d. h., sie definieren einen DTD, oder sie dienen der Verarbeitung von XML-Dokumenten und erweitern die Basiskonzepte. Wir beginnen mit XHTML, gehen dann auf die Adressierung und anschließend auf die *Extensible Stylesheet Language* (XSL) ein.

3.2.2.1 XHTML

Für HTML gab es bereits DTDs, jedoch waren diese ebenso wie HTML nicht XML-konform. Daher wurde nach der Standardisierung von XML eine Arbeitsgruppe eingesetzt mit dem Ziel, ein XML-konformes HTML zu erarbeiten. Das Ergebnis ist XHTML (*eXtensible Hypertext Markup Language*, [Pem00]). Dieses ist, wie der Name XHTML vielleicht vermuten lässt, keine wesentliche Verbesserung, sondern, wie im Titel der entsprechenden Spezifikation enthalten, nur die Umformulierung der HTML-4.0-Spezifikation. XHTML definiert in Analogie zu HTML drei verschiedene DTDs (*Strict, Transitional, Frameset*). Die Erweiterbarkeit ist nur insofern vorgesehen, dass weitere DTDs ergänzt werden können.

Verbesserungen sind aber durch die XHTML-Modularisierungs-Bemühungen [AC00a, AC00b] abzusehen. Mittelfristig wird eine Aufspaltung von XHTML in entsprechende Teilpakete angestrebt, die bestimmte Funktionsgruppen, wie z. B. Tabellen, Rahmen usw., beinhalten. Durch die Aufspaltung des großen Funktionsumfangs von XHTML 1.0 bzw. von HTML 4.0 soll es möglich werden, die in Dokumenten verwendeten und damit in den Browsern zu unterstützenden Elemente zu spezifizieren. Auf diese Weise können Elementmengen für unterschiedliche Anzeigegeräte, wie z. B. Web-fähige Fernseher oder Mobiltelefone) und Anwendungsgebiete definiert werden [AC00b].

3.2.2.2 Adressierung

Während HTML nur die unidirektionale Adressierung kennt, d. h. von einem Dokument zu einer anderen bzw. in eine andere Ressource, werden durch verschiedene Spezifikationen die Adressierungs-Möglichkeiten für XML-Dokumente erweitert. Es existieren die sich gegenseitig ergänzenden Sprachen *XML Linking Language* (XLink, [DMOT00]), *XML Pointer Language* (XPointer, [DDM99]) und die *XML Path Language* (XPath, [CD99]).

In XLink-Spezifikation werden die Nutzung von Verweisen sowie die in den Elementen für einen Verweis zu verwendenden Attribute festgelegt. XLink offeriert zwei verschiedene Verweistypen: einfache (*simple*) und erweiterte (*extended*) Links. Einfache Verweise entsprechen den schon von HTML her bekannten. Über erweiterte Verweise wird es nun möglich, mehrere Ressourcen miteinander zu verknüpfen (Verweisgruppe), z. B. die Angabe von allen zu einer Person gehörenden Ressourcen wie dem Lebenslauf, der Adresse, von Projekten usw. Dieses kann über sog. *out-of-line links* oder über *inline links* geschehen. Ersteres bedeutet, dass alle Verweise auf externe Ressourcen verweisen und die Verweisgruppe selbst außerhalb des eigentlichen Dokumentes gespeichert wird. Die externe Speicherung hat den Vorteil, dass man die Verweise bzw. die Verweisgruppe ändern kann, ohne die referenzierte Ressource zu modifizieren. Hierdurch können die Änderungen schneller erfolgen. Bei der Verwendung von *inline links* wird mindestens einer der Verweise in das Dokument eingebettet [DMOT00].

```
<xlink::simple
href="dissertation.xml#xpointer(Buch/Kapitel[3]/Abschnitt[2])" >
<xlink::simple
href="dissertation.xml#xpointer(id("Bsp. 3.10))" >
```

Beispiel 3.10: XLink, XPath und XPointer

Um auf eine Stelle in eine Ressource verweisen zu können, war es in HTML bislang notwendig, das Dokument zu modifizieren und das zu referenzierende Element speziell zu kennzeichnen (`<A NAME="">` oder `<TAG ID="">`). Erweiterte Verweise verzichten aber gerade auf die Ressourcenmodifikation. Daher wird ein Konstrukt zum Verweis in ein Dokument benötigt. Es wird über die *XML Pointer Language* zur Verfügung gestellt [DDM99]. XPointer basieren auf der XPath-Spezifikation [CD99] und erweitern diese um die Adressierung von Knoten (Punkten) und Abschnitten, die Suche über Teil-Strings sowie Mittel zur Sprachnutzung innerhalb von URIs. Über XPath-Ausdrücke kann über die Dokumentenstruktur, d. h. mit Hilfe der Schachtelung von Elementen, innerhalb eines Dokumentes navigiert werden. Zudem können Suchausdrücke zur Identifikation von Elementen genutzt werden. Im Bsp. 3.10 werden zwei einfache Verweise gezeigt, die über jeweils einen XPointer-Ausdruck in dieses Dokument[5] verweisen. Der erste Ausdruck verweist auf das dritte Kapitel des Buches und darin auf den zweiten Abschnitt. Der zweite Ausdruck zeigt auf ein Element, was eindeutig über die ID „Bsp. 3.10" identifiziert wird, also das untenstehende Beispiel selbst.

3.2.2.3 Extensible Stylesheet Language

XML-Dokumente schaffen über die Möglichkeit, spezielle anwendungsspezifische DTDs zu verwenden, die Voraussetzung für mehr Semantik innerhalb von Web-Dokumenten. Allerdings lassen sich die diese Tags verwendenden Seiten nicht mehr in den (HTML-) Web-Browsern darstellen. Deswegen ist eine Client- oder Server-seitige Transformation der XML-Dokumente in ein darstellbares Format, wie z. B. HTML oder PDF, notwendig. Die *Extensible Stylesheet Language* (XSL, [Adl+00]) definiert die Syntax und die Regeln für Formatvorlagen (*stylesheets*). Über XSL ist es möglich, ein XML-Dokument in ein anderes (XML-) Dokumentenformat zu transformieren. Für die Dokumententransformation setzt XSL auf der Spezifikation *XSL Transformations* (XSLT, [Cla99]) auf, die speziell für XSL definiert wurde. Zudem ist jede XSL Formatvorlage selbst wieder ein XML-Dokument.

Über in einer Formatvorlage definierte Abbildungsregeln können Elemente des Quelldokumentes ersetzt werden und es lässt sich so ein vollkommen anderes Zieldokument erzeugen. Bei der Transformation wird die Baumstruktur eines XML-Dokumentes ausgenutzt und die Regeln auf Teilbäume bzw. einzelne Elemente angewendet. Über Bedingungen, zahlreiche Funktionen sowie die Nutzung von Variablen und Parametern können komplexe Abbildungsregeln definiert werden. Zudem ist es möglich, den Ausgabetyp des erzeugten Dokumentes anzugeben, um so andere, auf dem Ausgabestrom arbeitende Werkzeuge korrekt anzusteuern. Über den Ausgabetyp „HTML" kann beispielsweise ein Browser zur direkten Darstellung des umgeformten Dokumentes bewegt werden.

3.2.2.4 Weitere Spezifikationen

Neben den vorgestellten Spezifikationen existieren noch zahlreiche weitere, die auf der Sprache XML aufsetzen. So gibt es viele Ansätze zur Definition anwendungsspezifischer DTDs, wie z. B. für den elektronischen Handel und den Austausch von Zahlungsinformationen, die Darstellung mathematischer oder chemischer Formeln usw. Andere Aktivitäten betreffen die Umwandlung von DB-Inhalten in XML-Dokumente, wie z. B. die Abbildung von Schemata. Auf diese Weise ist eine nur schwer überschaubare Zahl von Spezifikationen entstanden, wobei allerdings nur sehr wenige den Status einer *W3C Recommendation*, einer Empfehlung durch das

---

5 Voraussetzung ist die Speicherung im XML-Format.

World Wide Web Consortium, erreicht haben. XML gewinnt nicht nur im WWW eine immer stärker werdende Bedeutung, wobei die Einsetzbarkeit in der Praxis mangels fertiger Spezifikationen und Werkzeuge z. Zt. nur eingeschränkt möglich ist.

3.3 WAP und WML

Nach der Vorstellung von HTML und dem „Nachfolger" XML gehen wir in diesem Abschnitt auf das *Wireless Application Protocol* (WAP) und die zugehörige Seitenauszeichnungssprache WML, *Wireless Markup Language* [WAP99], als besondere Anwendung von XML ein. WAP und die WML zielen auf die Nutzung in schmalbandigen Netzwerken und dem Einsatz von Clients mit eingeschränkten Darstellungsmöglichkeiten ab, wie es bei der Nutzung von Mobiltelefonen der Fall ist. Da immer mehr Mobiltelefone im Einsatz sind und auch für das gezielte „Surfen", d. h. die Informationsversorgung unterwegs, benutzt werden, hat die WML neben (X)HTML in Zukunft eine große Bedeutung.

Die WML ist als eine XML-DTD definiert und kennt daher sowohl leere Elemente (*empty tags*) als auch den Einschluss von Attributwerten in Anführungszeichen. Da sowohl die Übertragungsbandbreite als auch die Darstellungsmöglichkeiten des Client eingeschränkt sind, definiert WML nur eine kleine Zahl von notwendigen Elementen. Hierzu gehören Tags zur Navigation, für die Darstellung und Handhabung von Formularen, Tabellen, Bildelemente sowie einfache Formatierungsanweisungen. Eine Besonderheit im Vergleich zu HTML stellen die Formulare dar. WML kennt Decks und Cards. Während eine Karte (Card) einem Formular *und* zugleich einer Seite entspricht, ist ein Deck eine Kollektion von Karten und damit Seiten. Über spezielle Schalter (do) kann nach dem Ausfüllen einer Karte zur nächsten gewechselt werden, ohne dass eine Server-Verbindung notwendig ist. Auf diese Weise lassen sich in einem kleinen Darstellungsbereich nacheinander verschiedene Eingaben vornehmen oder Informationen zeigen, bevor wieder ein Verbindung notwendig ist. Eine WML-Seite ist immer eine Karte. Das Bsp. 3.11 zeigt ein einfaches WML-Dokument, das eine kurze Meldung ausgibt.

```
<?xml version="1.0"?>
<!DOCTYPE wml PUBLIC "-//WAPFORUM//DTD WML 1.1//EN"
    "http://www.wapforum.org/DTD/wml_1.1.xml">
<wml>
    <card>
        <p>Hallo Leute...</p>
    </card>
</wml>
```

Beispiel 3.11: Ein kurzes WML-Dokument

Um die WML-Dokumente noch effizienter zwischen Server und Client transportieren zu können, wird das sog. *WAP Binary XML Content Format* definiert. Es legt fest, wie WML-Elemente, Attributwerte und der Dokumentinhalt in zahlenkodierter Form repräsentiert werden kann, d. h., ein Tag wird auf einen Hexadezimalcode abgebildet.

3.4 Zusammenfassung

In diesem Kapitel haben wir zunächst die Entstehungsgeschichte des *World Wide Web* skizziert und sind dann auf die heute gebräuchlichen Dokumentenformate eingegangen. Die *HyperText Markup Language* ist die ursprünglich verwendete Auszeichnungssprache zur Formatierung von Dokumenteninhalten. Sie wurde immer wieder um neue Elemente und Möglichkeiten erweitert und existiert heute in der Version 4.0. Allerdings wurde dabei die initial intendierte Trennung von Inhalt und Präsentation immer mehr aufgehoben, so dass diesbezüglich neue Entwicklungsarbeiten aufgenommen wurden. Ihr Ergebnis ist die *Extensible Markup Language*, XML, eine Metasprache zur Definition von Markup-Sprachen.

Basierend auf XML und auch für XML existieren zahlreiche Spezifikationen. In diesem Kapitel haben wir XHTML, eine Neuformulierung von HTML, die *Extensible Stylesheet Language* XSL, die u. a. zur Transformation von XML-Dokumenten in andere Formate dient, sowie die Konzepte zur Adressierung XLink, XPath und XPointer vorgestellt. Während XHTML HTML ersetzen soll und auch eine Aufteilung in einen deutlich kleineren Kern von Basiselementen und aufgabenbezogene Erweiterungen angestrebt werden, sind HTML und XHTML zu komplex für den Gebrauch in Mobiltelefonen. Daher wurde von einem W3C-unabhängigen Herstellerkreis die XML-basierte *Wireless Markup Language*, WML, entwickelt. Sie beinhaltet nur wenige, für den mobilen Informationszugriff benötigte Elemente.

Abschließend ist festzuhalten, dass (X)HTML zwar Client-seitig nach wie vor eingesetzt wird, jedoch auf dem Server in Verbindung mit XSL wohl immer mehr andere XML-Dokumentformate Einzug halten werden. Hinzu kommt als Alternative zu (X)HTML für Mobiltelefone und andere schmalbandig angeschlossene Endgeräte noch WML. In und von einem Web-Informationssystem müssen daher all diese Formate unterstützt werden. Da aber durch die gemeinsame Vorlage SGML HTML- und XML-Dokumente einen ähnlichen Aufbau haben und via XSL eine Transformation von XML nach HTML möglich ist, werden wir im weiteren Verlauf meist von Web-Dokumenten sprechen und damit dann eine der Darstellungsmöglichkeiten meinen.

4 Web-Informationssysteme

Nachdem wir in den beiden vorangegangenen Kapiteln die in Web-Informationssystemen (WIS) bzw. die von uns verwendete DB-Technologie vorgestellt sowie die zu erzeugenden und zu verwaltenden Dokumenttypen betrachtet haben, wollen wir nun einen genaueren Blick auf WIS werfen und dabei die einzelnen Komponenten, die für das Zusammenspiel verwendeten Schnittstellen und Protokolle und auch gängige Systemarchitekturen im Detail vorstellen. Hierbei wollen wir auch in Analogie zu den in der Einleitung motivierten Themengebieten einzelne Aufgaben des WIS und seiner Komponenten betrachten.

Wir beginnen mit einem verfeinerten Überblick über ein WIS und seine Komponenten. Im Anschluss daran gehen wir auf die verwendeten Protokolle und Schnittstellen ein. Nachdem wir so einen allgemeinen Überblick über die Grundstruktur bekommen haben, diskutieren wir dann die unterschiedlichen Aufgabenbereiche innerhalb eines WIS genauer.

4.1 Überblick

Web-Informationssysteme, die heute immer häufiger sowohl zur abteilungs- oder unternehmensinternen als auch zur weltweiten Informationsbereitstellung verwendet werden, sind mit den bisherigen („klassischen") Informationssystemen nicht zu vergleichen und erfordern andere Vorgehensweisen beim Entwurf und der eigentlichen Realisierung. Die Einführung bzw. das Einrichten eines WIS stellen oftmals sowohl für das Management und die Technik eine Herausforderung dar [IBV98]. Aufgrund der Verwendung von Web-Technologien stehen die von einem WIS angebotenen Informationen potentiell weltweit zum Abruf zur Verfügung. Hierbei unterscheidet sich jedoch ein WIS von einem einfachen Web-Server insofern, dass nicht nur statische HTML- oder XML-Dokumente angeboten werden, sondern dass das WIS zur Informationsbereitstellung auch auf andere Informationssysteme, wie z. B. DBS oder interne Anwendungssysteme, zurückgreift.

Wie in Abb. 4.1 dargestellt ist die Hauptkomponente eines WIS der Web-Server. Er bietet über HTTP[1] (*HyperText Transfer Protocol*, [FG+99]), dem Übertragungsprotokoll für Web-Seiten, seine Dienste für die Web-Clients, z. B. die Browser, an. Ein anderes verwendetes Protokoll ist HTTPS, ein sicheres HTTP mit symmetrischer Verschlüsselung der übertragenen Datenpakete auf der Basis von SSL (*Secure Socket Layer*, [FKK96]). Um die Netzlast zu reduzieren, können zwischen dem

Web-Client und einem Web-Server noch zahlreiche Proxy-Server eingesetzt werden. Sie fungieren als Dokumenten-Cache und puffern die am häufigsten angeforderten Ressourcen.

Auf dem Web-Server werden zum einen statische Ressourcen, wie z. B. HTML-Seiten, Bilder oder auch Java-Applets [GJS96], meist im lokalen Dateisystem (Abb. 4.1) oder auch in einem *Repository* bereitgestellt. Daneben wird bei einer Ressourcenanforderung zur dynamischen Dokumentengenerierung auch auf andere Informationssysteme und Programme zurückgegriffen. Hierzu stehen einem Web-Server unterschiedliche Schnittstellen und Protokolle zur Verfügung, die wir später genauer vorstellen werden (siehe Abschn. 4.2).

Die aufgerufenen Anwendungen können Applikations-Server sein, die Dienste wie das Blättern in einem Katalog in Verbindung mit dem Führen eines Warenkorbes und der anschließenden Bestellung anbieten. Ferner können in DBS verwaltete Daten von entsprechenden Modulen des Web-Server oder über andere Programme direkt in HTML-Seiten eingebunden werden. Auch ist es möglich, eine lokale Suchmaschine oder Dienstprogramme des Betriebssystems in das Angebot des WIS zu integrieren. Je nach Größe und Angebot des WIS können auch Komponenten zur Verteilung der Netz- und Rechenlast über eine Gruppe von Rechnern (*Cluster*) vorhanden sein, so dass Ressourcenanforderungen transparent für den Benutzer auf unterschiedliche Rechner weitergeleitet werden. Diese Software-Komponenten sowie evtl. auch vorhandene Kommunikations-Server zur Anbindung des Web- an die Anwendungs-Server werden allgemein als *Middleware* bezeichnet.

Werden die statischen Dokumente nicht im Dateisystem des Web-Servers verwaltet, so können ähnlich wie DBS auch Repositories eingebunden werden. Bei einer Dokumentenanforderung wird dann nicht auf das Dateisystem, sondern auf das Repository zugegriffen. Meist werden jedoch Repositories nur in der Entwicklungsumgebung eingesetzt (siehe Abb. 4.1), um dort die Dokumente in ihren unterschiedlichen Versionen und ihren Abhängigkeiten untereinander und auch die verschiedenen Benutzer und Gruppen mit den jeweiligen Zugriffsrechten zu verwalten. Nach der Fertigstellung einer zusammengehörenden Menge von Dokumenten oder zeitpunktgesteuert werden die Dokumente veröffentlicht (*publish*), d. h. der Dokumentenbestand des Repository mit dem des Web-Server abgeglichen.

---

1   Steht als Web-Client ein Mobiltelefon zur Verfügung, so kann auch das *Wireless Application Protocol* (WAP, [WAP98]) zur Übertragung genutzt werden. Alternativ kann auch ein Vermittlungs-Server, der HTTP nach WAP bzw. HTML nach WML und umgekehrt transformiert, eingesetzt werden. Da die Unterschiede zwischen beiden Protokollen und Sprachen keinen direkten Einfluss auf die vorgestellten Verfahren haben, verwenden wir aus Vereinfachungsgründen meist HTTP und HTML. WAP und WML können aber in der Regel ebenfalls eingesetzt werden.

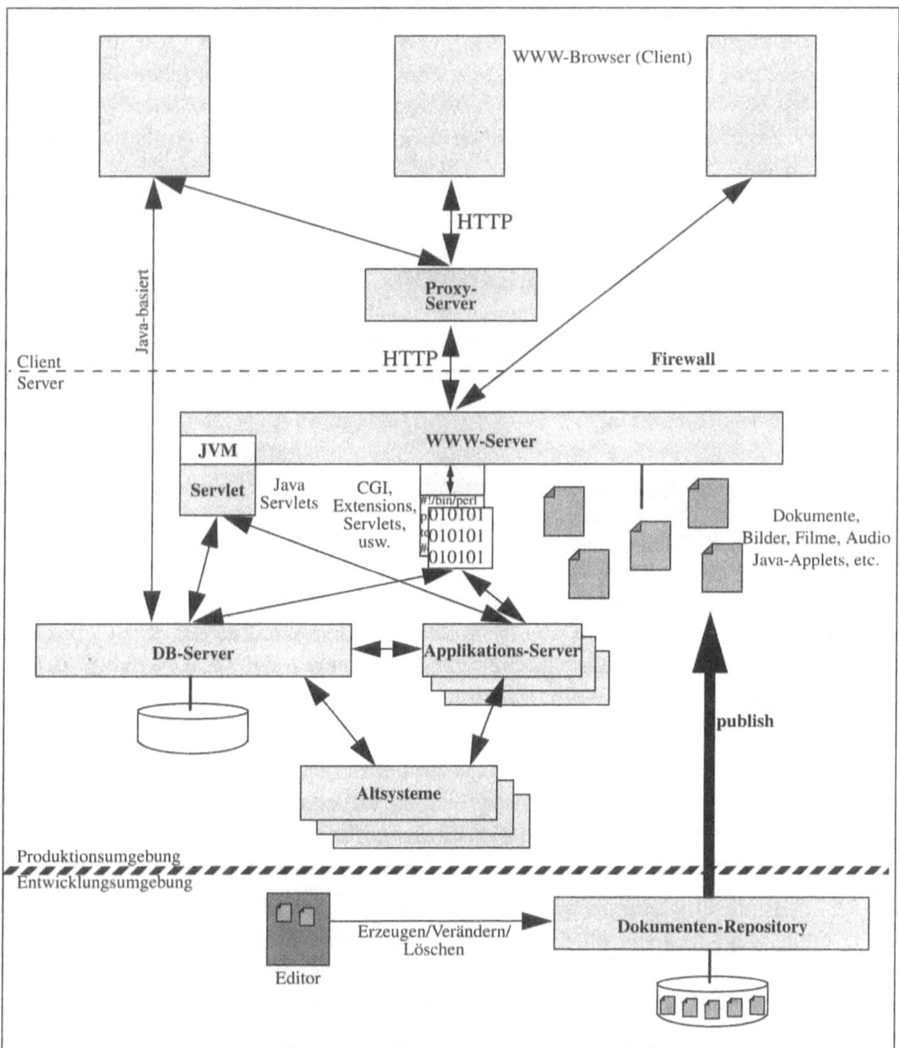

Abb. 4.1: Komponenten eines WIS (Überblick)

Falls das WIS ein so genanntes Portal (*portal*) ist, können die Komponenten nicht nur auf mehrere Rechner verteilt sein, sondern das WIS kann u. U. auch Programme unterschiedlicher Unternehmen direkt integrieren. Dementsprechend komplexer werden dann die vorhandenen Kommunikationsstrukturen und die dafür verwendeten Protokolle. Für die Integration werden ebenfalls wieder *Middleware*-Komponenten eingesetzt.

Ein in Abb. 4.1 nicht konkret durch eine Komponente dargestelltes, aber trotzdem immanentes Thema ist die Sicherheit. Dies betrifft sowohl den Schutz des WIS vor unbefugtem Zugriff von außen, den Schutz einzelner Ressourcen, als auch die

Abschirmung der einzelnen internen Informationssysteme. Eine hierfür eingesetzte Komponente ist der sog. „feuerfeste Wall" (*firewall*, „Brandwand"), die den Zugriff auf die einzelnen Dienste unterbindet bzw. diesen anhand von Vorgaben und Regeln bestimmten Rechner- und Benutzergruppen gestattet. Zudem können bestimmte vom WIS angebotene Dienste nur nach einer entsprechenden Authentifizierung zugänglich sein.

4.2 Protokolle und Schnittstellen

Nachdem wir ein WIS mit seinen Komponenten vorgestellt haben, gehen wir im Folgenden genauer auf das verwendete Protokoll HTTP sowie die Schnittstellen zur Komponentenanbindung ein.

4.2.1 Das HyperText-Transfer-Protocol

Wie schon angesprochen, wird für die Kommunikation zwischen Web-Client und - Server das *HyperText Transfer Protocol* (HTTP, [FG+99]) verwendet. Neben dem für den Anwender interessanten Dokument werden noch Anfrage- und Statusinformationen im sog. HTTP-Kopf (*HTTP header*) übertragen. Zusätzlich zu verschiedenen Metainformationen über Client bzw. Server, wie z. B. die verwendete Browser- oder Server-Software, sowie Informationen zur jeweiligen Ressource etc. enthält der HTTP-Kopf auch einen Hinweis auf die verwendete Zugriffsmethode.

In der Version 1.1 werden für HTTP insgesamt acht verschiedene Zugriffsmethoden definiert. Eine Zugriffsmethode ist vergleichbar mit einem Auftrag und gibt an, wie die an den Web-Server übermittelte Ressourcenanforderung von diesem zu bearbeiten ist. Für dieses Buch sind die folgenden Methoden von Interesse:

- GET: Mit dieser Methode wird die spezifizierte Ressource angefordert, also ein lesender Zugriff ausgeführt. Über Optionen können die Anforderung an Bedingungen, wie z. B. die Änderung nach einem bestimmten Datum (If-Modified-Since), geknüpft oder nur Teile der Ressource ausgelesen werden (partial GET).

- HEAD: Bei einem Zugriff mit HEAD muss der Web-Server nur die vor dem eigentlichen Dokument vorweggeschickten Metadaten senden. Der sog. HTTP-Kopf (*HTTP header*) enthält Informationen zur angeforderten Ressource, wie z. B. den Zeitpunkt der letzten Änderung oder die Dokumentgröße. Die Zugriffsmethode kann verwendet werden, um ein Dokument auf Änderungen hin zu überprüfen oder die Verfügbarkeit zu testen, ohne die Ressource selbst komplett übertragen zu müssen.

- POST: Die POST-Methode dient dazu, Daten an den Web-Server zu übertragen. Die Daten sollen dabei der über den URI identifizierten Ressource zur Verarbeitung übergeben werden. Als Resultat dieser Aktion muss nicht unbedingt ein Dokument zum Client zurückgeliefert werden, es reicht ein Status im HTTP-Kopf. Die POST-Methode wird benutzt, um z. B. Formularinhalte an den Web-

Server zu übertragen oder Nachrichten an eine Diskussionsgruppe, E-Mail-Liste u. Ä. zu schicken.

- PUT: Durch Verwendung der PUT-Methode wird der Web-Server aufgefordert, das übertragene Dokument unter der Adresse des angegebenen URI zu speichern. Über den zurückgelieferten Status kann erkannt werden, ob dies erfolgreich verlief. Im Gegensatz zur POST-Methode, bei der die mit dem URI identifizierte Ressource die Daten zur Verarbeitung bekommt, speichert der Web-Server die gelieferten Daten unter der angegebenen Adresse.

- DELETE: Mit Hilfe der DELETE-Methode kann eine mit einem URI identifizierte Ressource auf dem Web-Server gelöscht werden. Bei der Auftragsausführung ist es dem Server freigestellt, die Ressource komplett zu löschen oder nur den weiteren Zugriff auf diese zu verhindern, z. B. durch Verschieben in nicht zugreifbare Verzeichnisse.

Desweiteren gibt es noch die Methoden OPTIONS, TRACE und CONNECT, die zur Abfrage der Server-Fähigkeiten bzw. im Zusammenhang mit dem Auffinden von Fehlern (*debugging*) und dem sog. *HTTP tunneling* verwendet werden. Die Methoden GET, HEAD, PUT und DELETE sind als idempotente Methoden gedacht, d. h., die wiederholte Anforderung einer Ressource über eine dieser Methoden sollte nicht mehr Seiteneffekte als die einmalige Ressourcenanforderung haben. Desweiteren gibt es noch die sicheren Methoden (*safe methods*) GET und HEAD. Ihr Aufruf sollte keine Seiteneffekte haben [FG+99].

4.2.1.1 WebDAV

Immer mehr Web-Server dienen nicht nur zur reinen Informationsbereitstellung, sondern bieten noch weitere Dienste an. So können sie auch als zentrale Koordinationsstelle für die gemeinsame Dokumentenerstellung dienen, wobei die einzelnen Autoren über die Welt verteilt sein können. Um mehreren Autoren in einer verteilten Umgebung die gemeinsame Wartung von auf dem Web-Server bereitgestellten Ressourcen zu ermöglichen, reichen die Fähigkeiten des HTTP nicht aus. Zwar sind Dokumentenaktualisierungen auf dem Web-Server via PUT und DELETE möglich, jedoch wird die kooperative Dokumentenerstellung nur unzureichend unterstützt. An dieser Stelle setzt WebDAV (*Web-based Distributed Authoring and Versioning*, [WW98]) ein. Es definiert die für die verteilte, kooperative Dokumentenerstellung im Web notwendigen Schnittstellen und Protokolle, u. a. eine Erweiterung des HTTP um Methoden zum Erstellen und Warten von Ressourcen bzw. Ressourcenkollektionen, für die Verwaltung von Namensräumen sowie für den synchronisierten Zugriff [GW+99]. Die einzelnen Methoden nutzen dabei XML (siehe Abschn. 3.2, Seite 41) als Format für alle Ressourcenanforderungen und die Antworten, um so eine einfache Verarbeitung der einzelnen Anweisungen gewährleisten zu können.

Zu den wichtigsten neuen Methoden gehören PROPFIND, PROPPATCH, COPY, MOVE sowie LOCK und UNLOCK. Während PROPFIND dazu dient, Informationen (*properties*) über die vorhandenen Ressourcen auszulesen oder gezielt danach zu

suchen, gestattet es PROPPATCH die zu einer Ressource gehörenden Eigenschaften
zu modifizieren. Über COPY und MOVE können Ressourcen kopiert bzw. verschoben
werden. LOCK und UNLOCK schließlich ermöglichen das Sperren von Ressourcen
bzw. das Aufheben von Sperren auf diesen. Dabei werden Lese- (*Shared Lock*) und
Schreibsperren (*Exclusive Lock*) unterstützt.

4.2.1.2 Frontpage-Erweiterungen

Ein zum Teil ähnliches Ziel wie WebDAV verfolgen die so genannten *Frontpage
Extensions* [Mic99]. Sie sind Zusatzmodule für einen Web-Server, die entweder
über CGI-Programme (siehe unten, „Anbindung von Anwendungslogik") oder die
Erweiterungsschnittstelle von Microsoft's Web-Server zur Verfügung gestellt werden. Über diese zusätzlichen Programme bzw. Module werden Autoren und Administratoren ebenfalls Möglichkeiten zum gemeinsamen Editieren von Dokumenten,
dem Abgleich zwischen einem Dokumenteneditor[2] und dem Web-Server sowie der
Verwaltung von Benutzern, Gruppen und deren Rechten gegeben.

Während WebDAV die für die Aufgabe benötigten Funktionen in das HTTP integriert und die eigentlichen Verarbeitungsschritte im Standard spezifiziert werden,
sind die *Frontpage Extensions* konkrete Module, die auf dem jeweiligen Web-Server
installiert werden müssen. Sie sind nicht standardisiert, werden aber aufgrund der
Verbreitung des Programmes Frontpage von vielen Web-Servern bzw. „Webspace-
Providern" unterstützt.

4.2.2 Anbindung von Anwendungslogik

Zur Anbindung von Anwendungslogik, sei es direkt im Web-Server oder in Form
von anderen Informationssystemen, haben sich im Laufe der Weiterentwicklung des
WWW mehrere heute allgemein gebräuchliche Techniken herausgebildet. Sie stellen wir im Folgenden vor. Beginnen werden wir mit dem „Klassiker", dem *Common
Gateway Interface*. Im Anschluss daran gehen wir auf die anderen Techniken ein.

4.2.2.1 CGI-Programme

Um nicht nur statische HTML-Seiten, sondern auch, z. B. als Reaktion auf Benutzereingaben, Ergebnisse von DB-Anfragen oder Programmaufrufen über dynamisch generierte Dokumente bereitstellen zu können, wurde das *Common Gateway
Interface* (CGI [CGI95]) definiert. In der CGI-Spezifikation wird festgelegt, wie die
von einem Benutzer in einem Formular eingegebenen Daten sowie Umgebungsvariablen je nach HTTP-Zugriffsmethode an externe Programme, die CGI-Programme, weitergegeben werden.

---

2   Die Programme müssen kompatibel zu Microsoft Frontpage, einem „HTML-Editor", sein.

Nach einer entsprechenden Ressourcenanforderung startet der Web-Server in einem separaten Prozess das spezifizierte CGI-Programm und übergibt diesem mittels der definierten Umgebungsvariablen und Techniken die Parameter. Das Programm muss nun eine vollständige HTML-Seite erzeugen, die an den wartenden Web-Server zurückgegeben und von diesem an den Web-Client weitergeleitet wird. Nach der Weitergabe der erzeugten Seite wird das Programm terminiert.

Eine Weiterentwicklung des CGI stellt das FastCGI-Protokoll [Bro96] dar. Die Fast-CGI-Programme werden nach der eigentlichen Abarbeitung nicht beendet, sondern persistent gehalten, um so für weitere Aufrufe direkt zur Verfügung zu stehen. Anders als beim CGI ist es bei Nutzung von FastCGI auch möglich, die Programme auf einem anderen Rechner als dem Web-Server laufen zu lassen (entfernte Ausführung). Der Rechner mit dem Web-Server kann so entlastet werden. Die von den FastCGI-Programmen für die Seitenerzeugung benötigten Zeiten sind mit denen bei der Nutzung einer Server-API (siehe unten) vergleichbar.

4.2.2.2 Server-API

Ausgehend von der Tatsache, dass für die Ausführung von CGI-Programmen für jede entsprechende HTTP-Anfrage ein separater Prozess gestartet werden muss, was zu langen Startzeiten führt, haben ein Großteil der Web-Server-Hersteller eigene Programmierschnittstellen (*Application Programming Interface*, API) definiert. Die APIs, die untereinander nicht kompatibel sind, dienen zur Integration von Anwendungslogik in den Web-Server.

Die Erweiterungen, die in Form von Programmbibliotheken bereitgestellt werden müssen, werden beim Start des Web-Servers bzw. bei der ersten Nutzung eingeladen und laufen direkt im jeweiligen Web-Server-Prozess als interne Funktionen ab. Parameter und Umgebungsvariablen werden über interne Schnittstellen zur Verfügung gestellt. Da bei einer Dokumentenanforderung nur ein interner Funktionsaufruf durchgeführt werden muss, sind die Reaktionszeiten auch wesentlich kürzer als bei CGI-Programmen. Weitere Geschwindigkeitsvorteile ergeben sich noch dadurch, dass evtl. benötigte Kommunikationsverbindungen zu einem Anwendungs- oder DB-Server dauerhaft geöffnet sein können und damit die zur Etablierung von Verbindungen benötigten Zeiten entfallen.

Eine besondere Form der Server-API stellen die sog. *Servlets* dar. Dieses sind in Java implementierte Erweiterungsmodule. Ursprünglich war die Servlet-Technik von SUN für den Java-basierten Web-Server entwickelt worden, wird aber nun von mehreren Web-Server-Herstellern unterstützt. Hierzu wird entweder eine *Java Virtual Machine* (JVM, [GJS96]) direkt in den Web-Server (siehe Abb. 4.1) integriert oder über einen speziellen Servlet-Server [Apa99b] bereitgestellt. Die Java-Programme (*Servlets*) werden auf dieser JVM ausgeführt und die Ergebnisse anschließend an den Web-Server übertragen.

4.2.2.3 Server Side Includes

Basierend auf den ursprünglich im NCSA-Web-Server eingeführten sog. *Server Side Includes* (SSIs, [SSI95]) haben die meisten Web-Server-Hersteller ihre Produkte um entsprechende Funktionalität ergänzt und z. T. sogar um zusätzliche Kontrollelemente erweitert [Apa99a]. SSIs sind spezielle Steuerungsbefehle, die meist in der Form von HTML-Kommentaren in Dokumente eingebettet sind. Bei einer Dokumentenanforderung wertet der Web-Server vor der Seitenübertragung die Befehle aus und ersetzt sie durch das entsprechende Ergebnis (siehe auch Skriptsprachen). Auf diese Weise können z. B. die aktuelle Uhrzeit, allgemeine Kopf- oder Fußzeilen oder andere Dinge in ein Dokument eingebunden werden.

Besondere Formen der SSIs sind die *Active Server Pages* (ASPs, [Mic98]) und die *Java Server Pages* (JSPs, [Sun98b]). Während man über ersteres VBScript- und JScript- bzw. JavaScript-Kommandos in HTML-Seiten für Microsoft's Web-Server einbetten kann, stammt letzteres ursprünglich von SUN und dient zur Einbettung von Java-Befehlen. Mittlerweile werden JSPs aber auch von anderen Browsern unterstützt.

Da die Auswertung der SSIs direkt durch den Web-Server erfolgt, sind die Ausführungseigenschaften denen der Server-APIs ähnlich.

4.2.2.4 Andere Verfahren

Neben den vorgestellten Verfahren, bei denen der Web-Server die entsprechenden internen Informationssysteme kontaktiert und die generierten Dokumente an den Web-Client zurückliefert, gibt es noch die Möglichkeit, Java-Applets zu verwenden. Applets sind in Java implementierte Programme, die direkt im Browser ablaufen. Sie werden ähnlich wie statische Dokumente vom Web-Server bereitgestellt und zusammen mit einer HTML-Seite, in der sie eingebettet sind, in den Browser geladen. Zur Laufzeit können sie in Abhängigkeit von den Sicherheitseinstellungen und der Verwendung von sog. *Signed Applets* entweder auf Informationssysteme auf dem Rechner des Web-Server zugreifen oder sogar direkt mit auf anderen Rechnern ablaufenden Anwendungssystemen kommunizieren. Zum Teil greifen sie allerdings, um eine aus Sicherheitsgründen vorhandene *Firewall* zu umgehen, auf den Web-Server zurück und nutzen das HTTP nur zum Transport der anwendungsspezifischen Datenpakete (*HTTP-Tunneling*).

4.3 Dokumentenerzeugung und -verwaltung

Nach dem erfolgten Überblick über ein WIS und seine Komponenten sowie die dabei gebräuchlichen Protokolle und Schnittstellen wollen wir im Folgenden die unterschiedlichen Aufgaben innerhalb eines WIS genauer „unter die Lupe nehmen" und diskutieren. Beginnen werden wir mit der sog. „Entwicklungsumgebung" (siehe Abb. 4.1, Seite 51), in der Dokumente und ihre Komponenten erzeugt und verwaltet werden.

Um die bei der Verwaltung von vielen Dokumenten potentiell entstehenden Probleme zu reduzieren, werden in WIS für die Dokumentenverwaltung heute meist spezielle DBS-basierte Lösungen, z. B. Dokumenten-Repositories oder sog. *Web Content Management Systems* (WCMSs, Verwaltungssysteme für Web-Inhalte), eingesetzt. Sie bieten neben den klassischen Funktionen und Vorteilen eines DBS spezielle auf Web-Dokumente abgestimmte Funktionalität. Hierzu gehören u. a. [EBT00, Poe99, Tas99]:

- *Verwaltung von Dokumentenkomponenten und Abhängigkeiten*: Da Web-Dokumente meist nicht als ein Ganzes erzeugt werden, sondern in der Regel aus mehreren Komponenten, wie z. B. Kopf- und Fußteilen, zusammengesetzt werden, müssen die einzelnen Komponenten und die Abhängigkeiten zwischen diesen sowie zu den eigentlichen Dokumenten verwaltet werden.

- *Mehrbenutzerbetrieb:* Bei mittleren und größeren WIS werden die Inhalte von mehreren Benutzern gepflegt, weswegen der gleichzeitige, synchronisierte Zugriff auf die Dokumente notwendig ist.

- *Versionierung und Konfiguration von Dokumentenmengen*: Wegen der iterativen Erstellung und Bearbeitung von Dokumenten bzw. Teilen eines WIS muss ein WCMS Möglichkeiten zur Dokumentenversionierung sowie der Verwaltung von Konfigurationen anbieten.

- *Überwachung der Hyperlink-Konsistenz*: Hyperlinks stellen für die Benutzer das Mittel zur Navigation innerhalb eines WIS dar. Für die Zufriedenheit der WIS-Benutzer ist es daher wichtig, dass alle Hyperlinks zu den jeweils intendierten Zielen verweisen. Das WCMS muss daher geeignete Werkzeuge zur Überwachung der Hyperlink-Konsistenz bereitstellen.

- *Werkzeuge zur Restrukturierung*: Ein direkt mit der Wahrung der Hyperlink-Konsistenz zusammenhängendes Problem ist die Restrukturierung eines WIS, d. h. die Neuanordnung von Dateien oder ganzen Verzeichnissen innerhalb des Dateibaumes. Für die einfache Realisierung der Restrukturierung, bei der u. a. die Verweise angepasst werden müssen, sind adäquate Hilfsmittel anzubieten.

- *Analyse- und Suchmöglichkeiten*: Zur besseren Administration der Dokumente muss das System Analyse- und Suchmöglichkeiten zur Verfügung stellen. Hierzu gehören Funktionen zur Analyse der WIS-Struktur sowie die direkte Suche nach Dokumentinhalten auf Volltextbasis.

- *Automatisches Publizieren von Dokumenten*: Da Web-Dokumente zeitlich meist im voraus vor ihrer Veröffentlichung produziert werden und z. T. auch nur eine zeitlich beschränkte Gültigkeit besitzen, muss das WCMS Funktionalität zum termingebundenen automatischen Publizieren sowie Entfernen von Dokumenten besitzen.

- *Verwaltung von Benutzern und Gruppen*: In einem WIS sind in der Regel mehrere Personen bzw. Personengruppen mit unterschiedlichen Zuständigkeitsbereichen für die Erstellung und Wartung des Dokumentenbestands verantwortlich. Die Personen und Gruppen sowie ihre jeweiligen Rechte sind zu verwalten.

Um die für die Bewältigung der zahlreichen mit dem *Web Content Management* (WCM) zusammenhängenden Aufgaben bereitstellen zu können, offeriert der Großteil der WCMSs dem Benutzer eine graphische Benutzeroberfläche (GUI, *Graphical User Interface*), von der aus die unterschiedlichen Werkzeuge angesteuert werden können (siehe Abb. 4.2). Die Werkzeuge sind dabei entweder in Form von Bibliotheksfunktionen in die GUI-basierte Anwendung eingebunden oder werden als eigenständige Programme bereitgestellt und über die GUI aufgerufen.

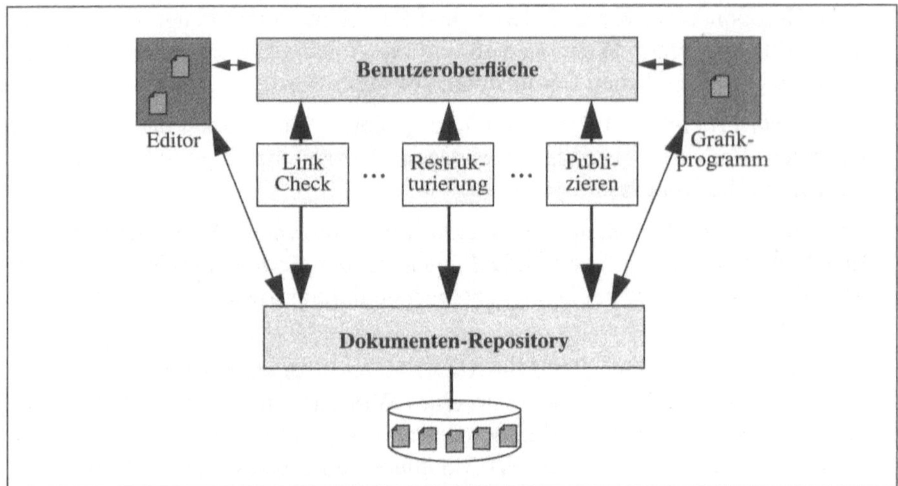

Abb. 4.2: Schematischer Aufbau eines Web Content Management Systems

Alle der zur Verfügung stehenden Funktionen, sei es, ob sie intern realisiert oder als externe Programme bereitstehen, arbeiten entweder auf dem Dokumenten-Repository oder zum Teil erst auf den bereits publizierten Dokumenten. Je nach zugrundeliegender DB-Technologie des Repository ist dieses über Standardprotokolle, wie z. B. ODBC (*Open DataBase Connectivity*) bzw. SQL/CLI (*Call Level Interface* [JTC99b]) oder JDBC (*Java DataBase Connectivity* [WH99]), oder über eine DBVS-eigene API angebunden.

4.4 Dokumentenbereitstellung und -lieferung

Nach der Erzeugung der statischen Dokumententeile und ihrer Verwaltung wollen wir nun auf die für den Benutzer eines WIS direkt sichtbaren Aufgaben eingehen. Dazu beginnen wir in diesem Abschnitt mit der Bereitstellung und Lieferung von

Dokumenten. Hierfür motivieren wir im Folgenden zunächst Kriterien zur Unterscheidung der unterschiedlichen Dokumentenarten. Anschließend erläutern wir Möglichkeiten zur Bereitstellung bzw. Auslieferung von Dokumenten an den Benutzer. Zum Abschluss gehen wir dann noch auf Proxy-Server als Mittel zur Reduzierung der Zugriffszeiten und der Server-Belastung ein.

4.4.1 Kriterien

Beschränkt man sich zunächst auf rein textbasierte Dokumente, so kann man bei einem WIS die folgenden orthogonalen Unterscheidungsmerkmale für Dokumente feststellen:

- *Aktualisierungshäufigkeit*: In einem WIS existieren Dokumente mit unterschiedlicher Änderungshäufigkeit. So gibt es z. B. Produktbeschreibungen oder Handbücher, die sich für eine bestimmte Produktversion nicht ändern. Dagegen gibt es z. B. Dokumente mit aktuellen Nachrichten und Berichten oder auch Überblicksseiten, die sich mehrmals täglich oder sogar innerhalb weniger Sekunden ändern können. Weil neben dem eigentlichen Inhalt prinzipiell auch die grafische Aufmachung oder andere Dinge geändert werden können, beziehen wir die Aktualisierungshäufigkeit im Folgenden auf die dem Dokumentinhalt zugrundeliegenden Daten.

- *Zugriffshäufigkeit*: Für die Form der späteren Bereitstellung und Lieferung ist die Häufigkeit des Dokumentenzugriffs wichtig. So ist das WIS eher im Hinblick auf die Bereitstellung häufig angeforderter Dokumente zu optimieren, um für diese kurze Antwortzeiten garantieren zu können. Während Überblicksseiten, wie z. B. die Auflistung aktueller Schlagzeilen mit jeweils einem Hyperlink zum entsprechenden Bericht, häufig aufgerufen werden, ist dies für auf tiefen Ebenen im Dokumentenbaum angesiedelten Seiten eher nicht der Fall.

- *Zahl der potentiellen Dokumentennutzer*: Bei einem WIS hat die Zahl der potentiellen Nutzer eines bestimmten Dokumentes bzw. von Dokumentkomponenten Einfluss auf die Art der Bereitstellung. Bei bestimmten Anwendungen, wie z. B. dem Führen eines Warenkorbs oder der Kontoführung, werden die Seiten nur für einen Benutzer bereitgestellt; die Seiten sind personalisiert. Dagegen werden Einstiegsseiten in der Regel von allen Benutzern eines WIS verwendet.

- *Anteil der DB-Inhalte an einem bzw. allen Dokumenten*: Der Anteil der DB-Inhalte hat ebenfalls Auswirkung auf die Art der Dokumentenbereitstellung. Da der DB-Anteil einer materialisierten Sicht entspricht und damit redundant zum eigentlichen DB-Inhalt ist, muss in Verbindung mit anderen Kriterien abgewogen werden, wann es sich lohnt, diese Sicht zu materialisieren.

- *Dokumentgröße*: Die Größe eines Dokumentes hat Auswirkungen auf die spätere Entscheidung zur Bereitstellungstechnik, da man z. B. bei großen Dokumenten nach Möglichkeit die redundante Speicherung zu vermeiden sucht.

Neben diesen die Dokumente betreffenden Kriterien müssen noch die sich direkt auf das WIS beziehenden Faktoren berücksichtigt werden.

Für die Beantwortung der Frage, wie, d. h. mit welchen technischen Mitteln, und in welcher Form ein Dokument innerhalb eines WIS bereitgestellt wird, sind basierend auf den vorgestellten Unterscheidungskriterien die folgenden Faktoren gegeneinander abzuwägen:

- *Antwortzeit*: Wie schnell kann eine Ressourcenanfrage beantwortet werden? Während jeder Benutzer für sich eine kurze Antwortzeit wünscht, muss das WIS für gleichbleibend kleine Zeiten bei allen Anfragen sorgen.

- *Ressourcenbedarf*: Wieviele Ressourcen (Rechenzeit, Plattenplatz, Zahl an Komponenten etc.) wird für die (dynamische) Bereitstellung und Auslieferung eines Dokumentes benötigt? Das heißt, wieviel Rechenzeit wird benötigt, wieviel Festplattenspeicher wird dauerhaft oder nur temporär okkupiert oder wieviele Komponenten bzw. Rechner sind an der Bearbeitung der Ressourcenanforderung beteiligt?

- *Aktualität*: Wie aktuell sind die Inhalte des an den Benutzer ausgelieferten Dokumentes im Vergleich zu den zugrundeliegenden DB-Daten?

- *Administrierbarkeit*: Wie einfach lässt sich die Lösung administrieren? Wieviel Aufwand ist für die Wahrung der Dokumentenaktualität, der Konsistenz der Dokumenteninhalte untereinander sowie für den Betrieb der Lösungen notwendig?

Mit welchen technischen Mitteln und in welcher Form Web-Dokumente bereitgestellt werden können, diskutieren wir im folgenden Abschnitt sowie in Kap. 5 (Seite 67).

4.4.2 Bereitstellungsstrategien

Basierend auf den vorgestellten Unterscheidungsmerkmalen der Dokumente sowie den das WIS betreffenden Faktoren kann man nun Strategien für die Bereitstellung der unterschiedlichen Dokumenttypen entwickeln. Im Anschluss daran sind dann für die gewählten Strategien geeignete technische Lösungen zu finden.

Unter den oben vorgestellten Dokumentenmerkmalen bestimmen vor allem die Zahl der potentiellen Nutzer sowie die Zugriffshäufigkeit die Bereitstellungsstrategie. Zwar dürfen die anderen Parameter nicht vernachlässigt werden, jedoch beeinflussen diese beiden die Überlegungen am stärksten, da Extreme gebildet werden können.

Beispielsweise kann ein WIS personalisierte und damit nur für einen bestimmten Benutzer gedachte Dokumente bereitstellen. Diese Dokumente können dabei Ergebnisseiten nach der Übertragung von Formularinhalten, Seiten innerhalb einer Web-Applikation, wie z. B. ein Warenkorb oder Kontoinformationen, oder aber nur personalisierte Web-Seiten sein. Letztere sind Seiten, die z. B. die aktuelle Uhrzeit, den Benutzernamen oder Rechnernamen anzeigen, ansonsten aber für Alle zugängliche Inhalte enthalten. Wegen der individuellen Anpassung eines Dokumentes an jeden einzelnen Benutzer müssen sie in jedem Fall dynamisch generiert werden. Eine Sonderform ist die Bereitstellung einer bestimmten statischen Ressource nur für einen Benutzer.

Ein anderes Extremum ist der Fall, dass eine Ressource von sehr vielen Benutzern angefordert wird. Ist die Änderungshäufigkeit des entsprechenden Dokumentes nicht zu hoch, so wird man aus Gründen der Ressourceneinsparung und der Auslieferungsgeschwindigkeit versuchen, dieses als statische Seite zum Zugriff vorzuhalten.

Während für diese beiden Extreme die Entscheidung bezüglich der Bereitstellungsstrategie schnell zu treffen ist, bereiten, wie immer, die Mischformen Probleme und erfordern eine sehr differenzierte Betrachtung. Insbesondere bei Dokumenten mit sehr großem Anteil an DB-Inhalten ist die Frage nach der Bereitstellung als statischem oder dynamisch generiertem Dokument von hohem Interesse. Dies ist darin begründet, dass statische Seiten in diesen Fällen mit materialisierten DB-Sichten verglichen werden können, d. h., jedes Dokument beinhaltet bezogen auf die DB Redundanzen. Zudem müssen potentielle DB-Änderungen berücksichtigt werden. Andererseits erfordert die dynamische Seitengenerierung einen entsprechend höheren Laufzeitaufwand, der insbesondere bei einer großen Zugriffshäufigkeit einen negativen Einfluss auf das gesamte WIS hat. Daher sind beim Entwurf eines WIS die einzelnen Faktoren genau abzuwägen, bevor eine Entscheidung bezüglich statischer oder dynamischer Dokumentenbereitstellung getroffen wird.

Im Folgenden wollen wir nicht weiter auf die (Entscheidungs-)Kriterien eingehen, sondern einen kurzen Überblick über die unterschiedlichen Verfahren zur statischen bzw. dynamischen Dokumentenerzeugung und -bereitstellung geben. Im folgenden Kap. 5 werden wir dann eine detailliertere Diskussion führen.

4.4.3 Erzeugung und Bereitstellung statischer Dokumente

Ein Mittel, um sowohl sehr kurze Antwortzeiten als auch einen sparsamen Ressourcenverbrauch garantieren zu können, ist die Bereitstellung statischer Dokumente. Statische Web-Seiten existieren seit der ersten Stunde des WWW. Hierzu werden die Dokumente entweder manuell mit einem geeigneten Editor erstellt oder basierend auf entsprechenden Vorlagen und evtl. auch DB-Inhalten über Skripte oder durch Anwendungen erzeugt. Anschließend werden sie im Dateisystem des Web-Server oder in einem Repository abgelegt. Bei der Speicherung im Repository wird auf die Dokumente entweder direkt, d. h. mittels einer DB-Anfrage zugegriffen oder die Dokumente werden in das Dateisystem des Web-Server kopiert („publizieren").

4.4.4 Dynamische Dokumentengenerierung

Bei der dynamischen Dokumentengenerierung werden die angeforderten Seiten „im Flug" (*on the fly*) erzeugt und von dem erzeugenden Prozess via Web-Server direkt ohne Zwischenspeicherung[3] dem Web-Client geliefert. Für die eigentliche Seitengenerierung gibt es zahlreiche technische Möglichkeiten:

- *Festkodierte CGI-Programme*: Bei dieser heute noch häufig für bestimmte kleinere Anwendungen eingesetzten und aus den Anfangstagen des WWW stammenden Lösung wird die Anwendungslogik fest in einer höheren Programmiersprache, wie z. B. C, kodiert. Die Alternative ist die Verwendung einer Makrosprache, wie z. B. Perl. Die Programme sind nur für eine von vornherein bestimmte Aufgabe ausgelegt und werden als CGI-Programme aufgerufen.

- *Festkodierte Web-Server-Module*: Um ineffiziente CGI-Aufrufe zu vermeiden, bieten die meisten Web-Server Erweiterungsschnittstellen an. Zum Teil werden sie für ähnliche wie die oben beschriebenen Zwecke eingesetzt.

- *Makroprozessoren*: Die Anwendungslogik wird in einer für den eingesetzten Makroprozessor entworfenen Skriptsprache entwickelt. Häufig ist dabei die Mischung von HTML und Skriptsprache möglich. Die Makroprozessoren stehen entweder als CGI-Programme oder als Erweiterungsmodule für den Web-Server zur Verfügung. Sie interpretieren die in Vorlagen enthaltenen Anweisungen und erzeugen als Ergebnis die entsprechenden Web-Seiten.

- *Anwendungs-Server mit Skriptsprache*: Als eine Weiterentwicklung der Makroprozessoren bieten Anwendungs-Server durch die Verlagerung des Makroprozessor in einen separaten Prozess vor allem bessere Lastverteilung und damit Skalierbarkeit. Durch die meist vorhandene größere Funktionalität ist eine Integration von anderen Anwendungen, insbesondere Altsystemen, möglich.

- *Anwendungs-Server mit Erweiterungsmodulen*: Für noch bessere Skalierbarkeit und Anwendungsintegration wird die Anwendungslogik anstelle von Skriptsprachen wieder in einer höheren Programmiersprache realisiert und als Erweiterungsmodul zum Anwendungs-Server geladen.

Auf die bei diesen Lösungen verwendeten Systemarchitekturen und ihre Vor- und Nachteile werden wir im nächsten Kap. 5 (Seite 67) genauer eingehen.

Eine weitere Möglichkeit zur Dokumentenbereitstellung ist eine Mischform aus der statischen und dynamischen Bereitstellung. Hierbei werden die Web-Seiten in periodischen Abständen oder nach einem manuellen Anstoßen erzeugt. Dazu können in Analogie zur dynamischen Generierung wiederum entweder festkodierte Programme oder Makroprozessoren in Verbindung mit Vorlagen verwendet werden.

---

3   Bei bestimmten Systemarchitekturen wird eine Art Seiten-*Caching* betrieben. Jedoch werden die Dokumente nicht explizit im Dateisystem des Web-Servers abgelegt.

4.4.5 Pufferung und Proxy-Server

Beim Überblick über WIS haben wir Proxy-Server als Mittel zur Lastreduzierung bereits angesprochen. Im Folgenden wollen wir sie noch ein wenig genauer betrachten. Proxies können hierarchisch angeordnet sein, so dass, falls ein Dokument noch nicht im *Cache* vorhanden ist, nicht der Web-Server, sondern zunächst der nächste Proxy-Server in der Hierarchie angefragt wird. Durch den Einsatz von Proxies und das damit verbundene *Caching* von stark frequentierten Ressourcen kann die Netzlast drastisch verringert werden. Jedoch muss entweder der Benutzer durch die Browser-Konfiguration den Proxy-Einsatz explizit einstellen oder die Netzwerkkomponenten müssen den Datenverkehr filtern und einen Proxy für den Benutzer unsichtbar „dazwischen schalten". Auf letztere Weise wird die Proxy-Nutzung allen Benutzern implizit vorgeschrieben [WC97].

Der Einsatz von Proxy-Servern birgt jedoch auch Probleme in sich. So eignen sich Proxies nur für bestimmte Dokumenttypen. Dynamisch generierte Seiten sowie Dokumente mit entsprechenden Meta-Daten bezüglich Pufferung und Dokumentengültigkeit können nicht im Proxy vorgehalten werden. Daher belasten dynamisch generierte Seiten ein WIS in doppelter Hinsicht: zum einen durch die für die Erzeugung erforderlichen Ressourcen und zum anderen durch den überproportional großen Anteil an Zugriffen. Allerdings besteht durch die Proxy-Nutzung die Gefahr, dass an die Benutzer nicht mehr aktuelle, sondern im Cache befindliche veraltete Kopien der Dokumente geliefert werden.

4.5 Lokale Suche und Navigation

Da der Umfang der von einem WIS angebotenen Dokumente und Anwendungen stetig größer wird und das Auffinden der gewünschten Informationen oftmals nicht mehr über das bloße Navigieren möglich ist, bieten heute viele WIS eine lokale Suchmaschine und auch Übersichtsseiten, sog. *site maps*, an. Für das Erstellen eines von der Suchmaschine verwendeten Index und auch der Übersichtsseiten gibt es unterschiedliche Möglichkeiten, die wir im Folgenden kurz vorstellen möchten. Eine detaillierte Betrachtung der Techniken erfolgt später in Kap. 6 (Seite 91).

4.5.1 Lokale Suchmaschine

Für den Aufbau eines Suchindex gibt es zwei Möglichkeiten, entweder die Indexierung einer vorgegebenen Dokumentenmenge oder die iterative Suche nach Dokumenten und ihre daran anschließende Indexierung. Die erste Lösung setzt eine klar definierte und erreichbare Menge von Dokumenten voraus, wie sie z. B. durch alle in einem Repository verwalteten Seiten oder eine fest zusammenhängende Verzeichnishierarchie gegeben ist. Dazu werden der evtl. in das WCMS integrierte Indexierer nach einer Dokumentenänderung bzw. bei der Publikation aufgerufen und der Suchindex aktualisiert.

Bei der zweiten Technik werden beginnend von vorgegebenen Wurzeldokumenten, wie z. B. der Einstiegsseite eines WIS, die Dokumente indexiert. Dabei werden die in den Dokumenten enthaltenen Querverweise extrahiert und als Start für die weitere Suche genommen. Auf diese Weise wird iterativ der allgemein sichtbare Dokumentenbaum erfasst. Die bei der Dokumentensuche zu berücksichtigenden Web-Server und Verzeichnisse können im voraus eingegrenzt werden. Das sich mit dem Aufspüren von Dokumenten und ihrer Indexierung befassende Programm, das auch als Suchroboter, *gatherer* oder *indexer* bezeichnet wird, kann entweder manuell angestoßen werden und einen Indexierungsvorgang ausführen oder kontinuierlich laufen und dabei automatisch sowohl neue als auch geänderte Dokumente erfassen.

4.5.2 Navigationshilfen

Zur einfachen Navigation innerhalb eines WIS, d. h. zum schnelleren Auffinden von bestimmten Themen, werden Übersichtsseiten, die sog. *site maps*, bereitgestellt. Sie können entweder von Hand erstellt und gepflegt oder basierend auf den für eine lokale Suchmaschine erstellten Suchdaten anhand von Vorgaben generiert und automatisch aktualisiert werden.

Das manuelle Erzeugen und die Pflege erfordern zum einen zentrale Verantwortlichkeiten, die jeweils über größere Änderungen, insbesondere Ergänzungen des WIS-Inhalts, informiert werden müssen. Zum anderen bedeutet die manuelle Vorgehensweise aber auch einen hohen personellen Aufwand.

Der andere Ansatz ist z. B. der Einsatz einer so genannten *Content Classification Engine* (CCE, [Inf99h]). Die CCE ordnet als Ergänzung des Indexierers die für die Suchmaschine zusammengetragenen Indexdaten thematisch. Für die Sortierung können auch Themen bzw. Themengruppen vorgegeben werden. Aufbauend auf der thematischen Sortierung und einer eventuellen Vorgabe für die erste Gliederungsebene können dann automatisch gepflegte Navigationsseiten angeboten werden. Da die zugrundeliegenden Suchdaten sich jedoch häufig ändern, basiert diese Navigationshilfe anders als die erste auf der Nutzung dynamisch generierter und nicht statischer Dokumente.

4.5.3 Verbindung aus Navigation und Suche

Eine noch bessere Unterstützung der Benutzer besteht aus der Bereitstellung einer Kombination aus lokaler Suchmaschine und Navigationsseiten. Hier haben die Benutzer neben der getrennten Nutzung beider Angebote auch die Möglichkeit, erst zu navigieren und dann in dem thematisch eingegrenzten Gebiet zu suchen, so dass die Suchergebnisse meist deutlich verbessert werden können. Für dieses Angebot sind jedoch entsprechend leistungsfähige und aufeinander abgestimmte Komponenten erforderlich.

4.6 Zusammenfassung

In diesem Kapitel haben wir zunächst einen Überblick über den Aufbau und die Komponenten eines Web-Informationssystems (WIS) gegeben und dann die einzelnen Aufgabenbereiche innerhalb des WIS genauer vorgestellt. WIS lassen sich in die Entwicklungsumgebung, in der die Dokumente sowie ihre Komponenten erzeugt werden, und die Produktionsumgebung unterteilen. Aus Gründen der Sicherheit und Arbeitsorganisation sind sie meist auch technisch voneinander getrennt. Die zentrale Komponente des WIS ist der in der Produktionsumgebung angesiedelte Web-Server. Er stellt den über einen Web-Client (*Browser*) auf das WIS zugreifenden Benutzern über HTTP, das Übertragungsprotokoll des WWW, die gesamten Dienste des WIS zur Verfügung.

Neben den im Dateisystem abgelegten statischen Web-Dokumenten können über dynamisch generierte Seiten Informationen aus anderen, in das WIS integrierten Informationssystemen eingebunden werden, an den Benutzer angepasste, personalisierte Inhalte bereitgestellt oder auch Web-basierte Applikationen realisiert werden. Dynamisch generierte Seiten können über verschiedene Techniken zur Verfügung gestellt werden. Neben der Ausführung eigenständiger Programme durch den Web-Server über die so genannte CGI-Schnittstelle können auch der Web-Server über eine eigene Programmierschnittstelle erweitert oder spezielle Makroprozessoren, wie z. B. der für die Ausführung von *Server Side Includes* in den Web-Server integrierte, verwendet werden.

Als eine mögliche Anwendung kann z. B. eine lokale Suchmaschine angeboten werden, um so den Benutzern das schnellere Auffinden gewünschter Informationen zu erleichtern. Der Aufbau und die Pflege des Suchindex kann entweder durch das explizite Hinzufügen, Aktualisieren und Entfernen von Dokumenten, wie es z. B. auch bei DB-internen Indizes erfolgt, oder über spezielle Programme zum Aufstöbern der Suchinformationen, so genannte Suchroboter, *gatherer* bzw. *indexer*, geschehen. Eine andere Möglichkeit zum schnelleren Auffinden gewünschter Informationen stellen die Navigationshilfen dar. Sie geben einen Überblick über das jeweilige Angebot des WIS und können entweder manuell oder auf Basis der Suchdaten erstellt werden.

In der Entwicklungsumgebung eines WIS lässt sich meist ein Verwaltungssystem für die Web-Dokumente (*Web Content Management System*, WCMS oder auch Dokumenten-Repository) finden. Es ist für alle Schritte von der Dokumentenerstellung im Mehrbenutzerbetrieb hin bis zum zeitgesteuerten Publizieren zuständig und umfasst sehr viele Einzelaufgaben.

Abschließend ist festzuhalten, dass für den reibungslosen Betrieb eines WIS in der Regel zahlreiche Komponenten zusammenspielen müssen. WIS stellen daher z. T. sehr komplexe Systeme dar, weshalb man normalerweise die Zahl der eingesetzten Komponenten zu reduzieren versucht.

5 Bereitstellung aktueller Information

Nach der Vorstellung der Grundlagen wollen wir nun mit der Evaluation der objekt-relationalen DB-Technologie für den Einsatz in Web-Informationssystemen beginnen. In diesem Kapitel betrachten wir die Bereitstellung aktueller Information, d. h., wie die in einem WIS angebotenen und auf dem Inhalt einer DB beruhenden Dokumente konsistent mit dieser gehalten werden können. Hierzu geben wir zunächst einen Überblick über die unterschiedlichen Arten der Informationsbereitstellung und die bei allen Lösungen eingesetzten Systemkomponenten und Techniken. Anschließend diskutieren wir die derzeit vorhandenen („klassischen") Techniken und ihre jeweiligen Stärken und Schwächen im Detail, in einem separaten Abschnitt gehen wir dabei auf die verfügbaren objekt-relationalen Lösungen ein. Danach analysieren wir die Einsatzmöglichkeiten der vorgestellten Verfahren, diskutieren Verbesserungsansätze und erörtern Anforderungen an neue Lösungen. Im Anschluss daran stellen wir kurz ein neues, auf dem Einsatz objekt-relationaler DB-Technologie beruhendes Verfahren vor und geben eine erste Bewertung ab. Später, in Kap. 7 (ab Seite 101), werden wir dann diese Lösung aufgreifen und vertiefen. Das Kapitel schließt mit einer Zusammenfassung.

5.1 Überblick und Einordnung

Bei der Bereitstellung von Informationen in einem WIS ist die Aktualität der Dokumente ein wichtiges Kriterium und somit auch eine der Hauptaufgaben. Sinkt der Aktualitätsgrad der angebotenen Informationen und existieren keine weiteren Angebote mit „Nutzwert", so schwindet allmählich auch die Akzeptanz der Benutzer. Daher ist die Aktualität der zugreifbaren Informationen sehr wichtig. Um dieses Ziel zu erreichen, können verschiedene Lösungen eingesetzt werden. Jede hat ihre spezifischen Vor- und Nachteile und eignet sich daher nur für ein bestimmtes Umfeld. Auf sie werden wir im weiteren Verlauf dieses Kapitels eingehen.

5.1.1 Arten der Informationsbereitstellung

Wie schon im vorhergehenden Kapitel in Absch. 4.4 (Seite 58) angesprochen, lassen sich bei der Bereitstellung von Informationen zwei Extreme unterscheiden. Zum einen ist es möglich, auf den einzelnen Benutzer „zugeschnittene", d. h. personalisierte Dokumente anzubieten. Bei dieser Bereitstellungsart muss die jeweilige Web-Seite direkt bei ihrer Anforderung erzeugt werden, weil sie entweder auf zuvor getätigten Eingaben bzw. dem jeweiligen Kontext beruht oder aus Speicherplatzgründen nicht dauerhaft im Dateisystem des WIS abgelegt werden kann. Auf Benutzereingaben beruhende bzw. für einen bestimmten Kontext erzeugte Dokumente sind dabei die Ausgaben spezieller DB-Applikationen.

Eine andere Form der Informationsbereitstellung verkörpern die allgemein verfügbaren, d. h. von jedem Benutzer zugreifbaren Dokumente. Sie können prinzipiell als statische Dokumente im Dateisystem des Web-Servers abgelegt werden.

5.1.2 Komponenten

Für die Bereitstellung aktueller Informationen mittels Web-basierter DB-Anwendungen wird in Abhängigkeit von der gewählten Lösung eine unterschiedliche Zahl von Komponenten benötigt. Allerdings ist bei allen Lösungen eine einheitliche Menge an Basiskomponenten feststellbar, die wir im Folgenden vorstellen werden. Auf der Basis der hier eingeführten Nomenklatur werden wir später die unterschiedlichen Lösungen und ihren jeweiligen schematischen Aufbau diskutieren.

5.1.2.1 Kommunikationskomponenten

Bei der Abarbeitung einer Ressourcenanfrage werden u. U. nicht nur der Web-Server und der DB-Server, sondern auch ein Anwendungs-Server und gegebenenfalls noch weitere Software eingesetzt. Um die einzelnen Programme miteinander zu verbinden und die für die Generierung benötigten Daten auszutauschen, bedarf es geeigneter Komponenten, die wir im Folgenden als Kommunikationskomponenten bezeichnen wollen. Dies machen wir unabhängig davon, ob die Module hierfür eine Netzwerkverbindung benötigen oder nur über programminterne Schnittstellen kommunizieren.

Zur Kommunikation zwischen Web-Server und CGI-Programm, Servlet oder Erweiterungsmodul (siehe „Anbindung von Anwendungslogik", Seite 54) wird ein Modul benötigt, welches dem eigentlichen Programm die Umgebungsvariablen, die potentiell vom Benutzer spezifizierten Formularvariablen sowie weitere Daten übermittelt. Im Folgenden werden wir ein solches Modul als *Communication Component* (CC) bezeichnen. Seine Aufgabe besteht aus der Reaktion auf die möglichen HTTP-Methoden (siehe „Das HyperText-Transfer-Protocol", Seite 52) und die Konvertierung der übermittelten Daten in ein internes Format.

Ein anderes Modul, das wir im weiteren Verlauf als *Inter-component Communication Component* (ICC) bezeichnen, dient der internen Kommunikation zwischen einzelnen Programmen. Diese Komponente wird nur bei mehrschichtigen Systemarchitekturen benötigt, wenn z. B. ein Anwendungs-Server eingesetzt wird. Die Daten können in einem proprietären Format oder unter Nutzung von entsprechenden Standards wie z. B. IIOP (*Internet Inter Orb Protocol*, [OMG99]) zwischen den einzelnen Programmen übertragen werden.

5.1.2.2 Makroprozessor oder Programmlogik

Um die Dokumente zu generieren, muss eine geeignete Softwarekomponente vorhanden sein. Wie schon angesprochen (siehe „Dynamische Dokumentengenerierung", Seite 62), kann dies durch entsprechende festkodierte Programmmodule oder über die Interpretation von Skriptdateien (siehe unten) durch einen Makroprozessor geschehen. Den Makroprozessor werden wir im Folgenden mit MP, die feste Programmlogik als PL bezeichnen. Da es für den prinzipiellen Systemaufbau von Seitengenerierungs-Lösungen meist unerheblich ist, ob ein Makroprozessor oder ein festkodiertes Modul verwendet wird, stellen wir beide Alternativen in der Regel als eine Komponente (MP/PL) dar.

5.1.2.3 Datenbankkommunikation

Zur Kommunikation des Web-Servers, des Anwendungs-Servers oder eines anderen Programms mit dem oder den DB-Servern bedarf es spezieller Komponenten. Sie werden im weiteren Verlauf als DBC (*DataBase Communication*) bezeichnet. Die Aufgabe des DBC-Modules ist es, eine Verbindung zum gewünschten DB-Server zu etablieren und Anfragen abzuwickeln. Je nach realisierter Lösung bzw. Systemarchitektur kann dabei eine persistente DB-Verbindung geöffnet werden oder es muss für jede Ressourcenanfrage eine neue Verbindung etabliert werden. Zur Kommunikation stehen dem Modul neben den proprietären auch standardisierte Kommunikationsprotokollen wie z. B. ODBC oder JDBC [WH99] zur Verfügung.

5.1.3 Skriptsprachen

Nach der Vorstellung der Grundkomponenten für Web-basierte DB-Anwendungen wollen wir nun auf die unterschiedlichen Möglichkeiten für den Aufbau von Skriptsprachen eingehen. Hierbei werden wir anhand von Beispielen die wesentlichen Lösungsansätze und deren Unterschiede erarbeiten.

5.1.3.1 Mischung von Markup-Sprache und Anwendungslogik

Die meisten der für die dynamische Seitengenerierung angebotenen Skriptsprachen sehen eine Mischung der Markup-Sprache (HTML oder XML) mit den von der jeweiligen Skriptsprache zur Verfügung gestellten Befehlen vor. Dazu werden die Makroanweisungen in das normale HTML- bzw. XML-Dokument an die Position geschrieben, an der später das jeweilige Ergebnis der Makroexpansion stehen soll. Die Definition eigener Variablen oder Funktionen ist aus Gründen der Übersichtlichkeit und der Wiederverwendung an zentraler Stelle, z. B. am Dokumentenanfang, oder sogar in einer separaten Datei möglich. Damit der zuständige Makroprozessor für die Verarbeitung der jeweiligen Makrodatei vom Web- oder Applikations-Server automatisch[1] aufgerufen wird, ist in der Regel die Bezeichnung der Makrodatei mit einer speziellen, für den jeweiligen Makroprozessor eigenen Endung notwendig, wie z. B. JSP oder JHTML (*Java Server Pages*), ASP (*Active Server Pages*), SHTML (*Server Side Includes*), PHTML (PHP / *PHP: Hypertext Preprocessor,* siehe Bsp. 5.1) usw.

```
<html>
<head><title>Die kleine Motivationsseite</title></head>
<body bgcolor="#FFFFFF">
<?php printf('<h1 align=center>Die kleine Motivationsseite
    %s</h1>',$mycounter) ?>
<?php $mycount=$mycount+1; ?>
<?php if ($answer=="ja")
    {echo ('<h3>Sind Sie wirklich sicher???
          Überlegen Sie noch einmal:</h3>');} ?>
<h3>Macht Promovieren Spaß?</h3>

<form action="/scripts/motivation.phtml">
<?php
printf('<input type=hidden name="mycount" value="%d">',$mycount); ?>
<input type=hidden name="answer" value="ja">
<input type="submit" value="JA">
</form>

<form action="/scripts/motivation.phtml">
<?php
printf('<input type=hidden name="mycount" value="%d">',$mycount); ?>
<input type=hidden name="answer" value="nein">
<input type="submit" value="NEIN">
</form>

</body>
</html>
```

Beispiel 5.1: PHP-Makrodatei

Bei der für die Makrobefehle verwendeten Syntax lassen sich mehrere gängige Techniken unterscheiden. Jede von ihnen hat ihre spezifischen Vor- und Nachteile. Einer der gängigen Ansätze besteht in der Verwendung von SGML- bzw. XML-Verarbeitungsanweisungen (*processing instructions*). Diese besonderen Elemente beginnen mit der Zeichenfolge „<?", z. B. *<?MISQL>* oder *<?PHP>* (siehe Bsp. 5.1). Die Verarbeitungsanweisungen wurden in SGML und XML speziell für eine solche Art von Makroanweisungen vorgesehen, entsprechende Parser können

---

1   Über eine Zuordnung des *application type* zu einer Dateiendung kann der Server automatisch einen geeigneten *handler*, eine Subroutine oder Erweiterung zur Handhabung der speziellen Datei, aufrufen.

somit die Anweisungen erkennen und z. B. herausfiltern. Andererseits hat aber auch ein Teil der Browser und Editoren Probleme bei der Darstellung der so angereicherten[2] Web-Dokumente.

Eine Alternative besteht in der Nutzung von (HTML-/XML-) Kommentaren. Die Befehle der Skriptsprache werden dabei in die Kommentare eingebettet, z. B. wie folgt (*Server Side Includes*):

```
<!--#echo var=DATE_LOCAL -->
```

Der Vorteil dieses Verfahrens liegt darin, dass die angereicherten Dokumente nach wie vor in jedem Browser und Editor angezeigt und bearbeitet werden können, da die Kommentare von den Browsern einfach ignoriert und von jedem Editor unterstützt werden.

Eine dritte Variante für die Integration der Befehle in HTML oder XML ist die Definition neuer Elemente, also Tags. Hierbei können entweder vollständig neue Elemente oder Elemente mit gleichem Präfix, z. B. <iWebDB, definiert werden. Letzteres vermeidet potentielle Konflikte mit neuen Elementen späterer (X)HTML-Versionen. Allerdings kann dies bei der ersten Lösung durch die Nutzung von Namensräumen (*namespaces*) vermieden werden. Die Definition bzw. der Einsatz von eigenen Elementen hat im Vergleich zur Nutzung von Verarbeitungsanweisungen und Kommentaren den Nachteil, dass der eigentliche Dokumenteninhalt verändert, d. h. um die eigenen Elemente ergänzt wird.

5.1.3.2 Auftrennung in Blöcke

Neben der Mischung von Markup-Sprache und Anweisungen ist auch die Aufteilung einer Makrodatei in separate Sektionen für Anweisungen und Definitionen sowie für die eigentliche Dokumentenvorlage möglich. In der Vorlage selbst stehen dann nicht mehr vollständige und zumeist komplexe Befehlskonstrukte, sondern nur noch die Aufrufe für die zuvor definierten Makrobefehle (siehe Bsp. 5.2).

Der Vorteil dieser Auftrennung ist die im Vergleich zur Mischung verbesserte Übersichtlichkeit, da in der eigentlichen Dokumentenvorlage nur noch kurze Aufrufe stehen. Da allerdings der Dateiaufbau nun nicht mehr HTML bzw. XML entspricht, ist die Verarbeitung mit einem speziellen Web-Editor nicht mehr möglich. Die einzige Lösung besteht in der separaten Erstellung der beiden Dateiabschnitte und einer späteren Zusammenfügung.

---

2   Die Makros sind natürlich nach der Verarbeitung nicht mehr in den Dokumenten enthalten. Die Einschränkungen betreffen nur die Entwicklungsumgebung.

```
# Datenbank festlegen
%DEFINE{
    DATABASE="bookmarks"
%}
# Anfrage als Funktion spezifizieren
%FUNCTION(DTW_SQL) bquery() {
    select name,url from bookmarks
    where name LIKE 'Loe%' order by name;
    # Ergebnis erfordert eine besondere Ausgabe
    %REPORT{
        <TABLE><TR><TH>Name</TH><TH>URL</TH></TR>
    # Ausgabeformat der Ergebniszeilen festlegen
    %ROW{
        <TR><TD><A HREF="$(V2)">$(V1)</A></TD>
        <TD>$(V2)</TD></TR>   %}  </TABLE>   %}
%}
# Ausgabesektion beginnt hier
%HTML(REPORT){
<HTML><HEAD><TITLE>Bookmark-DB</TITLE></HEAD>
<BODY>
<H1>Bookmark-DB - Anfrageergebnis</H1>
<!-- Ergebnis ausgeben -->
@bquery()
</BODY></HTML>
%}
```

Beispiel 5.2: IBM Net.Data

5.1.3.3 Auftrennung auf mehrere Dateien

Eine andere Möglichkeit ist die Trennung der Vorlage und der eigentlichen Anweisungen. Hierbei werden sowohl die Vorlage als auch die Makrobefehlsblöcke in separaten Dateien gespeichert. Auf diese Weise ist wieder eine bessere Bearbeitung der Dokumentenvorlage mit einem Web-Editor möglich. Zudem erfolgt eine Trennung der Benutzerschnittstelle, also der Vorlage, von der Datenverarbeitung, d. h. den Makros. Somit können Makrodateien auch mit unterschiedlichen, z. B. anderssprachigen Vorlagen eingesetzt werden. Für eine Änderung der Datenversorgung muss nun im Vergleich zu den anderen Lösungen nur noch eine anstelle von mehreren Makrodateien angepasst werden (Microsoft Internet Database Connector, IDC, [Mic00], siehe Bsp. 5.3).

5.2 Klassische Verfahren

Aufbauend auf den vorgestellten, für alle Ansätze geltenden Grundlagen wollen wir in diesem Abschnitt nun die „klassischen" Verfahren [BG98, CFP99, FLM98, Loe97, Loe98b, NS96], also Methoden und Techniken ohne Nutzung von

ORDBVS, diskutieren. Aus Vereinfachungsgründen gehen wir dabei immer vom Einsatz eines DBS aus. Bei der Integration mit mehreren DBS müssen die in diesen Fällen üblichen Probleme, wie z. B. verteilte Transaktionen, zusätzlich beachtet werden.

Im Folgenden betrachten wir zunächst das älteste der unterschiedlichen Verfahren zur dynamischen Dokumentengenerierung, das auch von den meisten Werkzeugen unterstützt wird: die Nutzung von CGI-Programmen. Im Anschluss daran gehen wir auf andere Techniken zur dynamischen Dokumentenbereitstellung ein und diskutieren schließlich die periodische Dokumentenaktualisierung.

```
;Internet Database Connector (bsp.idc)
Datasource: testODBC
Username: doktorand
Template: bsp.htx
SQLStatement:
+SELECT name, vorname
+FROM autoren
+WHERE anzahlBuecher>10

;HTML extension (bsp.htx)
<html>
<head><title>Kleines Beispiel</title></head>
<body>
<h1>Autoren mit mehr als 10 Büchern:</h1>
<%begindetail%>
<%vorname%> <%name%>
<%enddetail%>
</body>
</html>
```

Beispiel 5.3: Microsoft Internet Database Connector

5.2.1 CGI-Programme

Bei der Nutzung von CGI-Programmen zur DB-gestützten Dokumentengenerierung wird auf dem Web-Server ein entsprechendes Programm bereitgestellt. Es enthält neben einer Kommunikationskomponente (CC) zum Austausch der vom Web-Browser weitergeleiteten Benutzereingaben und der Umgebungsvariablen auch die für die Generierung benötigten Module. So sind entweder ein Makroprozessor oder die fest kodierte Anwendungslogik (MP/PL) sowie die für die Kommunikation mit dem DBS benötigte Funktionalität (DBC) vorhanden (siehe Abb. 5.1).

Da bei dieser Lösung nur ein einziges von den anderen WIS-Komponenten isoliertes Programm eingesetzt wird, ist die Programmentwicklung einfach durchzuführen. Aus demselben Grund ist auch die Installation problemlos. Zwar muss das Programm auf das DBS abgestimmt sein und vom Web-Server richtig aufgerufen werden, da es aber ein alleinstehendes Programm ist, kann es einfacher konfiguriert und getestet werden.

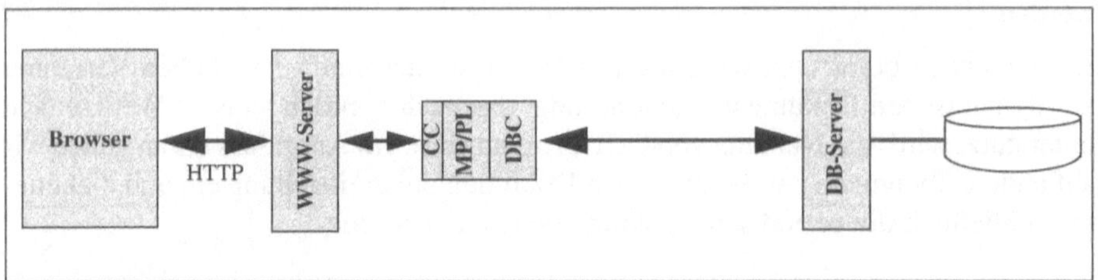

Abb. 5.1: CGI-Programme

Durch die Integration der gesamten Funktionalität in ein einziges Programm entstehen allerdings Probleme. So sind aufgrund der Programmgröße die Startzeiten normalerweise entsprechend lang. Hierdurch sind die Antwortzeiten bis zur Lieferung des fertig generierten Dokumentes deutlich größer. Da ein CGI-Programm bei jeder Dokumentenanforderung erneut gestartet werden muss und hierfür entsprechende Systemressourcen benötigt werden, eignet sich eine solche Lösung nur für WIS mit wenigen parallelen Anfragen. Ein Ausweg, um zumindest etwas Skalierbarkeit zu erreichen, ist die Lastbalancierung, d. h. der Einsatz mehrerer Rechner und Web-Server. Auf sie werden die Ressourcenanfragen der Benutzer entweder dynamisch durch entsprechende vorgeschaltete Software[3] oder statisch durch Aufteilung von Dokumenten und Diensten verteilt. Beispielsweise finden sich die Einstiegsseiten unter www.xyz.com und weitere Ressourcen auf den Servern www1.xyz.com, www2.xyz.com usw.

Ein weiterer Nachteil des CGI und des dadurch bedingten Neustarts pro Ressourcenanfrage ist das Fehlen persistenter DB-Verbindungen. Daher muss bei jeder Progammausführung zunächst die DB-Verbindung aufgebaut und der Authentifizierungsprozess vollzogen werden, was die Dokumentengenerierung verzögert.

5.2.2 Web-Server-Integration

Anders als bei eigenständigen CGI-Programmen sind bei diesem Verfahren alle für die Dokumentengenerierung benötigten Komponenten in den Web-Server integriert (siehe Abb. 5.2). Dabei lassen sich das MP/PL- und das DBC-Modul als Erweite-

---

3   Eine sehr einfache Lastverteilung kann z. B. über mehrere IP-Adressen für einen DNS-Eintrag geschehen. Ein Internet-Dienst steht dabei unter mehreren IP-Adressen zur Verfügung und ein Web-Client kontaktiert dabei (abwechselnd) einen beliebigen Rechner aus dem jeweiligen Pool. Für ein Beispiel siehe „quote.yahoo.com" oder „pop.t-online.de".

rungsmodul des Web-Servers realisieren. Sie können aber auch schon zur Grundfunktionalität des Web-Servers gehören, wie es z. B. bei den *Server Side Includes*, *Java Server Pages* oder *Active Server Pages* der Fall ist.

Ein Vorteil der engen Bindung von Web-Server und Generatorfunktionalität sind die kurzen Initialisierungszeiten nach einer Ressourcenanfrage. Da die Module zusammen mit dem Web-Server in einem Prozess ausgeführt werden, sind, abgesehen vom einmaligen Einladen der dynamischen Funktionsbibliothek, keine zusätzlichen Startzeiten notwendig. Es müssen nur die Benutzereingaben und Umgebungsvariablen an das CC übergeben werden.

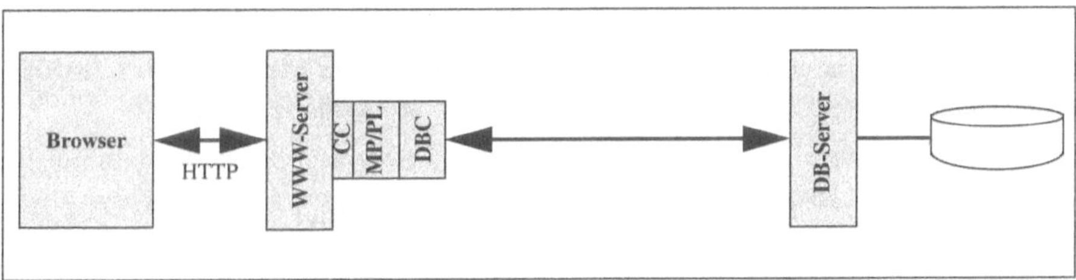

Abb. 5.2: Web-Server-Integration

Da der Web-Server nach der Bearbeitung der Ressourcenanfrage weiterläuft, können das MP/PL- bzw. das DBC-Modul persistente DB-Verbindungen nutzen. Dies bedeutet, dass nur einmalig bei der ersten Nutzung bzw. im Falle von zusätzlichem Bedarf DB-Verbindungen etabliert werden müssen. Diese werden dann nach der Nutzung nicht geschlossen, sondern verbleiben in einem globalen, vom DBC-Modul verwalteten Pool. Bei einer erneuten Ressourcenanfrage kann die bereits geöffnete Verbindung wieder herangezogen werden, wobei nur eine erneute Authentisierung notwendig ist. Durch die Nutzung von persistenten DB-Verbindungen können die bei diesem Verfahren bereits verkürzten Antwortzeiten noch einmal reduziert werden.

Nachteilig wirkt sich die im Vergleich zu CGI-Programmen aufwendigere Entwicklung aus. Auch sind die Installation und Administration von Web-Server-Erweiterungsmodulen meist schwieriger. Wenn die Generatorfunktionalität zum Grundumfang eines Web-Servers gehört, entfallen jedoch viele der notwendigen Arbeiten. Daher ist die Administration vom Aufwand und der Komplexität her im Vergleich zu CGI-Programmen insgesamt oft nicht höher.

Weil die Web-Server-Integration im Vergleich zu CGI-Programmen viele Vorteile hat, bietet ein Großteil der Hersteller die Produkte sowohl als CGI-Programm als auch als Web-Server-Erweiterungsmodul an. Während ein CGI-Programm auf allen Web-Servern einsetzbar ist, müsste wegen der jeweils proprietären Server-Schnittstellen das Produkt auf zahlreiche Server portiert werden. Daher werden in der Regel nur die verbreitetsten Web-Server (Microsoft IIS, Netscape Server und Apache Web Server) unterstützt. Zudem bieten nicht alle Web-Server eine entsprechende Erweiterungsschnittstelle an.

5.2.3 Anwendungs-Server

Beim Einsatz von Anwendungs-Servern zur dynamischen Dokumentengenerierung werden das MP/PL- und das DBC-Modul in einem separaten Programm realisiert. Der Server kann für die Generierung entweder nur das MP/PL-Modul enthalten oder analog zu einem Web-Server verschiedene Erweiterungsschnittstellen offerieren, so dass unterschiedliche Verfahren zur Dokumentenerzeugung eingesetzt werden können. Um die Benutzereingaben und Umgebungsvariablen vom Web-Server zum Anwendungs-Server zu übertragen, wird sowohl auf Seiten des Web- als auch des Anwendungs-Servers ein ICC-Modul benötigt. Dieses kann zusammen mit CC in Analogie zu den bereits vorgestellten Verfahren als CGI-Programm (siehe Abb. 5.3a) oder als Web-Server-Erweiterung (siehe b) realisiert werden. Da jedoch CC und ICC nur eine geringe Größe und wenige Aufgaben haben, fällt die Art der Realisierung im Verhältnis zur gesamten Antwortzeit kaum ins Gewicht.

Ein Hauptvorteil beim Einsatz eines Anwendungs-Servers liegt in der möglichen Lastbalancierung. Anders als bei den beiden bereits vorgestellten Verfahren lässt sich die Dokumentengenerierung vom Web-Server weg auf einen oder mehrere dedizierte Rechner verlagern. Je nach Umfang des aus CC und ICC bestehenden Verbindungsmoduls lassen sich dabei eine dynamische Lastbalancierung und damit konstant[4] kurze Antwortzeiten erzielen. Jedoch hat die Einführung einer dritten Schicht (*3-tier architecture*) in Bezug auf die Anwendungsentwicklung erhebliche Nachteile. Durch die deutlich gestiegene Komplexität wird die Entwicklung entsprechend aufwendig.

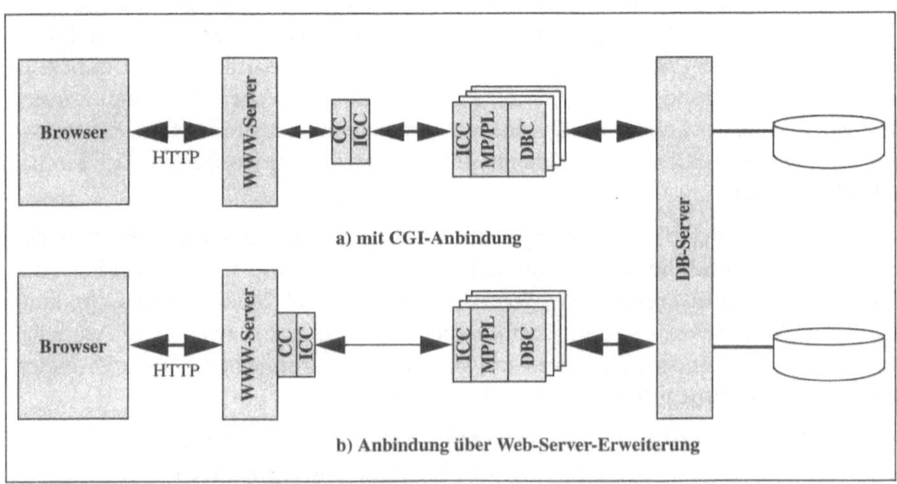

Abb. 5.3: Nutzung von Anwendungs-Servern

---

4   Diese Aussage gilt nur bis zu einem gewissen Auslastungsgrad der Server. Gute Gegenbeispiele sind die im WWW gefürchteten *denial-of-service attacks*, bei denen ein Server durch viele gleichzeitige Anfragen „lahmgelegt" wird.

Ebenfalls wie bei der Web-Server-Integration können natürlich auch bei einem Anwendungs-Server persistente DB-Verbindungen etabliert und genutzt werden. Zudem ist es möglich, Zwischenergebnisse, z. B. Ergebnisse von DB-Anfragen oder Teildokumente, zu puffern. Auf diese Weise können die Dokumentengenerierungszeiten evtl. noch einmal reduziert werden, zugleich erhöht es aber auch die Systemkomplexität. So sind die Lösungen auf Basis von Anwendungs-Servern im Vergleich zu den anderen Verfahren durch die zusätzliche Schicht deutlich komplexer in Bezug auf die Installation und die Administration.

Ein weiterer Nachteil sind die auch bei Nichtnutzung höheren Systemanforderungen dieses Verfahrens, da stets ein Pool von Anwendungs-Servern verfügbar sein muss, dies auf einem oder evtl. mehreren zusätzlichen Rechnern. Jedoch wird diese Lösung vor allem für stark frequentierte WIS mit entsprechenden Anforderungen an die Antwortzeiten, Skalierbarkeit und Verfügbarkeit des Systems eingesetzt, so dass hier die Vorteile sehr deutlich überwiegen [All99, Bea99, PG98].

5.2.4 Periodische Aktualisierung

Bei diesem Verfahren werden die Dokumente periodisch aktualisiert. Dies bedeutet, dass die Benutzer bei einer Ressourcenanfrage die jeweils im Dateisystem des Web-Servers befindliche Fassung des Dokumentes erhalten. Daher kann es u. U. vorkommen, dass die DB aktuellere Daten als das an den Benutzer ausgelieferte Dokument enthält. Allerdings werden bei diesem Verfahren die für die dynamische Generierung benötigten Systemkomponenten eingespart. Zudem wird die bisher für die Generierung aufgewendete Zeit komplett eingespart, da die eigentliche Generierung bereits vor der Ressourcenanfrage eines Benutzers durchgeführt wurde und nur noch die Dokumente ausgeliefert werden müssen.

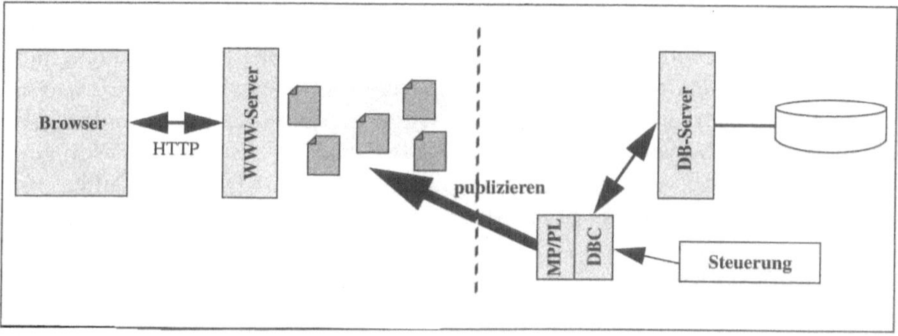

Abb. 5.4: Periodische Aktualisierung

Hierzu sind die Web-Seiten in regelmäßigen Abständen mit Hilfe einer Kombination aus MP/PL- und DBC-Modul zu aktualisieren. Bei oder nach der Generierung werden die erzeugten Dokumente in das Dateisystem des Web-Servers (siehe Abb. 5.4) oder in ein evtl. eingesetztes Repository kopiert. Anschließend stehen sie als statische Dokumente zur Verfügung. Beim Einspielen der generierten Dokumente in das Dateisystem des Web-Server muss auf einen synchronisierten Zugriff geachtet werden, um die Auslieferung von inkonsistenten, d. h. unvollständigen Dokumenten zu verhindern.

5.3 ORDBS-basierte Lösungen

Nach der Diskussion der klassischen Techniken für die Bereitstellung aktueller Dokumenteninhalte wollen wir im Folgenden die bislang vorhandenen Lösungen auf Basis der objekt-relationalen DB-Technologie vorstellen und ihre Vor- und Nachteile diskutieren. Natürlich können auch die bereits eingeführten Verfahren zusammen mit ORDBS eingesetzt werden.

5.3.1 DB-Server-basierter Makroprozessor

Schon für eines der ersten kommerziell erhältlichen ORDBVS, Illustra, wurde das „Web DataBlade" angeboten. Hierbei handelt es sich, wie in Abb. 5.5 dargestellt, um die Integration des MP/PL-Moduls in den DB-Server [Inf99c]. Für die Anbindung des ORDBS besteht die Möglichkeit, einen Kommunikations-Server einzusetzen (siehe Abb. 5.5a) und somit eine dreischichtige Variante zu wählen oder direkt das DBS zu kontaktieren (siehe Abb. 5.5b).

5.3.1.1 Komponenten und Aufbau

Bei einem Einsatz eines Kommunikations-Servers wird dieser nach einer Ressourcenanfrage vom Web-Server über die Kombination aus CC und ICC kontaktiert. Der Kommunikations-Server ruft dann über eine DB-Verbindung die MP/PL-Komponente auf. Das generierte Dokument wird als Ergebnis der DB-Anfrage über den Kommunikations- und den Web-Server zum Benutzer geleitet. In Analogie zum Einsatz eines Anwendungs-Servers kann die Kombination aus CC und ICC entweder als Web-Server-Erweiterung oder als CGI-Programm realisiert werden. Der Kommunikations-Server verfügt nur über ein ICC und ein DBC-Modul. Wird kein Kommunikations-Server eingesetzt, wird direkt auf das ORDBS zugegriffen, um die Dokumentengenerierung anzustoßen.

5.3.1.2 Eigenschaften

Anders als bei den bisher vorgestellten Verfahren muss das DBC-Modul nicht mehr mehrere, sondern nur noch eine Anfrage an das DBS versenden. Die DB-Anfragen werden diesmal vom MP/PL-Modul ausgeführt, das in Form einer UDF in das ORDBS integriert ist. Die UDF liefert als Ergebnis ihres Aufrufs das fertige Dokument via ORDBS an das DBC-Modul. Weil als Ergebnis vom DBS genau ein Web-Dokument zurückgegeben wird, entfällt auch der sonst übliche Austausch der u. U. sehr vielen Ergebnistupel.

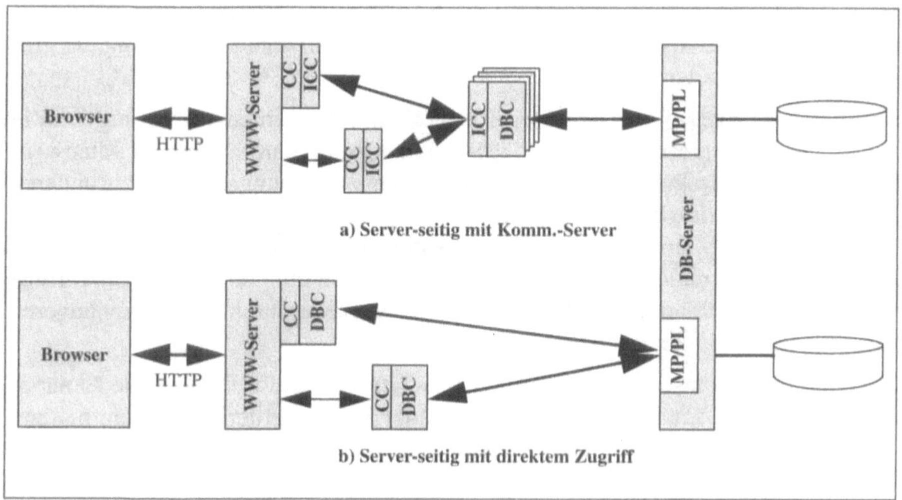

Abb. 5.5: DB-Server-basierter Makroprozessor

Dies bedeutet, dass der Web-Server sowie evtl. vorhandene Kommunikations-Server bei auf dieser Architektur beruhenden Lösungen nur Verbindungsdienste leisten. Die eigentlich aufwendige Verarbeitung, d. h. das Parsen der Makrodatei und das Ausführen der enthaltenen Makros, SQL-Anfragen und Funktionen geschieht komplett im DB-Server. Hierin liegt auch einer der Vorteile dieses Verfahrens. Durch die Integration der datenverarbeitenden in die datenbereitstellende Einheit, d. h. durch das Ausführen der Anfragen als lokale, DBS-interne Anfragen, wird der Datenaustausch zwischen unterschiedlichen Programmen und über Rechnergrenzen hinweg überflüssig[5].

Die Server-interne Dokumentengenerierung birgt aber auch Risiken in sich. Weil nun sowohl die Datenbereitstellung und Anfrageverarbeitung als auch der Makroprozessor im ORDBS angesiedelt sind, besteht eine Engpassgefahr, insbesondere bei sehr vielen gleichzeitigen Ressourcenanfragen oder bei komplexen Generierungsaufgaben.

Der Einsatz eines Kommunikations-Servers ist vom internen Aufbau des ORDBS abhängig, da sich sein Einsatz aufgrund seiner alleinigen Weiterleitungsfunktion nur in wenigen Fällen lohnt. Viele ORDBS besitzen bereits eigene Dienste zur Abwicklung der Client-Kommunikation. Allerdings kann der Kommunikations-Server bei einer DBS-seitigen Speicherung von großen Dokumentenkomponenten,

---

5   Die von Entwurfsanwendungen her bekannte Anforderung „near by the application data locality"
     wird durch die ORDBS-Integration des MP/PL-Moduls zur Eigenschaft „near by the data application locality".

wie z. B. Bildern oder Audio-Dateien, diese puffern (Cache). Auf diese Weise lassen sich sowohl zusätzliche Anfragen als auch die mehrfache Übertragung der großen Objekte einsparen.

Ein weiteres Problem bei der Server-basierten Dokumentengenerierung tritt in Bezug auf die Integration mehrerer DBS oder anderer Dienste wie z. B. Altanwendungen auf. Zwar sind externe Kommunikationsverbindungen, etwa zu anderen DBS, prinzipiell möglich, da jedoch dieses alles innerhalb einer einzigen DB-Anfrage geschieht, sind solche Kommunikationsverbindungen problematisch. So können DBS-interne Ressourcen während der Bearbeitung einer solchen Anfrage belegt und damit für andere Anfragen blockiert sein. Hierdurch kann es zu längeren Antwortzeiten und weniger Durchsatz kommen.

Durch die Einbettung des MP/PL-Moduls als UDF in das ORDBS ist die Generierungsgeschwindigkeit von der Realisierung der DBS-internen UDF-Verarbeitung abhängig. Da es bei den ORDBS diesbezüglich unterschiedliche Konzepte gibt [Sto99], die von einer sehr starken Integration bis hin zu einer losen Kopplung reichen, kann es demzufolge auch zu mehr oder weniger stark ausgeprägten Geschwindigkeitsvorteilen im Vergleich zu den „klassischen" Verfahren kommen. Unter Umständen sind sogar Verschlechterungen denkbar.

5.4 Diskussion

Nachdem wir die klassischen Verfahren sowie eine ORDBS-basierte Lösung zur Bereitstellung von aktuellen Dokumenteninhalten vorgestellt haben, wollen wir in diesem Abschnitt die gemeinsamen Vor- und Nachteile der jeweiligen Verfahren analysieren und auf bereits vorhandene Verbesserungsvorschläge eingehen. Im Anschluss daran wollen wir klären, inwiefern Verbesserungen möglich sind und wie die Anforderungen an eine „ideale" Lösung aussehen können.

5.4.1 Analyse

Zur Analyse der Eigenschaften werden wir uns an den in Absch. 4.4.1 (Seite 59) diskutierten Unterscheidungsmerkmalen für Dokumente sowie den technischen Merkmalen wie u. a. Ressourcenbedarf und Antwortzeit orientieren. Die in Absch. 4.4.2 (Seite 60) diskutierten Bereitstellungsstrategien werden wir dabei vertiefen.

5.4.1.1 Personalisierte Dokumente

Personalisierte Seiten hängen in der Regel von vorherigen Benutzeraktionen ab. Daher kommt das Verfahren der periodischen Dokumentengenerierung nicht in Frage. Ein Vorgenerieren „auf Verdacht" ist aufgrund des benötigten Speicherplatzes schon bei wenigen Benutzern nicht sinnvoll (siehe unten, „Verbesserungsansätze"). Demzufolge bleiben für personalisierte Seiten Verfahren zur dynamischen Seitenbereitstellung zunächst einmal die einzige Lösung.

Der Einsatz von Anwendungs-Servern führt zu den leistungsfähigsten Systemen, da sich die Aufgabenlast besser auf mehrere Rechner verteilen lässt. So ist der Web-Server für die Annahme und Weiterleitung der Ressourcenanfragen, der Anwendungs-Server für die Auftragsverarbeitung und die daraus resultierende Dokumentengenerierung und der DB-Server für die Datenbereitstellung zuständig. Allerdings werden hierfür auch entsprechende Systemressourcen benötigt. Zwar können alle Server (Web-, Anwendungs-, DB-Server) auf einem Rechner laufen, jedoch gehen dann die Vorteile größtenteils wieder verloren. Deswegen ist ihr Einsatz für kleine und mittlere WIS oft nicht sinnvoll und die anderen Verfahren zur dynamischen Dokumentenbereitstellung eignen sich mehr. Sie stellen einen guten Kompromiss zwischen Leistungsfähigkeit, Wartungs- und Installationsaufwand sowie den für den Betrieb benötigten Systemressourcen dar.

5.4.1.2 Allgemein verfügbare Dokumente

Zwar lassen sich für allgemein verfügbare Web-Seiten ebenfalls Lösungen zur dynamischen Seitengenerierung einsetzen. Weil jedoch mehrere Benutzer auf ein Dokument zugreifen, eignet sich auch die periodische Dokumentengenerierung. Sie benötigt bedeutend weniger Infrastruktur für die Laufzeitumgebung des WIS und es können deutlich kürzere Antwortzeiten erreicht werden. Jedoch hat die periodische Aktualisierung den Nachteil, dass in Abhängigkeit vom Aktualisierungsintervall die an die Benutzer ausgelieferten Dokumente nicht immer dem aktuellen DB-Zustand entsprechen. Ebenso kann die Generierung bei zu klein gewählten Intervallen überflüssig sein, weil die in den Dokumenten enthaltenen Daten nicht verändert wurden. Das manuelle Anstoßen der Generierung nach Änderungen stellt zwar in Bezug auf die Dokumentenaktualität eine Verbesserung dar, hat aber als Nachteil einen deutlich höheren Personalaufwand.

Für die Bereitstellung allgemein verfügbarer Dokumente ist daher zunächst die größere Aktualität der dynamischen Seitengenerierung gegen den geringeren Ressourcenbedarf der periodischen Aktualisierung abzuwägen. Entscheidet man sich dabei für die dynamische Dokumentengenerierung, stehen hier gleich mehrere sich stark unterscheidende Lösungen zur Verfügung. Die Wahl einer geeigneten Lösung für die zu erwartenden Zugriffszahlen unter Berücksichtigung der in Absch. 4.4 (Seite 58) diskutierten Faktoren, d. h. die richtige Dimensionierung der jeweiligen WIS-Komponenten, stellt ein schwieriges Problem dar, das nicht Gegenstand dieses Buches ist. Für seine Lösung gibt es nur allgemeine Regeln und es bedarf sehr genauer Anforderungsanalysen. In der Praxis kommt es daher immer wieder zu Fehlplanungen und leistungsschwachen Realisierungen. Sie verursachen Akzeptanzprobleme bei den Nutzern und erfordern meist teure Nachbesserungen seitens der WIS-Betreiber.

5.4.2 Verbesserungsansätze

Um die Nachteile der vorgestellten Verfahren abzuschwächen, wurden sie gezielt weiterentwickelt. Im Folgenden diskutieren wir die gängigsten Verbesserungsansätze.

5.4.2.1 Verkürzung der Generierungszeiten

Ein erster Ansatz besteht in der Verkürzung der Generierungszeit. Hierdurch bedingt kann auch die gesamte Antwortzeit sowie der für die Generierung benötigte Ressourcenbedarf reduziert werden. Möglichkeiten ergeben sich hierfür durch die Verringerung der Dokumentenbestandteile, insbesondere der erst durch die Makroverarbeitung bzw. durch DB-Anfragen erzeugten Bestandteile.

So ist es z. B. möglich, häufig verwendete, aber selten veränderte Dokumentenbestandteile vorzugenerieren. Dafür kommen die Kopf- und Fußteile einer Web-Seite oder auch die in einem Dokument enthaltenen allgemeinen Navigationshilfen in Frage. Ist im Dokumentkopf z. B. das aktuelle Datum enthalten, so reicht die tägliche Aktualisierung aus. Auf diese Weise lassen sich die nach einer Ressourcenanfrage zu generierenden Seitenbestandteile auf das wirklich Benötigte reduzieren, die anderen Komponenten werden als statische Bestandteile bei der Generierung eingefügt.

Durch die Mischung von dynamischer Generierung und periodischer Aktualisierung werden die Vorteile beider Verfahren, soweit möglich, kombiniert. Allerdings wird das eigentliche Dokument immer noch über eine dynamische Generierung bereitgestellt, so dass nach wie vor entsprechende Systemkomponenten in der Produktionsumgebung des WIS benötigt werden.

5.4.2.2 Pufferung

Ein anderer Verbesserungsansatz zielt auf die Verkürzung der Antwortzeiten durch Pufferung von generierten Dokumenten, von Dokumentenbestandteilen und Makrodateien oder von Ergebnissen der Makroverarbeitung ab.

Die im Dateisystem abgelegten statischen Dokumente werden je nach Betriebssystem und Web-Server automatisch gepuffert, um die Dateizugriffszeiten zu verringern. Auf die dynamische Dokumentengenerierung hat die Pufferung aber nur geringen Einfluss. Zwar beschleunigt die Betriebssystem-bedingte Dateipufferung auch bei der Makroverarbeitung das Einbinden von häufig verwendeten Dokumentenkomponenten, jedoch sind für die Verbesserung der Makroverarbeitung zusätzliche Maßnahmen erforderlich.

Eine Möglichkeit ist die Pufferung und Wiederverwendung von Zwischenergebnissen. Während das bei DBS meist nur für gleiche Unteranfragen innerhalb einer Anfrage gilt, können z. B. bei der Makroverarbeitung in einem Anwendungs-Server Ergebnisse intern gepuffert und bei der Verarbeitung von unterschiedlichen Makrodateien wiederverwendet werden. Hierfür sind aber Kenntnisse über potentielle

Datenabhängigkeiten bzw. über die Idempotenz der jeweiligen Makros notwendig, um generierte Dokumente mit fehlerhaften Inhalten zu vermeiden. Beispielsweise können häufig verwendete Kopf- oder Fußteile einmal generiert, intern gepuffert und dann für die Generierung zahlreicher Dokumente verwendet werden.

Neben Dokumententeilen lassen sich auch vollständige Dokumente puffern. Hierfür gibt es die Möglichkeit, die vollständigen Dokumente im Anwendungs-Server zu speichern oder sie wie statische Dokumente im Dateisystem des Web-Servers abzulegen. Bei der internen Speicherung werden die fertig generierten Seiten ähnlich wie ihre Komponenten im Puffer des Anwendungs-Servers vorgehalten und bei einer erneuten Anforderung direkt ohne Generierung ausgeliefert [Bea99]. Während hierdurch die Makroverarbeitung vermieden und die Antwortzeiten reduziert werden, nutzt eine andere Möglichkeit der Pufferung, bei der die Dokumente im Dateisystem abgelegt werden [Int98][6], das Datei-Caching des Betriebssystems aus. Positiv wirken sich bei diesem Verfahren zusätzlich noch der dadurch komplett wegfallende Aufruf von Verbindungskomponenten (CC und ICC) aus, da der Makroprozessor nun nicht mehr benötigt wird. Allerdings sind die Verweise in anderen generierten Dokumenten vom Anwendungs-Server entsprechend anzupassen, weil die vormals dynamischen Dokumente nun statische sind. Daher müssen schon im Vorfeld die später in statische Dokumente umgewandelten Seiten bekannt sein.

Auch beim Verfahren der internen Pufferung müssen die für die Zwischenspeicherung in Frage kommenden Dokumente bzw. ihre zugrundeliegenden Makrodateien bekannt sein, da sich nicht alle generierten Web-Seiten hierfür eignen. Aus diesem Grund sind bei beiden Verfahren die zu puffernden Generierungsergebnisse im Voraus zu spezifizieren. Eine andere Möglichkeit besteht in der Nutzung der in der HTTP-Definition [FG+99] geforderten Sicherheit bzw. Idempotenz für bestimmte HTTP-Methoden (siehe Absch. 4.2.1, Seite 52). Hiernach könnten alle über diese Methoden angeforderten Dokumente gepuffert werden. Allerdings werden dabei Änderungen in der DB nicht berücksichtigt, so dass die gezielte Invalidierung von gepufferten Dokumenten notwendig ist. Jedoch kann es hierdurch gerade wieder zum eigentlich zu vermeidenden Problem der veralteten Web-Dokumente kommen.

Bei ORDBS-basierten Verfahren mit Server-seitiger Makroverarbeitung und Dokumentenspeicherung macht sich eine Pufferung von in den Seiten enthaltenen großen Objekten (BLOBs), wie z. B. Bilder oder Audio-Dateien, besonders bemerkbar. Eine Pufferung durch das CC/DBC-Modul ist hier sinnvoll, da ansonsten die Objekte bei jeder Anforderung vor der Auslieferung zunächst DBS-intern bereitgestellt und dann vom DBS über das CC/DBC-Modul zum Web-Server transportiert werden müssen. Für die Pufferung werden die Objekte dazu einmal vom DBS zum

---

6   *Intershop* nennt ihre Lösung „hybrid HTML", da die eigentlich dynamischen als statische HTML-Seiten im Dateisystem des Web-Servers bereitgestellt werden. Der Begriff „hybrides HTML" wird aber auch im Zusammenhang mit dem Entwurf von Web-Seiten genutzt, die sowohl proprietäre Eigenschaften des *Netscape Navigator* als auch des *Microsoft Internet Explorer* nutzen. Für beide Browser sind unterschiedliche Tags zu verwenden, um ähnliche Effekte zu erzielen.

dafür vorgesehenen Platz auf dem Web-Server übertragen (siehe Abb. 5.6).
Anschließend stehen sie für alle weiteren Ressourcenanforderungen zur Verfügung.
Das CC/DBC-Modul hat in Absprache mit dem MP/PL-Modul die Verwaltung der
gepufferten Objekte zu übernehmen, um die erneute DBS-interne Bereitstellung
und anschließende Übertragung zu vermeiden. Auf diese Weise lassen sich deutlich
geringere Verarbeitungskosten sowie kürzere Antwortzeiten erreichen [Inf99c].

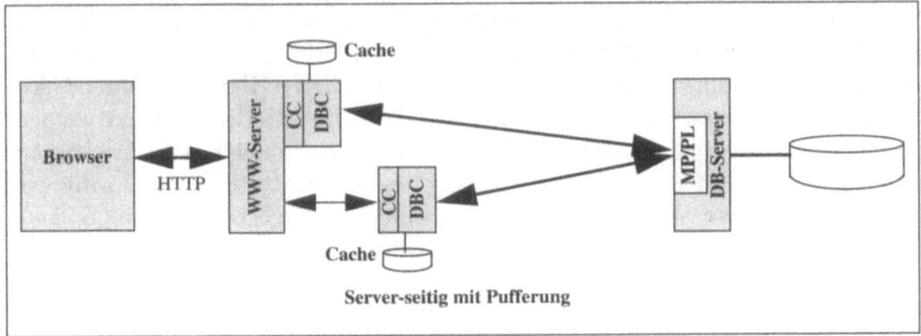

Abb. 5.6: Komponenten-Pufferung (ORDBS-basiert)

Neben der Pufferung von Dokumenten und ihren Komponenten lässt sich auch die
Zwischenspeicherung von DB-Anfrageergebnissen zu Verbesserungen nutzen.
Dabei werden durch eine gemeinsam genutzte Sammlung („Pool") von DB-Verbindungen alle Anfragen abgewickelt und mitprotokolliert. Bei identischen Anfragen
wird die Anweisung nicht ausgeführt, sondern das bereits vorhandene und gepuf-
ferte Ergebnis verwendet. Auf diese Weise lässt sich die für die DBS-interne Verarbeitung benötigte Zeit einsparen.

5.4.2.3 Vorgenerieren von Dokumenten

Um sowohl aktuelle Dokumente als auch kurze Antwortzeiten durch die Pufferung
aller dynamisch erzeugten Web-Seiten anbieten zu können, wurde von IBM eine
spezielle Lösung entwickelt [CDI98, CID99]. Hierbei werden alle Web-Seiten in
einem Cache, auf den der Web-Server direkt zugreift, abgelegt. Erfolgen Datenänderungen, so wird eine zentrale Komponente, der *Trigger Monitor*, hierüber informiert. Über vorher spezifizierte Abhängigkeiten und einen darauf basierenden
Abhängigkeitsgraph werden alle zu invalidierenden bzw. neu zu generierenden Seiten bestimmt. Die invalidierten Seiten im Puffer werden durch vorgenerierte, d. h.
ohne eine Benutzeranforderung erzeugte Dokumente ersetzt. Hierdurch erreicht das
Verfahren beinahe die Antwortzeiten der Auslieferung statischer Dokumente, benötigt dazu jedoch zahlreiche Komponenten. Wir werden später, in Absch. 11.1.2
(Seite 174), das Verfahren noch genauer vorstellen und mit unserer Lösung vergleichen.

Beim in [PRSS99, PRW99] geschilderten Verfahren werden ebenfalls alle Änderungen an der Datenbasis mitprotokolliert und entsprechende Ereignisse in eine zentrale Ereignisverwaltung eingetragen. Basierend auf vorher spezifizierten Abhängigkeiten werden alle von der Änderung betroffenen Dokumente generiert und als statische Seiten auf dem Web-Server abgelegt. Anders als bei der IBM-Lösung ist dieses Verfahren nur für Dokumente mit geringerer Änderungshäufigkeit geeignet. Da die Dokumentenerzeugung unabhängig von einer Ressourcenanfrage ist, werden keine Komponenten in der Produktionsumgebung des WIS benötigt. Stattdessen müssen sie als ständig aktive Prozesse in der Entwicklungsumgebung realisiert werden. Auch auf dieses Verfahren werden wir später noch genauer eingehen (siehe Absch. 11.1.1, Seite 171).

5.4.2.4 Zusammenfassende Bewertung

Die vorgestellten Verbesserungsansätze benötigen zahlreiche Systemkomponenten in der Laufzeitumgebung des WIS. Bei einem Verzicht auf Aktualität der Web-Dokumente kann die Zahl der Komponenten in der Laufzeitumgebung deutlich reduziert bzw. können entsprechende Programme gänzlich vermieden werden.

Im Vergleich zur jeweiligen Ausgangssituation führen die jeweils verbesserten Verfahren zu einer deutlich gestiegenen Komplexität der Lösung, da meist zusätzliche Systemkomponenten benötigt werden. Nur beim vorgestellten Verfahren der Vorgenerierung von statischen Seiten lassen sich sowohl die Komponentenzahl in der Produktionsumgebung reduzieren und gleichwohl aktuelle Dokumente anbieten. Dieses erfolgt jedoch zu Lasten einer deutlich komplexeren Entwicklungsumgebung.

5.4.3 Anforderungen

Basierend auf den spezifischen Eigenschaften der unterschiedlichen Verfahren wollen wir im Folgenden Anforderungen an bzw. gewünschte Eigenschaften für eine „gute" Lösung formulieren. Sie korrespondieren im Wesentlichen mit den bereits in Absch. 4.4.1 (Seite 59) angesprochenen Unterscheidungskriterien für die Dokumentenbereitstellung und -lieferung.

Die für die Benutzer wichtigste Anforderung ist die Aktualität der erhaltenen Daten. Hier besteht der Wunsch, dass das ausgelieferte Dokument mit dem aktuellen DB-Zustand[7] übereinstimmt. Dieses bedingt die Abkehr von der periodischen Dokumentenaktualisierung, weil bei diesem Verfahren keine Aktualität garantiert werden kann.

---

7   Der DB-Zustand soll natürlich dem aktuellen Zustand der „realen Welt" entsprechen. Ansonsten ist
     der Aufwand für die Dokumentenaktualisierung nicht sinnvoll.

Als eine ebenfalls wichtige Anforderung sind kurze Antwortzeiten zu nennen. Kommt es wiederholt zu „zu langen" Antwortzeiten[8], so führt das zur sinkenden Akzeptanz, womit das WIS mittelfristig seinen Nutzen verliert. Die kürzesten Antwortzeiten können bei der Verwendung von statischen Dokumenten, die im Dateisystem des Web-Servers liegen, erreicht werden.

Wie wir gesehen haben, benötigen sowohl die Basislösungen als auch die darauf beruhenden Verbesserungsvorschläge mehrere Systemkomponenten in der Produktionsumgebung, um kurze Antwortzeiten erreichen zu können. Jedoch ist es gerade für die Betreiber und Administratoren eines WIS ein wichtiges Ziel, die Zahl der Systemkomponenten und damit auch die für den Betrieb benötigten Ressourcen möglichst klein zu halten, um die Administrierbarkeit zu vereinfachen. Eine optimale Lösung sollte daher abgesehen vom Web-Server keine weiteren Komponenten in der Produktionsumgebung benötigen und statische Dokumente liefern. Die Entwicklungsumgebung sollte ebenfalls einfach gehalten sein.

Zusammenfassend lässt sich feststellen, dass an eine Lösung zur Bereitstellung aktueller Dokumente sehr konträre Anforderungen gestellt werden, die die bisherigen Verfahren nicht bieten. Zur Erfüllung der Anforderungen müssen die positiven Eigenschaften der Verfahren der dynamischen Dokumentenbereitstellung und der periodischen Aktualisierung kombiniert und die negativen Charakteristika vermieden werden.

5.5 ORDBS-gesteuerte, automatische Aktualisierung

Bei den bisher vorgestellten Lösungen zur Dokumentenbereitstellung mussten immer Kompromisse zwischen Aktualität auf der einen und Komplexität der Gesamtlösung auf der anderen Seite eingegangen werden. Einzig der Vorgenerierungsansatz [PRSS99] brachte neben Aktualität auch einen Verzicht auf zusätzliche Systemkomponenten in der Produktionsumgebung durch die Verlagerung dieser in die Entwicklungsumgebung. Im Folgenden wollen wir die Idee der Vorgenerierung aufgreifen und eine einfache ORDBS-gestützte Lösung präsentieren. Nach einer Analyse der grundlegenden Eigenschaften in diesem Abschnitt werden wir in Kap. 7 (ab Seite 101) auf das Verfahren zurückkommen und es weiterentwickeln.

---

8   Die für einen Benutzer akzeptablen bzw. von einem Benutzer akzeptierten Antwortzeiten sind sehr unterschiedlich. Sie hängen auch mit der generellen Netzwerkanbindung und den dadurch bedingten Verzögerungen bei der Datenübertragung zusammen.

5.5.1 Konzept

Beim Verfahren der ORDBS-gesteuerten automatischen Dokumentenaktualisierung werden alle für die Generierung und ihre Steuerung benötigten Systemkomponenten in das ORDBS eingebettet (siehe Abb. 5.7) und als interne Module realisiert. Für die automatische Dokumentenaktualisierung nach Datenänderungen durch ein ORDBS lassen sich mehrere in SQL:1999 (siehe Kap. 2, Seite 11) definierte DBS-Eigenschaften ausnutzen. Neben der schon vom Verfahren des ORDBS-basierten Makroprozessors (siehe Absch. 5.3.1) her bekannten Einbettung des MP/PL-Moduls in den DB-Server wird für die Steuerung bzw. die Initialisierung der Generierung eine Abhängigkeitsverwaltung benötigt. Sie ist in Analogie zu den anderen Verfahren zur Bestimmung der von einer Datenänderung betroffenen Dokumente notwendig.

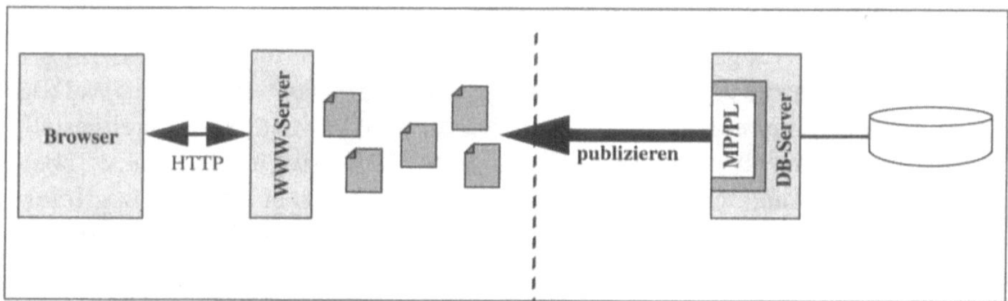

Abb. 5.7: ORDBS-gesteuerte, automatische Aktualisierung

Für die Protokollierung von und die Reaktion auf Datenänderungen werden Trigger genutzt. Nach ihrer Aktivierung rufen sie zur Abhängigkeitsbestimmung entsprechende UDFs auf. Nachdem die zu generierenden Dokumente identifiziert sind, können die zugrundeliegenden Makrodateien geladen und von dem ebenfalls als UDF realisierten Makroprozessor zu fertigen Web-Dokumenten expandiert werden. Anschließend müssen diese vom DB-Server über eine UDF in das Dateisystem des Web-Servers geschrieben werden („publizieren", siehe Abb. 5.7), wo sie zum Abruf bereitstehen. Alle für die Abhängigkeitsberechnung und die eigentliche Generierung benötigten UDFs werden während der Trigger-Abarbeitung ausgeführt, so dass die aktualisierten Web-Dokumente direkt im Anschluss an die jeweilige Datenänderung auf dem Web-Server verfügbar sind.

5.5.2 Bewertung

Beim oben beschriebenen Verfahren werden aktuelle Dokumente als statische Web-Seiten bereitgestellt, was kurze Antwortzeiten garantiert. Durch die Integration der gesamten für die Generierung benötigten Komponenten in das ORDBS werden abgesehen vom Web-Server keine Programme in der Produktionsumgebung und abgesehen vom DB-Server ebenfalls keine in der Entwicklungsumgebung gebraucht. Die Dokumentenaktualisierung über Trigger sorgt dafür, dass Änderungen direkt an die entsprechenden Web-Seiten durchgereicht werden. Durch den Verzicht auf ein DBS in der Produktionsumgebung können bedingt durch die reduzierte Komponentenzahl auch Lizenzkosten gespart werden[9].

Allerdings hat diese Vorgehensweise mehrere Nachteile. So können Datenänderungs-Transaktionen durch die darin eingebundene Dokumentengenerierung deutlich verlängert werden. Wird das DBS nicht nur zur Verwaltung der dem WIS zugrundeliegenden Daten, sondern auch noch für andere (Produktions-) Systeme verwendet, können Transaktionen lange Wartezeiten haben. In Abhängigkeit von der Definition der Trigger und der Dokumentenabhängigkeiten kann die mehrfache Seitengenerierung innerhalb einer Änderungs-Transaktion nicht ausgeschlossen werden, was die gesamte Ausführungszeit wiederum verlängert.

Die Integration aller Komponenten in das DBS schränkt zunächst einmal die Generierungsmöglichkeiten ein, da Zugriffe auf andere Datenquellen, wie z. B. Altanwendungen, nicht so einfach möglich sind. Allerdings setzt dieses Verfahren wie die anderen Vorgenerierungslösungen die zentrale Protokollierung von Änderungen voraus, so dass anstelle eines Ereigniseintrags auch die gesamten Daten in das DBS kopiert werden könnten. Die durch andere Server und Anwendungen bereitgestellten Daten lassen sich aber auch unter Nutzung von UDFs bzw. über abstrakte Tabellen einbinden. Da die Dokumentengenerierung im Rahmen einer Änderungstransaktion läuft, würde diese Vorgehensweise noch längere Transaktionen implizieren.

Ein weiteres Problem der ORDBS-gesteuerten Generierung besteht in der Zahl der benötigten Trigger. Bei einer direkten Umsetzung der Dokumentenabhängigkeiten in Trigger wird für jedes zu generierende Dokument ein Trigger benötigt. Da jedoch die meisten der kommerziell verfügbaren ORDBS nur eine eingeschränkte Zahl an Triggern pro Tabelle zulassen, ist dies ein nicht gangbarer Weg. Deshalb ist die Abhängigkeitsverwaltung über ein eigenes Modul zu realisieren. Auf diese Weise lassen sich die Trigger auf einen pro Tabelle und Operation begrenzen. Nach ihrer Aktivierung rufen die Trigger die als UDF und über interne Tabellen zu realisierende Abhängigkeitsverwaltung auf, um die zu aktualisierenden Dokumente zu bestimmen.

Ein Problem ergibt sich durch das Aktivieren der Dokumentengenerierung innerhalb der Trigger, da zu diesem Zeitpunkt die umschließende Änderungstransaktion noch nicht abgeschlossen ist. Schlägt die Transaktion fehl, so sind die Web-Dokumente schon geändert worden. Weil es hierfür keine Kompensationsfunktionen gibt, bleiben inkonsistente Dokumenteninhalte zurück. Wird die DB nur zur Verwaltung

---

9 Werden DBS bei Web-basierten Applikationen zur dynamischen Seitengenerierung eingesetzt, so sind in der Regel besondere Lizenzverträge zu schließen, beispielsweise pro CPU des Rechners oder für eine veranschlagte hohe Zahl gleichzeitiger Benutzer. Bei der ORDBS-gesteuerten Generierung werden solche Lizenzen nicht benötigt, da das DBS keinen direkten „Kontakt" zum WWW hat.

der Web-Daten eingesetzt, sollten Transaktionsabbrüche in der Regel nur bei technischen Problemen auftreten. Weil das noch weitere Folgen hat, wollen wir diesen Fall als Ausnahmesituation sehen.

5.6 Zusammenfassung

In diesem Kapitel haben wir die traditionellen Lösungen zur Bereitstellung DB-basierter Dokumente und Verbesserungsansätze diskutiert. Hierzu haben wir zunächst die bei allen Techniken verwendeten Komponenten charakterisiert. Beispielsweise werden Module zur Kommunikation mit dem Web-Server, zur Makroverarbeitung sowie zur Kommunikation mit dem DBS benötigt. Wird ein separater Server für die Dokumentengenerierung eingesetzt, ist noch ein weiteres Kommunikationsmodul notwendig. Bei den üblicherweise eingesetzten Skriptsprachen lassen sich mehrere Verfahren unterscheiden. Der Dokumenteninhalt und die Makros können innerhalb einer Datei gemischt werden. Eine andere Möglichkeit besteht in der Trennung von Makros und Inhalt, wobei eine Auftrennung in unterschiedliche Dateiabschnitte oder auf mehrere Dateien möglich ist. Im Anschluss an den Überblick sind wir auf die unterschiedlichen klassischen Verfahren eingegangen und haben ihre Vor- und Nachteile erarbeitet. Während bei der periodischen Generierung Abstriche bezüglich der Aktualität der Dokumente hinzunehmen sind, sind die Verfahren zur dynamischen Dokumentenbereitstellung entweder nicht leistungsfähig genug (CGI-Programme) oder sie benötigen eine Reihe von Systemkomponenten und erfordern einen höheren Administrationsaufwand (Anwendungs-Server).

Die darauf basierenden Verbesserungen zielen vornehmlich auf die Optimierung einzelner Aspekte bzw. die Vermeidung spezifischer Schwächen ab, ohne die grundlegenden Ursachen zu beseitigen. Einzig die Vorgenerierungsansätze versuchen die Vorteile der beiden gegensätzlichen Techniken (periodische Aktualisierung, dynamische Generierung) miteinander zu verbinden. Die vorgestellten Verfahren reduzieren aber nicht die Zahl der benötigten Systemkomponenten.

Das im letzten Abschnitt grob skizzierte Verfahren, bei dem alle für die Vorgenerierung benötigten Komponenten in ein ORDBS integriert werden, beseitigt diesen Nachteil. Allerdings besitzt die oben vorgestellte Lösung noch mehrere Schwächen. Auf diese Schwächen sowie Strategien zu ihrer Elimination werden wir später in Kap. 7, „ORDBS-gesteuerte Generierung" auf Seite 101, eingehen, wenn wir das Verfahren weiterentwickeln.

6 Lokale Suche und Navigationshilfen

Nach der Diskussion der unterschiedlichen Möglichkeiten zur Bereitstellung aktueller Informationen wollen wir in diesem Kapitel die gebräuchlichen Techniken für eine eng damit zusammenhängende Thematik diskutieren: lokale Suche sowie Navigationshilfen. Im Anschluss daran skizzieren wir dann neue ORDBS-basierte Lösungen.

Die lokale Dokumentensuche erfordert Benutzerinteraktion und ist daher eine Web-Applikation mit dynamischer Seitengenerierung. Für die Bereitstellung von Navigationshilfen (*site maps*) versucht man hierauf zu verzichten. Als häufig angeforderte Dokumente werden sie zur Verkürzung der Antwortzeiten und zur Einsparung von Systemressourcen meist als statische Seiten bereitgestellt und periodisch aktualisiert. Im Folgenden gehen wir zunächst auf die lokale Suche, dann auf die Bereitstellung von Navigationshilfen ein.

6.1 Lokale Suche

Bedingt durch die zunehmend größere Zahl der auf einem WIS angebotenen Dokumente und Anwendungen ist es ein verständlicher Wunsch der Benutzer, die von ihnen benötigte Information möglichst einfach und schnell zu finden. Daher werden heute auf den WIS in der Regel Suchmöglichkeiten für die lokal zur Verfügung stehenden Informationen angeboten. Während alle Suchmaschinen die stichwortbasierte Suche unterstützen, unterscheiden sich die einzelnen Suchmaschinen in ihrer grundlegenden Vorgehensweise zum Aufbau des Suchindex und damit in der Systemarchitektur, in der Qualität der Ergebnisse sowie in den weitergehenden Suchmöglichkeiten.

Im Folgenden werden wir den prinzipiellen Aufbau der unterschiedlichen klassischen Suchmaschinen diskutieren und im Anschluss daran auf die bisherigen ORDBS-basierten Verfahren eingehen. Nach der Vorstellung der Verfahren vergleichen und bewerten wir sie untereinander. Anschließend skizzieren und analysieren wir dann ein neues ORDBS-basiertes Verfahren. Den vorgestellten Ansatz werden wir in Kap. 8 (Seite 133) wieder aufgreifen und fortführen.

6.1.1 Klassische Verfahren

Viele der in einem WIS zur lokalen Suche verwendeten Suchmaschinen basieren auf
einer zunächst nur für die Internet-weite Suche eingesetzten Technik [BD+95,
HTD99, Inf99g, Ink96, MV98]. Wie in Abb. 6.1 dargestellt, werden von Suchrobotern, die je nach Werkzeug als *search robot*, *gatherer*, *digger*, *spider* etc. bezeichnet
werden, die auf einem WIS angebotenen Dokumente indexiert.

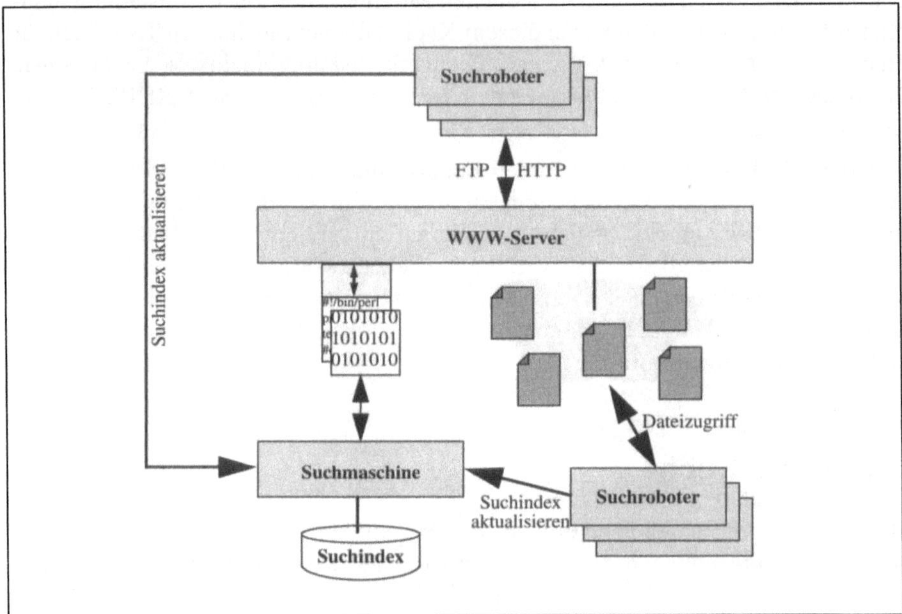

Abb. 6.1: Aufbau einer lokalen Suchmaschine

6.1.1.1 Aufbau des Suchindex

Hierzu werden beginnend mit einem oder mehreren Wurzeldokumenten die über
Hyperlinks miteinander verbundenen Dokumente nacheinander vom Suchroboter
angefordert, je nach Technik auf unterschiedliche Art und Weise Stichworte extrahiert und anschließend der Index der eigentlichen Suchmaschine aktualisiert. Da der
Suchindex meist schon besteht, müssen die neuen Informationen mit den bestehenden gemischt werden (*merge*). Der Zugriff der Suchroboter auf die Dokumente
erfolgt über das lokale Netzwerk mittels der Protokolle HTTP oder auch FTP bei
eingebundenen ftp-Servern. Über eine Ressourcenanfrage mit der HTTP-Methode
HEAD (siehe Abschn. 4.2.1, Seite 52) kann der Roboter das Änderungsdatum eines
Dokumentes herausfinden. Falls sich das Dokument seit dem letzten Besuch des
URL geändert hat, wird es komplett geladen, um die enthaltenen Informationen zu
extrahieren.

Weil jedoch der Zugriff von Suchrobotern auf den lokalen Dokumentenbestand über
den Umweg des Web-Servers nicht sinnvoll ist, kann bei vielen der Suchmaschinen
auch der Dateizugriff konfiguriert werden. Dann greift der Suchroboter direkt auf
Teile des lokalen Dateisystems zu (siehe Abb. 6.1) und bildet die einzelnen Verzeichnisse auf externe Adressen ab. Hierzu muss vorher vom Suchmaschinen-
Administrator eine entsprechende Abbildungstabelle angegeben werden. Im nachfolgenden Beispiel 6.1 wird für den *gatherer* der Suchmaschine Harvest [BD+95]
festgelegt, dass das lokale Verzeichnis /homes/papers/ über den URL http://wwwd-
bis.informatik.uni-kl.de:8080/publications/ im Internet erreichbar ist und entsprechend im
Suchindex abgelegt werden soll.

```
Local-Mapping:  http://wwwdbis.informatik.uni-kl.de:8080/publications/*
                /homes/papers/*
Local-Mapping:  http://wwwdbis.informatik.uni-kl.de:8080/gi/*
                /homes/textsys/gi/*
```

Beispiel 6.1: Abbildung von Dateinamen auf URLs

Zum Auffinden von Dokumenten verfolgt der Suchroboter, beginnend vom spezifizierten Wurzeldokument, die in den Dokumenten enthaltenen Hyperlinks. In den
untersuchten Dokumenten können jedoch auch Verweise auf dynamisch erzeugte
Web-Seiten enthalten sein. Da sich der Inhalt dieser Seiten aber jederzeit ändern
kann, wird ihr Inhalt nicht für den Suchindex erfasst[1], d. h., in der Regel indexieren
die Suchroboter nur statische Dokumente. Weil allerdings einige der Dokumenten-
Repositories, wie z. B. Lotus Domino, direkt über CGI oder eine der anderen Techniken eingebunden werden, bieten einige der kommerziell erhältlichen Suchmaschinen auch die Aufnahme dynamisch generierter Dokumente in den Suchindex an.
Hierzu müssen dann bestimmte Adressmuster explizit freigeschaltet werden
[Inf99g].

Zwar können die Informationen über alle indexierten Dokumente in einer Suchda-
tenbank gespeichert werden, jedoch ist dies nicht immer sinnvoll (siehe unten).
Auch ist es manchmal wünschenswert, Teile des Suchindex wiederzuverwenden.
Dazu gibt es die so genannten Kollektionen. Eine Kollektion umfasst alle Dokumente eines bestimmten Suchraumes. Besteht ein WIS z. B. aus einer Reihe von
Web-Servern, so können mehrere Suchroboter gleichzeitig die Dokumente der einzelnen Web-Server indexieren und die Informationen in je einer eigenen Kollektion

---

1 Weil die dynamisch generierten Bereiche eines WIS aus diesem Grund in gängigen Suchmaschinen
   nicht enthalten sind, werden sie oft auch als so genannte *hidden world* (unsichtbare Welt) bezeichnet.
   Es ist nicht möglich, sie (direkt) zu finden. Daher werden z. T. die URIs dynamisch generierter Seiten wie die von statischen aufgebaut, d. h., die einzelnen Parameter werden als Unterverzeichnisna-
   men „getarnt".

speichern. Später können die Kollektionen für die Suche zu einem großen Suchindex kombiniert oder jede einzelne Kollektion zur Suche auf nur einem der Server verwendet werden.

Bei einem WIS kann es vorkommen, dass Teile des Dokumentenbestands vom Wurzeldokument aus nicht über eine Verweiskette erreichbar sind. Um dennoch die Indexierung dieser Dokumente zu ermöglichen, können meist mehrere Startadressen (Wurzeldokumente) angegeben werden. Ein Problem stellen die nur für bestimmte Benutzer sichtbaren, d. h. vor dem allgemeinen Zugriff geschützten Dokumente dar. Um auch diese Dokumente zu indexieren, können die zum Zugriff notwendigen Benutzernamen und Passwörter spezifiziert werden. Um die allgemeine Suche in den geschützten Bereichen zu unterbinden, lassen sich die Indexdaten für einen solchen Bereich in einer eigenen Kollektion ablegen.

6.1.1.2 Aktualisierung

Das Aktualisieren des bestehenden Suchindex kann meist auf mehrere Arten geschehen. Beispielsweise lässt sich der Suchroboter in periodischen Abständen starten, um dann die gesamte Dokumentenbasis neu zu indexieren und anschließend den Suchindex zu aktualisieren. Dies ist dann sinnvoll, wenn Änderungen nur selten vorkommen und somit eine ständige Aktualisierung des Suchindex nicht erforderlich ist. Die andere Möglichkeit der Aktualisierung besteht in ständig aktiven Suchrobotern, die kontinuierlich den vom WIS angebotenen Dokumentenbestand überwachen und den Suchindex dabei aktualisieren. Über diese Lösung kann sichergestellt werden, dass der Suchindex nach einer bestimmten Zeit auch Informationen über geänderte Dokumente enthält. Die Frequenz der erneuten Dokumentenanalyse lässt sich über die Konfiguration der Suchroboter und auch über META-Tags (siehe Abschn. 3.1.2, Seite 35) in den jeweiligen HTML-Dokumenten kontrollieren. Über diese beiden Mechanismen können zudem Angaben über die Gültigkeit der indexierten Dokumente gemacht werden, d. h., wie lange die Daten im Suchindex verbleiben sollen.

6.1.1.3 Suche

Um mit Hilfe der Suchmaschine die gewünschte Information auffinden zu können, wird den Benutzern die stichwortbasierte Suche angeboten. Dies bedeutet, dass in einem Suchfeld (HTML-Formular) ein oder mehrere Stichworte eingegeben werden können, die im gesuchten bzw. gefundenen Dokument enthalten sein müssen. Je nach Suchmaschine können zusätzliche Optionen, wie z. B. zum expliziten Ausschluss bestimmter Worte, zur Angabe von Satzteilen oder der booleschen Verknüpfung von Suchworten, verwendet werden. Nach dem Absenden des Formulars werden dann Verweise zu den gefundenen Dokumenten, meist sortiert nach der Relevanz[2], angezeigt. Für die Anbindung der Suchmaschine an den Web-Server können die in Abschn. 4.2.2 (Seite 54) vorgestellten Techniken eingesetzt werden (siehe Abb. 6.1).

Bei der Suche lassen sich einzelne Kollektionen miteinander für die Suche über die gesamte Dokumentenbasis kombinieren. Andererseits ist über die Auswahl spezieller Kollektionen bei einer thematisch vorgenommenen Einteilung der Suchraum deutlich einzugrenzen, um das Suchergebnis zu verbessern.

6.1.2 Bisherige (OR)DBS-basierte Verfahren

Während die klassischen Internet-Suchmaschinen Roboter sowohl zum Entdecken von Dokumenten als auch zur Informationsextraktion nutzen, gehen ORDBS-basierte Verfahren einen anderen Weg. Die in den Suchindex aufzunehmenden Dokumente müssen explizit registriert werden. Je nach Lösung sind dazu alle Dokumente in der DB zu speichern oder es reicht die Aufnahme der Dokumentenadresse oder des Dateinamens (ähnlich einem DATALINK, siehe Abschn. 2.5.3, Seite 26).

Der basierend auf den extrahierten Informationen aufgebaute Suchindex wird aber in jedem Fall im DBS gespeichert und von diesem verwaltet. Dadurch ist es möglich, die Indexdaten nicht nur über Web-Formulare, sondern auch DBS-intern zur Verfügung zu stellen. Die Indexdaten können mit Hilfe von SQL-Anweisungen verarbeitet und z. B. in Anfragen mit anderen in der DB gespeicherten Daten kombiniert werden. Die Suchfunktionalität wird dazu über UDFs verfügbar gemacht.

Im Beispiel 6.2 (siehe unten) wird über die UDF CONTAINS in der Dokumententabelle doc_table gesucht. Die eigentlichen Dokumente sind dabei über das Attribut doc_text erreichbar [Ora99a]. Durch die Kombination mit anderen Daten lassen sich für besondere Benutzerkreise, wie z. B. Administratoren, zugeschnittene Suchmöglichkeiten bereitstellen.

```
SELECT pubdate, author, title
FROM doc_table
WHERE pubdate BETWEEN '01-APR-98' AND '10-APR-98'
AND CONTAINS(doc_text, 'Oracle AND ABOUT (Internet)') > 0;
```

Beispiel 6.2: Dokumentensuche in SQL

Zwar stellen alle der ORDBS-basierten Verfahren die Suchfunktionalität über UDFs in SQL zur Verfügung, jedoch unterscheiden sich die einzelnen Ansätze bezüglich der Speicherung der Indexdaten. Dieses ist u. a. auch davon abhängig, welche Erweiterungsmöglichkeiten das jeweilige ORDBS besitzt. Werden vom System benutzerdefinierte Indizes (siehe Abschn. 2.4.3, Seite 21) unterstützt, so können die Suchinformationen in einem „richtigen" Index abgelegt werden [Inf99b, Ver99].

---

2   Die Brauchbarkeit der Relevanz hängt sehr stark von der Qualität der jeweiligen Suchmaschine ab und kann von einer sinnvollen Sortierung über das Hervorrufen eines Schmunzelns bis hin zu totaler Ungläubigkeit über das Ergebnis reichen.

Stehen solche Erweiterungsmöglichkeiten nicht zur Verfügung, werden die Index-daten in der Regel von einem eigenständigen Server, einem so genannten Co-Server, verwaltet (siehe Abb. 6.2). Für Suchanfragen, d. h. beim Aufruf einer entsprechen-den UDF, wird der Co-Server vom DB-Server kontaktiert, um die eigentliche (Text-)Suche zu delegieren [IBM99, Ora99a]. Die Resultate werden dann in die DBS-interne Verarbeitung eingebunden. Da die Nutzung von Co-Servern auch bei Nicht-ORDBS möglich ist, z. B. über spezielle SQL-Erweiterungen des Herstellers zur Einbettung der Suchfunktionalität, wollen wir diese Verfahren nur als DBS-basiert bezeichnen.

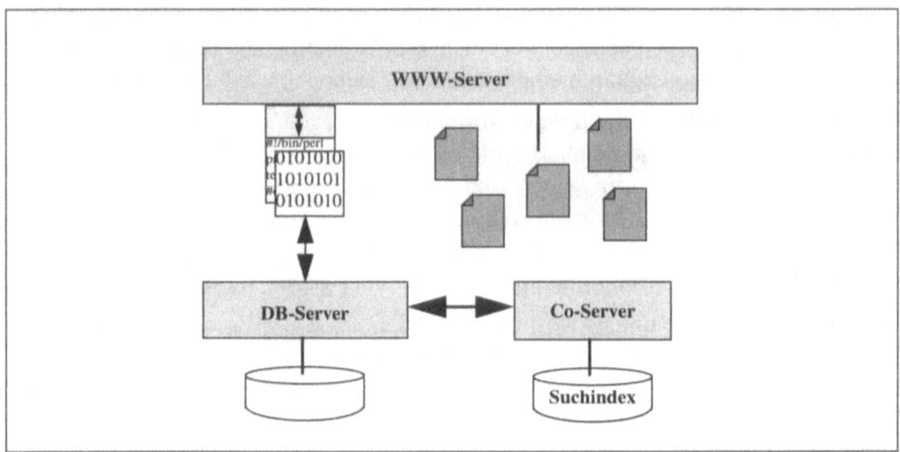

Abb. 6.2: (OR)DBS-basierte Suche mit Co-Server

6.1.3 Bewertung

Nachdem wir sowohl die Funktionsweise der klassischen Internet-Suchmaschinen als auch die von (OR)DBS-basierten Verfahren besprochen haben, wollen wir sie in diesem Abschnitt miteinander vergleichen und bewerten. Während die Qualität der auf Suchanfragen zurückgelieferten Ergebnisse sehr stark von den eingesetzten Extraktions- und Suchalgorithmen abhängig ist, hat die Systemarchitektur direkten Einfluss auf die Zahl der für die Aufnahme in den Suchindex erfassten Dokumente.

Bei den DBS-basierten Ansätzen sind die zu indexierenden Dokumente explizit zu spezifizieren, z. B. durch das Einfügen in eine Tabelle, bei den klassischen Suchma-schinen werden dagegen Suchroboter zum Aufstöbern der Dokumente eingesetzt. Zwar können bei letzteren über die Spezifikation von Wurzeldokumenten und Dateisystemabbildungen gezielt Bereiche angegeben werden, jedoch müssen von diesen Einstiegspunkten aus alle Dokumente über Verweise erreichbar sein. Wird keine Dateisystemabbildung eingesetzt und von den Suchrobotern immer über den Web-Server zugegriffen, so werden schon für den Aufbau des Suchindex der Web-Server und das Netzwerk belastet.

Ähnliche Probleme ergeben sich bei der Aktualisierung des Suchindex. Hierfür muss der Suchroboter entweder kontinuierlich veränderte Dokumente entdecken, um die neuen Daten in den Index einzutragen, oder gezielt für bestimmte Bereiche der Dokumentenbasis aufgerufen werden. Bei den DBS-basierten Ansätzen werden bei einer Änderung der Dokumententabelle in der Regel die zugehörigen Indexdaten sofort aktualisiert. Bei den Internet-Suchmaschinen kann es abhängig von der Konfiguration des Suchroboters u. U. längere Zeit dauern, bis ein verändertes Dokument erneut besucht und die geänderten Informationen in den Index aufgenommen werden. Zudem sind durch die ständig aktiven Suchroboter Systemressourcen gebunden.

Durch die Erweiterung von SQL um Suchfunktionalität mittels UDFs können die Indexdaten bei den DBS-basierten Verfahren auch mit anderen im DBS gehaltenen Informationen kombiniert werden, um eine höhere Anfragemächtigkeit zu erzielen. Durch die Verwaltung der Indexdaten direkt im Server können die „echten" ORDBS-basierten im Vergleich zu den Co-Server benutzenden DBS-basierten Verfahren die Anfragen schneller verarbeiten. Da die gesamte Anfrage zentral abgearbeitet und keine Verbindung zu einem anderen Server benötigt wird, lassen sich so Geschwindigkeitsvorteile erzielen.

6.1.4 Neue ORDBS-basierte Möglichkeiten

Aufbauend auf den in den vorangegangenen Abschnitten vorgestellten ORDBS-basierten Verfahren lassen sich weitere Verbesserungen vornehmen. Diese betreffen vornehmlich die Qualität der Suchergebnisse. Hierbei werden allerdings nicht die beim Extrahieren von Suchinformationen und die bei der Suche eingesetzten Algorithmen durch neue ersetzt, sondern der Verfahrensablauf für den Aufbau und zur Aktualisierung des Suchindex wird durch den Einsatz der ORDBS-Erweiterungsmöglichkeiten verbessert.

Durch den Einsatz der in Abschn. 5.5 (Seite 86) vorgestellten ORDBS-gesteuerten Dokumentenaktualisierung lassen sich, sieht man von Web-Applikationen ab, alle dynamisch generierten Web-Seiten durch statische Dokumente ersetzen. Weil die Seiten nun von Internet-Suchmaschinen indexiert werden können, wird eine Vergrößerung der Dokumentenbasis erreicht. Hierdurch kann zwar die Qualität ein wenig verbessert werden, da nun auch in den bereitgestellten Seiten gesucht werden kann, jedoch müssen die im Suchindex enthaltenen Daten nicht unbedingt mit der aktuellen Dokumentenmenge übereinstimmen. Das ist möglich, weil entweder der Suchroboter die aktualisierten Seiten noch nicht wieder besucht hat oder, bei DBS-basierten Ansätzen, die Seite nach ihrer Erzeugung nicht in der DB registriert wurde. Letzteres kann daran liegen, dass bei einigen Suchmaschinen die Dokumentenspeicherung in der DB vorausgesetzt wird. Ein aktualisiertes Dokument müsste im Dateisystem des Web-Servers und in der DB abgelegt werden, was man aber vermeiden möchte.

Um sowohl die Doppelspeicherung zu vermeiden als auch das DBS bzw. den Suchindex über die Dokumentenmodifikation zu informieren, lassen sich nun gezielt ORDBS-Konzepte einsetzen. Durch Nutzung von DATALINKs (siehe Abschn. 2.5.3, Seite 26) können die generierten Dokumente im Dateisystem abgelegt werden und unter der Kontrolle des DBS bleiben. Das DBS wird über Änderungen informiert und kann dann den Index aktualisieren. Eine andere Möglichkeit besteht im Einsatz von UDAMs (siehe Abschn. 2.5.3), um die zuvor von einer UDF im ORDBS generierten Dokumente in eine virtuelle Tabelle einzufügen. Bindet diese Tabelle das Dateisystem des Web-Servers ein und ist der Suchindex als Index auf dieser Tabelle definiert, wird der Index nach Dokumentmodifikationen automatisch durch das DBS aktualisiert.

Durch den ORDBS-Einsatz stehen zu den aktualisierten Web-Seiten auch sofort Informationen im Suchindex, d. h. die maximal möglichen Indexdaten in der aktuellsten Form zur Verfügung[3].

6.2 Navigationshilfen und Kataloge

Neben einer Suchmöglichkeit werden von WIS oft auch thematisch gegliederte Übersichtsseiten oder ein Überblick über die WIS-Struktur angeboten. Diese *site maps*, Navigationshilfen oder auch Themenkataloge sollen dem Benutzer einen möglichst schnellen Weg zu der gewünschten Information weisen. Ähnlich wie bei der Suche gibt es wieder unterschiedliche Ansätze, die wir im Folgenden vorstellen. Im Anschluss daran skizzieren wir die sich durch den ORDBS-Einsatz neu ergebenden Lösungen.

6.2.1 Klassische Verfahren

Durch die ständig zunehmende Größe der WIS und der damit verbundenen Abnahme an Übersichtlichkeit werden die Suchfunktion sowie die Navigationshilfen von einem großen Anteil der WIS-Benutzer in Anspruch genommen. Zwar ändern sich die in den Themenkatalogen aufgeführten Inhalte von Zeit zu Zeit, jedoch werden sie aus Gründen kürzerer Antwortzeiten und geringeren Ressourcenverbrauchs häufig als statische Dokumente bereitgestellt.

6.2.1.1 Statische Dokumente

Je nach WIS werden die Übersichtsseiten manuell mit Hilfe eines Editors erstellt oder auf Basis der in einer DB enthaltenen Daten periodisch über Skripte generiert. Beide Lösungen haben den Nachteil, dass sich Änderungen an der Dokumentenba-

---

3   Steht die gewünschte Information nicht zur Verfügung oder sind die eingesetzten Extraktions- und
     Suchalgorithmen nicht leistungsfähig genug, so bleibt die Suche erfolglos.

sis nicht direkt auf den Übersichtsseiten niederschlagen. Andererseits werden die meisten Themenkataloge nur bis zu einer bestimmten Gliederungstiefe geführt und von dort auf Einstiegs- oder Übersichtsseiten verwiesen. Daher haben die meisten Änderungen an der Dokumentenbasis keinen Einfluss auf die Navigationshilfen. Nur bei tiefgreifenden strukturellen Änderungen müssen auch die Themenkataloge direkt angepasst werden.

6.2.1.2 Dynamisch generierte Übersichten

Anstelle einer statischen Bereitstellung lassen sich Navigationshilfen dynamisch aus den in einer DB gehaltenen Daten generieren. Die Daten können dabei manuell zusammengetragen und in die DB eingefügt oder aus den von den Suchrobotern extrahierten Daten durch so genannte *Content Classification Engines* [Inf99h] oder *Directory Engines* [Ink99] erzeugt werden. Letztere sind spezielle Programme, die auf der Basis einer „groben" thematischen Gliederung Übersichtsseiten erzeugen. Hierzu werden die Dokumenteninhalte auf Basis der Vorgliederung klassifiziert und in die Übersicht eingefügt.

Bei automatisch generierten Themenkatalogen erweist sich besonders die Verknüpfung mit den Indexdaten als vorteilhaft. Oft ist es möglich, durch Navigation im Themenkatalog den Suchbereich einzuschränken, um dann gezielt über die Suchmaschine im ausgewählten Themengebiet zu suchen. Allerdings besteht bei automatisch generierten Übersichtsseiten das Risiko nicht passender Einträge, also das der falschen thematischen Zuordnung. Die Qualität des Suchkatalogs ist dabei stark von der Vorgliederung in die Hauptthemen des Katalogs sowie der Verwendung von Meta-Daten (siehe Abschn. 3.1.2, Seite 35) in den indexierten Dokumenten abhängig. Ein weiteres Problem besteht darin, dass durch die dynamische Generierung die Antwortzeiten für diese häufig benötigten Dokumente verlängert und entsprechende Systemressourcen benötigt werden.

6.2.2 ORDBS-gestützte Verfahren

Durch den ORDBS-Einsatz lassen sich auch bei der Bereitstellung von Navigationshilfen Verbesserungen erzielen. Verbindet man die ORDBS-gesteuerte Dokumentengenerierung mit der Integration des Dokumentenindex in das DBS, können die Vorteile der automatischen Klassifikation mit denen der Vorgenerierung verknüpft werden.

Nach Modifikationen an der Dokumentenbasis, insbesondere nach dem Anlegen oder Löschen von Dokumenten, lassen sich zunächst die Indexdaten und dann gegebenenfalls der Themenkatalog aktualisieren. Auf diese Weise können ohne Personalaufwand automatisch aktualisierte Übersichtsseiten bereitgestellt werden, ohne dass die Nachteile dynamisch generierter Dokumente in Kauf genommen werden müssen. Bei der manuellen Wartung des in der DB verwalteten Themenkatalogs ist es zumindest möglich, die dynamische Seitengenerierung zum Zeitpunkt der Ressourcenanfrage zu vermeiden, um kurze Antwortzeiten für diese häufig angeforderten Dokumente zu erreichen.

6.3 Zusammenfassung

In diesem Kapitel haben wir unterschiedlichen Ansätze zur Realisierung einer lokalen Suche bzw. zur Bereitstellung so genannter *site maps* bzw. Übersichtsseiten vorgestellt und ihre Eigenschaften diskutiert. Während es insbesondere für das Erstellen eines Suchindexes sehr unterschiedliche Verfahren gibt, hängt die primäre Qualität der Suchergebnisse von den eingesetzten Datenextraktions- und Suchalgorithmen ab, auf die wir nicht eingegangen sind. Allerdings kann durch die ORDBS-Nutzung die Zahl der statischen Dokumente erhöht, d. h. die indexierbare Dokumentenbasis vergrößert werden. Die Qualität der Suchergebnisse wird hierdurch gesteigert.

Durch die ORDBS-gesteuerte Dokumentengenerierung ist es auch möglich, einen automatisch erstellten, stets aktuellen Themenkatalog anzubieten. Die bei den bisherigen Verfahren vorhandenen, sich negativ auf die Antwortzeiten und den Ressourcenbedarf auswirkenden Nachteile können umgangen werden.

Abschließend ist festzuhalten, dass sich sowohl die Verfahren für die Bereitstellung einer lokalen Suche als auch für die im WIS angebotenen Navigationshilfen durch den Einsatz von ORDBS verbessern lassen.

7 ORDBS-gesteuerte Generierung

In diesem Kapitel wollen wir auf das in Abschn. 5.5 (Seite 86) skizzierte Verfahren der ORDBS-gesteuerten Dokumentengenerierung zurückkommen und die bei der Bewertung angesprochenen Nachteile aufgreifen. Aufbauend auf den daraus entstehenden Anforderungen werden wir dann die einzelnen Abläufe genauer betrachten und die unterschiedlichen Lösungsvarianten miteinander vergleichen. Im Anschluss daran diskutieren wir Möglichkeiten zur Anpassung an verschiedene Einsatzumgebungen und die sich daraus ergebenden Anforderungen.

7.1 Überblick

Im Folgenden stellen wir noch einmal in aller Kürze die in Abschn. 5.5 bereits präsentierte Grundidee vor und fassen die sich darauf beziehende Kritik zusammen.

7.1.1 Rückblick

Grundlage der ORDBS-gesteuerten Dokumentenaktualisierung ist die Nutzung spezieller erstmals in SQL:1999 standardisierter DBS-Fähigkeiten wie Trigger und UDFs. Zur Reaktion auf Datenänderungen werden Trigger genutzt, die bei einer Änderungsoperation den als benutzerdefinierte Funktion realisierten Dokumentengenerator aufrufen. Zum Generator gehören zwecks Bestimmung der Abhängigkeiten zwischen DB-Tabellen und Vorlagen[1] eine integrierte Abhängigkeitsverwaltung sowie der eigentliche Makroprozessor.

7.1.2 Bisherige Kritik

Im Anschluss an die Ideenskizze hatten wir den Ansatz bewertet. Dabei hatten wir die folgenden Hauptkritikpunkte genannt:

- *Lange Transaktionsdauern*: Da die Berechnung der Abhängigkeiten und die anschließende Dokumentenerzeugung innerhalb der triggernden Änderungs-

---

1 Für die weitere Diskussion gehen wir von der Verwendung eines eine Datei verarbeitenden Makroprozessors aus. Die in Abschn. 5.1.3 (Seite 69) vorgestellte Möglichkeit der Auftrennung von eigentlicher Vorlage und den Makros auf zwei Dateien lassen wir aus Gründen der Übersichtlichkeit außer Betracht. Die in diesem und in den folgenden Kapiteln diskutierten Lösungen sind aber für die Verwendung derartiger Makroprozessoren geeignet.

transaktion ausgeführt werden, kann es u. U. zu im Vergleich mit „normalen" Änderungstransaktionen langen Transaktionen kommen.

- *Mehrfachgenerierung eines Dokumentes innerhalb einer Transaktion*: Ist ein Dokument von mehreren Tabellen abhängig und werden diese innerhalb einer Transaktion geändert, so wird das Dokument unter Umständen mehrfach generiert.

- *Keine Integration anderer Datenquellen*: Durch die Integration des MP/PL-Moduls in den DB-Server ist es schwierig, Daten aus anderen Quellen in ein zu generierendes Dokument einzubinden.

- *Zahl der Trigger*: Werden für jedes zu ändernde Dokument Trigger definiert, so führt dies zu einer (zu) großen Zahl an Triggern.

7.2 Genereller Ablauf

Nachdem wir noch einmal die potentiellen Kritikpunkte an der ORDBS-gesteuerten Dokumentengenerierung angesprochen haben, wollen wir in den folgenden Abschnitten dieses Kapitels die einzelnen Aspekte des Verfahrens genauer anschauen und mögliche Lösungen diskutieren. Dabei soll die Vermeidung der potentiellen Nachteile eines der Hauptziele sein. In diesem Abschnitt gehen wir auf den generellen Ablauf ein.

7.2.1 Verwaltung von Dokumentenabhängigkeiten

Das Verfahren der ORDBS-gesteuerten Seitenaktualisierung beruht auf der Definition von Triggern auf den für die Dokumentengenerierung relevanten Tabellen. Werden Daten innerhalb dieser Tabellen geändert, so werden die entsprechenden Trigger aktiviert, die dann den Dokumentengenerator mit seinen Unterfunktionen aufrufen.

7.2.1.1 Prüffunktion vs. direkter Kodierung

Eine Möglichkeit für die Realisierung der automatischen Dokumentengenerierung ist der direkte Aufruf der eigentlichen Generatorfunktion durch einen Trigger. Dies bedeutet, dass für jede Vorlage mindestens ein Trigger benötigt wird, da die Inhalte eines Dokumentes von mehreren Tabellen bzw. mehreren Änderungsoperationen (INSERT, UPDATE, DELETE) abhängig sein können. Als Konsequenz ergibt sich eine schnell unüberschaubare Menge von Triggern. Zudem werden bei sich ändernden Abhängigkeiten spezielle DDL-Anweisungen zum Erzeugen und Löschen von Triggern benötigt. Neben diesen konzeptionellen Einschränkungen existieren aber auch noch technische. So unterstützen die verfügbaren ORDBS in der Regel nur eine kleine Zahl von Triggern pro Tabelle.

Eine Alternative zu diesem Verfahren ist das Anlegen von je einem Trigger pro Tabelle und Änderungsoperation. Der Trigger ruft nach seiner Aktivierung den Dokumentengenerator auf und übergibt die zu erzeugenden Dokumenten als Parameter. Durch diesen Ansatz werden sowohl die Zahl der pro Tabelle benötigten Trigger als auch ihre Gesamtzahl deutlich reduziert. Jedoch muss bei jeder Änderung der Dokumentenabhängigkeiten ein bestehender Trigger modifiziert werden. Weil der im Trigger aufgerufene Dokumentengenerator die von der Datenänderung abhängigen Vorlagen als Parameter benötigt, müssen diese entweder vor einer Änderung der Parameterliste aus der bisherigen Liste extrahiert oder zentral in einer speziellen Abhängigkeitsverwaltung gespeichert werden. Damit bleibt als einziger Vorteil dieser Herangehensweise die deutlich reduzierte Trigger-Zahl. Nachteilig sind die verhältnismäßig komplizierten Änderungen an bestehenden Triggern (Löschen und erneutes Erzeugen).

Eine Alternative stellt der Aufruf einer allgemeinen Funktion zur Programmflusssteuerung des Dokumentengenerators dar. Die Funktion benötigt als einzigen Parameter den Namen der gerade geänderten Tabelle und hat neben der eigentlichen Dokumentengenerierung zunächst die Aufgabe, die von der jeweiligen Datenänderung betroffenen Vorlagen zu bestimmen. Für jede dieser Dateien wird dann der Makroprozessor aufgerufen, der auf der Basis der DB-Inhalte und der jeweiligen Vorlage ein entsprechendes Web-Dokument erzeugt (siehe Abb. 7.1).

```
BEGIN Dokumentengenerator
    CALL Prüffunktion RETURNS alle betroffenen
„Vorlagen“
    FOR EACH Vorlage
        CALL Generator RETURNS fertiges Dokument
    END FOR EACH
END
```

Abb. 7.1: Kontrollfluss bei der Generierung (vereinfacht)

Für diese Lösung ist es erforderlich, dass die Abhängigkeiten in der DB verwaltet werden. Über SQL-Anfragen werden die zu der geänderten Tabelle passenden Vorlagen bestimmt. Die dabei verwendete genaue Vorgehensweise werden wir später besprechen (siehe Seite 106, „Bestimmung von Abhängigkeiten“). Als Vorteil dieses Verfahrens sind die Trigger nicht mehr nach Änderungen von Dokumentenabhängigkeiten anzupassen. Einzig beim erstmaligen Auftreten einer Abhängigkeitsbeziehung zwischen einer beliebigen Vorlage und einer Tabelle muss je Änderungsoperation ein Trigger definiert werden.

7.2.1.2 Tabellen- vs. Tupel-Trigger

Bislang haben wir bei unseren Betrachtungen nur von Triggern auf den jeweiligen
DB-Tabellen gesprochen. SQL:1999-konforme ORDBS ermöglichen die Definition
von Triggern, die entweder einmal pro geänderter Tabelle (FOR EACH STATEMENT)
oder für jedes geänderte Tupel (FOR EACH ROW) aktiviert werden (siehe
Abschn. 2.2.3, Seite 13).

Betrachtet man Beispielanwendungen für die Vorgenerierungsansätze, so ist z. B.
die Neugenerierung eines Veranstaltungskalenders nach dem Eintragen aller Ter-
mine ausreichend. Dagegen möchte man beim Eintragen neuer Publikationen die
Publikationsliste jedes beteiligten Autors aktualisieren (siehe Beispiele in Anhang ,
Seite 193). Nutzt man jetzt beide Trigger-Optionen aus, also die Aktivierung des
Dokumentengenerators nach einer Änderung von Zeilen bzw. der gesamten Tabelle,
so lassen sich unnötige Mehrfachgenerierungen vermeiden (siehe Bsp. 7.1). Beispielsweise braucht der Veranstaltungskalender bei zehn Neueinträgen statt zehn-
mal so nur noch einmal aktualisiert zu werden. Für die noch zu entwerfende Abhängigkeitsverwaltung bedeutet die Unterscheidung von Tabellen- und Tupel-Triggern
die Aufnahme einer zusätzlichen Abhängigkeitsoption.

```
CREATE TRIGGER InsertRowPaperAuthor
AFTER INSERT ON PaperAuthor
REFERENCING NEW AS pa
FOR EACH ROW CALL generate('insert', 'row', 'PaperAuthor',
pa.aid);

CREATE TRIGGER InsertStatementEvents
AFTER INSERT ON events
FOR EACH STATEMENT CALL generate('insert', 'statement',
'events');
```

Beispiel 7.1: Einsatz von Tabellen- und Tupel-Triggern

7.2.1.3 Einsatz von Konfigurationsdateien

Für den Aufruf und die Parametrisierung des eigentlichen Dokumentengenerators
gibt es unterschiedliche Möglichkeiten, von denen keine ohne Nachteile auskommt.
Nach der Bestimmung der jeweiligen Abhängigkeiten zwischen Tabelle und Dokument kann man den Generator direkt für eine Vorlage aufrufen. Dabei lassen sich
die vom Generator bzw. innerhalb der Vorlage benötigten Parameter über verschiedene Techniken setzen.

So ist es möglich, abgesehen von vielleicht dem Namen der geänderten Tabelle bzw.
dem Schlüsselwert des Tupels, auf die Übergabe von Parametern zu verzichten. In
der Vorlage müssen dann vor der eigentlichen Generierung evtl. benötigte Variablen
initialisiert werden, was z. B. über DB-Anfragen geschehen kann. Der Vorteil dieser
Lösung ist eine einfache Aufrufschnittstelle sowie der direkte und damit schnelle

Generatoraufruf. Nachteilig wirkt sich aber die erst in der Vorlage erfolgende Initialisierung aus. Bei der Generierung mehrerer Dokumente müssen die Parameter bei der Auswertung für jedes Dokument geladen und gesetzt werden. Werden in der Initialisierungsphase Bedingungen überprüft, die nur bei bestimmten Zuständen zur eigentlichen Generierung führen, muss trotzdem jedes Mal die gesamte Vorlage geladen werden. Die aus einer nicht erfolgten Generierung resultierende „leere" Ausgabe darf nicht publiziert werden, um das bestehende Dokument nicht zu überschreiben.

Eine andere Möglichkeit der Parametrisierung besteht in der Speicherung der initialen Variablenbelegung in dedizierten DB-Tabellen. Vor dem Aufruf des Dokumentengenerators sind die zu einer Vorlage gehörenden Werte auszulesen und dann dem Generator als Parameter zu übergeben. Im Vergleich zur vorherigen Lösung müssen die Variablen nicht mehr innerhalb der Vorlage eingelesen werden. Allerdings finden die Überprüfungen nach wie vor während der Vorlagenevaluation statt, so dass die oben beschriebenen Probleme wieder auftreten.

Ein dritter Lösungsansatz ist der Einsatz spezieller Konfigurationsdateien (siehe auch Abschn. 7.2.2, Seite 107). Sie enthalten ebenfalls Makros und werden zum Einrichten der Ausführungsumgebung ausgewertet. Allerdings muss der Makroprozessor jetzt zweimal aufgerufen werden, einmal für die Konfigurationsdatei, das zweite Mal für die Dokumentengenerierung selbst. Jedoch sind im Vergleich zu den beiden ersten Ansätzen die Vorlagen kleiner, da die Inhalte auf die beiden Dateien verteilt sind. Kommt es zu einem Abbruch bei einer bedingten Generierung (siehe Seite 108, „Weitere Optionen"), braucht die in der Regel deutlich größere Dokumentenvorlage nicht mehr geladen und ausgewertet zu werden. Zudem treten keine Probleme mehr mit generierten leeren Dokumenten auf, weil der eigentliche Dokumentengenerator nicht gestartet wird.

Ein wesentlicher Unterschied im Vergleich zu den bisherigen Verfahren besteht im Verzicht auf die Verwaltung direkter Dokumentenabhängigkeiten. Theoretisch ist die Abhängigkeitsrelation zwischen der Tabelle, Änderungsart und einer Konfigurationsdatei ausreichend, da in letzterer auch das zu generierende Dokument bzw. die Vorlage spezifiziert werden kann. Eine andere Möglichkeit ist die Nutzung eines Abhängigkeitsquadrupels aus Tabellenname, Änderungsart, Konfigurationsdatei und Vorlage. Über eine entsprechende Ausdrucksmächtigkeit innerhalb der Konfigurationsdateien werden mit der ersten Lösung jedoch mehr Möglichkeiten geboten.

Von den drei vorgestellten Verfahren zur Initialisierung des Dokumentengenerators ist die Lösung mit dem Einsatz einer separaten Konfigurationsdatei den Varianten mit dem parametrisierten Aufruf vorzuziehen. Durch eine Trennung von Initialisierung und Generierung können überflüssige Generatorläufe vermieden werden. Über einen leistungsfähigen Makroprozessor zur Auswertung der Konfigurationsdateien erschließen sich zudem weitere Möglichkeiten. Sie werden wir später gesondert diskutieren.

7.2.1.4 Bestimmung von Abhängigkeiten

Nachdem wir diskutiert haben, wann und wie der Dokumentengenerator ausgelöst werden kann und Abhängigkeiten überprüft werden können, wollen wir in diesem Abschnitt nun endlich auf die Bestimmung der Abhängigkeiten eingehen. In der Literatur gibt es zahlreiche Modelle zur Abhängigkeitsverwaltung und -bestimmung (siehe u. a. [CW91, IC98, Sin98]).

Untersucht man die diesbezüglichen Anforderungen eines WIS, lässt sich feststellen, dass sie sehr stark von der Zahl der generierten Dokumenten und der WIS-Struktur abhängen. Konkret spielen dabei Überlegungen, wie stark die einzelnen Informationen bzw. Dokumente miteinander verzahnt sind, eine Rolle. Besteht ein WIS nur aus wenigen dutzend oder hundert Web-Seiten, so ist eine einfache Abhängigkeitsverwaltung mit direkter Spezifikation der jeweiligen Beziehungen meist ausreichend. Dagegen werden für ein großes WIS mit tausenden von Web-Seiten, deren Aktualisierung wiederum Modifikationen an anderen nach sich ziehen kann, mächtigere Abhängigkeitsmodelle gebraucht.

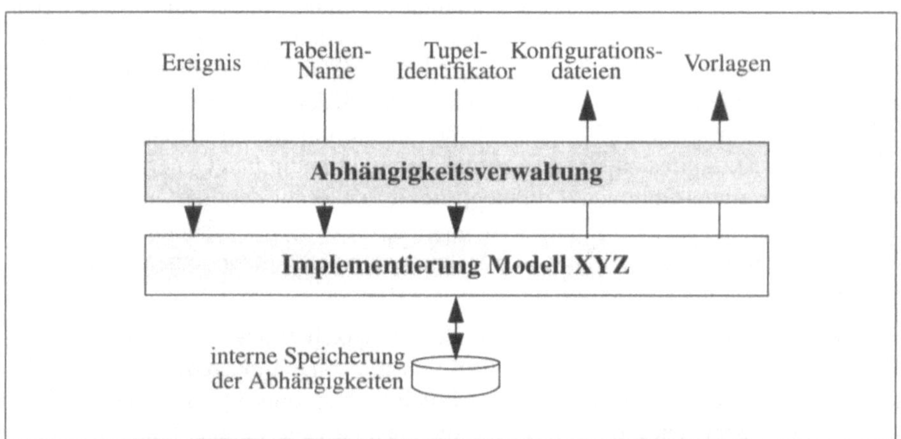

Abb. 7.2: Kapselung der Abhängigkeitsverwaltung

Ziel bei allen Verfahren zur Abhängigkeitsverwaltung muss es letztlich sein, die von einer konkreten Änderung abhängige Menge von Konfigurationsdateien bzw. von Konfigurationsdatei/Vorlage-Paaren zu ermitteln. Zur Aufgabenerfüllung stehen das auslösende Ereignis (INSERT / UPDATE / DELETE, STATEMENT / ROW, evtl. inklusive des Attributes[2]) und der Tabellenname sowie bei Tupel-Triggern auch noch die ID des modifizierten Tupels zur Verfügung (siehe auch Abb. 7.2). Wegen dieser für

---

2   Durch die zusätzliche Verwendung des geänderten Attributes bzw. der Tabellenspalte können feingranularere Abhängigkeiten spezifiziert und damit auch die Zahl der Dokumentengenerierungen reduziert werden.

alle Verfahren und Abhängigkeitsmodelle gleichen Ausgangslage und vom Aufbau her selben Antwortmenge kann eine Schnittstelle zu unterschiedlichen Implementierungen einer Abhängigkeitsverwaltung verhältnismäßig einfach definiert werden. Durch den Verzicht auf ein konkretes Modell und die Definition einer geeigneten API ist es möglich, den Dokumentengenerator bzw. seine Abhängigkeitsverwaltung den Anforderungen seiner jeweiligen Einsatzumgebung anzupassen.

7.2.2 Konfigurationsdateien

Im letzten Abschnitt haben wir das Konzept der Konfigurationsdateien eingeführt. Sie werden zur Parametrisierung des eigentlichen Dokumentengenerators eingesetzt. Über besondere Befehle und Einstellungen bieten sie aber auch die Möglichkeit, die Dokumentengenerierung zu unterbinden, explizit aufzurufen und den einzelnen Verarbeitungsprozess zu kontrollieren. Im Folgenden diskutieren wir die innerhalb von Konfigurationsdateien benötigte Basisfunktionalität und entwickeln weitergehende Verarbeitungsmöglichkeiten.

7.2.2.1 Basisfunktionalität

Nachdem der Dokumentengenerator die Abhängigkeiten bestimmt hat, müssen vor der eigentlichen Generierung zunächst die Konfigurationsdateien geladen und ausgewertet werden. Ihre Hauptaufgabe ist die Initialisierung des Generators. Aus diesem Grund werden Befehle zum Anlegen, Setzen und Auslesen von Umgebungsvariablen benötigt. Um Namenskollisionen zu vermeiden, ist es sinnvoll, Namensräume innerhalb der Variablenverwaltung vorzusehen. So können z. B. plattformspezifische Einstellungen der Systemumgebung von den internen Belegungen abgeschirmt werden und es kann innerhalb der Verarbeitung der Konfigurationsdateien ohne Probleme auf die Systemumgebung zugegriffen werden.

Wir hatten bereits angesprochen, dass in den Konfigurationsdateien auch Bedingungen überprüft werden sollen. Hierzu sind Befehle für die Programmflusssteuerung notwendig, wie z. B. die bedingte Ausführung von Programmteilen (IF, ELSE) oder auch Schleifenkonstrukte (WHILE). Das Überprüfen und Reagieren auf statisch in eine Konfigurationsdatei kodierte Variablenbelegungen macht nur wenig Sinn. Wünschenswert und sinnvoll ist die Zustandskontrolle von DB-Tabellen bzw. derer Tupel. Zudem möchte man diese Werte auch zur Parametrisierung des Dokumentengenerators heranziehen. Somit muss innerhalb der Konfigurationsdateien auch das Ausführen von SQL-Anweisungen (SQL) und der Zugriff sowohl auf Ergebnisse als auch DBS-Rückmeldungen und -Metadaten, wie z. B. die Fehlermeldungen, die Anzahl der Ergebnistupel usw., möglich sein.

Bei der Konfiguration des Dokumentengenerators werden in der Regel neben speziellen, auf ein Dokument ausgerichteten Einstellungen auch allgemeine oder bereichsspezifische Parameter gesetzt. Zum Beispiel können in einem WIS je nach Themenbereich unterschiedliche Kopf- und Fußzeilen sowie Logos in ein Dokument eingebunden werden. Statt nun in jeder Vorlage einen Abschnitt zur Bestimmung der einzubindenden Komponenten vorzusehen, kann der entsprechende Komponentenname auch über Parameter an die Vorlage übergeben werden. Um diese globalen oder bereichsbezogenen Einstellungen vorzunehmen, gibt es mehrere Möglichkeiten. Zum einen kann der gesamte Dokumentengenerator über globale Einstellungen (*properties*) beeinflusst werden. Zum anderen ist es möglich, die Parametrisierung innerhalb der jeweiligen Konfigurationsdatei vorzunehmen. Da sich die Einstellungen nicht nur auf eine Vorlage und damit auf mindestens eine Konfigurationsdatei beziehen, macht es wenig Sinn, diese in jede Datei zu kodieren. Stattdessen ist es besser, pro Bereich nur eine „globale" Konfiguration zu haben und diese über eine Einfügeanweisung (INCLUDE) in alle betroffenen Konfigurationsdateien zu übernehmen.

Während das Einfügen von Dateien im Rahmen einer „normalen" dateisystembasierten Anwendung ohne größere Probleme möglich ist, muss bei der DBS-internen Verarbeitung die DB-basierte Speicherung der Konfigurationsdateien und ihrer Teilstücke beachtet werden. Dies bedeutet, dass die Angabe eines einfachen Dateinamens und evtl. eines Pfades nicht möglich ist. Daher sind bei der späteren Realisierung geeignete Maßnahmen zur Abbildung von Datei- und Pfadnamen auf interne DB-Tabellen vorzusehen bzw. ist eine einfache Spezifikationsmöglichkeit der einzubindenden Fragmente zu entwickeln.

7.2.2.2 Weitere Optionen

Für sehr häufig zugegriffene und zudem geänderte Dokumente, wie z. B. eine Übersicht über aktuelle Schlagzeilen, möchte man die dynamische Generierung aus den bereits diskutierten Gründen vermeiden, aber zusätzlich auch nicht bei jeder eintreffenden Schlagzeile die Überblicksseite aktualisieren. Vielmehr weiß man, dass im Abstand weniger Minuten immer neue Nachrichten eintreffen. Daher möchte man z. B. nach zehn Minuten oder nach fünf neu eingegangenen Mitteilungen die Web-Seite aktualisieren. Andererseits sollen aber auch besonders gekennzeichnete Eilmeldungen direkt veröffentlicht werden können. Letztendlich ähnliche Anforderungen ergeben sich auch, wenn nur beim Einfügen bzw. Ändern bestimmter Werte oder bei bestimmten DB-Zuständen eine Dokumentenaktualisierung durchgeführt werden soll. Beispielsweise sind autorspezifische Publikationslisten nur zu generieren, wenn der Autor dies wünscht und hierfür z. B. eine entsprechende Vorlage in der DB eingetragen ist.

Durch die Nutzung der den Programmfluss steuernden Befehle können die gewünschten Bedingungen[3] überprüft werden. Was bislang jedoch fehlt, ist eine Möglichkeit, um die Dokumentengenerierung fallweise zu unterbinden. Hierfür

---

3   Zur Kontrolle der Zeitbedingungen müssen auch noch Informationen über den Zeitpunkt der letzten Generierung bereitgestellt werden. Dies kann über Zusatzattribute in den zugehörigen DB-Tabellen oder durch das Auslesen des Zeitstempels der bereits vorliegenden, beim letzten Aufruf erzeugten Datei geschehen. Für letzteres kann z. B. das Modul iWebDB/ED (siehe Abschn. 10.1.6, Seite 159) genutzt werden.

geeignet ist ein Schalter (*switch*), mit dem festgelegt werden kann, ob nach der Verarbeitung der Konfigurationsdatei der eigentliche Dokumentengenerator aufgerufen werden soll. Der Schalter lässt sich z. B. über die Einrichtung einer speziellen Umgebungsvariable, die vor dem Generatoraufruf überprüft wird, realisieren. Somit lassen sich überflüssige oder nicht gewünschte Aktualisierungen vermeiden.

7.2.3 Dokumentengenerierung

Wurde die jeweilige Konfigurationsdatei ausgewertet und wurden die Umgebungsvariablen eingerichtet, so kann nach einer positiven Überprüfung des Generatorschalters die eigentliche Generierung beginnen. Im Folgenden wollen wir die dabei notwendigen Schritte genauer untersuchen und die jeweiligen Entwurfsmöglichkeiten diskutieren.

7.2.3.1 Makroprozessoraufruf

Nach der Auswertung der Konfigurationsdatei wird der eigentliche Dokumentengenerator aufgerufen, um eine mit Makros angereicherte Dokumentenvorlage in eine entsprechende HTML- oder XML-Seite (siehe Kapitel 3, ab Seite 33) zu transformieren. Für die Realisierung des Generatoraufrufs existieren verschiedene Möglichkeiten sowohl in Bezug auf die Übergabe der Umgebungsvariablen als auch die Bestimmung der zu verwendenden Vorlage und des zu erzeugenden Dokumentes.

Die zuvor gesetzten Umgebungsvariablen können dem Generator textuell, z. B. in Form einer langen Zeichenkette mit den einzelnen konkatenierten Attribut/Wert-Paaren, oder über interne Datenstrukturen übergeben werden. Die Verwendung spezieller Datenstrukturen hat im Vergleich zur textuellen Übergabe sehr viele Vorteile. So liegen die einzelnen Variablen durch die Auswertung der Konfigurationsdateien schon in einem internen Format vor, in dem sie auch direkt an den Generator weitergereicht werden können. Hierdurch entfällt die ansonsten zeitaufwendige wiederholte Konvertierung in bzw. aus der Textdarstellung.

Zur Identifikation der zu verarbeitenden Dokumentenvorlage kann entweder der Dateiname oder der Vorlageninhalt als Zeichenkette an den Generator übergeben werden. Während ersteres den Vorteil hat, dass die den Programmfluss steuernde Funktion nur den von der Konfigurationsdateiauswertung erhaltenen Vorlagennamen an den eigentlichen Generator weiterleiten muss, werden dabei aber die trennbaren Aufgaben des Ladens und der Auswertung einer Vorlage an eine einzige Komponente delegiert, was spätere Erweiterungen erschweren kann. Bei der Übergabe der bereits eingeladenen und als Zeichenkette vorliegenden Vorlage muss sich der Generator nicht mehr um das Einladen kümmern. Allerdings ist dann eine eigene Funktion zum Laden der Vorlagen vorzusehen.

Eine Alternative zu beiden Formen ist die Übergabe des Dateinamens und eine Auftrennung des Dokumentengenerators in einen Lader und die eigentliche Auswertung durch den Makroprozessor. In diesem Fall können sowohl Makroprozessoren mit bereits integriertem „Vorlagenlader" als auch mit separater Ladefunktion eingesetzt werden. Ähnlich wie beim Einbinden von Fragmenten innerhalb von Konfigurationsdateien ist auch hier eine Umsetzung des Dateinamens auf einen Tabellennamen und eine Tupel-ID vorzusehen und ein geeignetes Modul zu entwickeln.

Nach dem Generieren eines Dokumentes muss dieses auf dem Web-Server abgelegt werden, um den WIS-Benutzern zur Verfügung zu stehen. Dabei kann das erzeugte Dokument entweder direkt vom jeweiligen Makroprozessor in das Dateisystem geschrieben werden oder der Generator liefert das fertige Dokument als Zeichenkette an die steuernde Dokumentengeneratorfunktion zurück. Von ihr kann es dann über eine eigene Funktion abgelegt werden. Auf diese Weise lassen sich wieder die einzelnen Aufgaben voneinander trennen und so später Erweiterungen einfacher realisieren.

Aus den diskutierten Lösungsmöglichkeiten für die einzelnen Schritte der Dokumentengenerierung ergibt sich der in Abb. 7.3 dargestellte Ablauf. Im Vergleich zu dem in Abb. 7.1 (Seite 103) wiedergegebenen einfachen Programmfluss sind deutlich mehr Unterprogrammaufrufe erkennbar. Basierend auf ihnen werden wir später Möglichkeiten zur Anpassung der Dokumentengenerierung an komplexere WIS-Umgebungen entwerfen.

```
BEGIN Dokumentengenerator
     CALL Prüffunktion(Ereignis, Tabellenname, Tupel-ID)
          RETURNS alle „Abhängigkeiten"
     FOR EACH Abhängigkeit
          CALL Konfigurationsauswertung(Konfiguration)
               RETURNS „Umgebung"
          IF (Generieren)
          BEGIN
               CALL Generator(Umgebung, Vorlagenname)
                    RETURNS fertiges Dokument
               CALL Dokumentschreiber(Dokument)
          END IF
     END FOR EACH
END
```

Abb. 7.3: Kontrollfluss bei der Generierung (erweitert)[4]

7.2.3.2 Funktionalität

Für die Transformation einer Vorlage in ein Dokument werden entsprechend der Absicht, in Web-Seiten eingebettete DB-Inhalte zu präsentieren, geeignete Befehle benötigt. Hierzu gehören auch die schon für die Auswertung von Konfigurationsda-

---

4   Je nach verwendeter Abhängigkeitsverwaltung und Modell können die zurückgelieferten Abhängigkeiten nur Konfigurationsdateien oder auch Kombinationen aus Konfigurationsdatei und Vorlage sein.

teien benötigten Befehle zum Verwalten von Variablen und Namensräumen, Makros zur Realisierung eines lesenden und schreibenden DB-Zugriffs, Konstrukte zur Steuerung des Verarbeitungsflusses sowie zum Einbinden von anderen Dateien.

Während bei der Verarbeitung der Konfigurationsdateien die eingebundenen Fragmente in jedem Fall ausgewertet werden müssen, da sie Anweisungen enthalten, ist dieses bei Vorlagen anders. Vorlagen werden zu Web-Seiten expandiert und können neben Anweisungsblöcken auch vorgefertigte Komponenten, wie z. B. den Seitenkopf oder Navigationsleisten, einbinden. In vielen Fällen ist ihre Verarbeitung durch den Makroprozessor überflüssig. Durch einen entsprechenden Schalter kann man in diesen Fällen ein rein textuelles Ersetzen vornehmen und damit die Dauer der Dokumentengenerierung verkürzen.

Zwar sind sehr viele weitere Fähigkeiten des Makroprozessors wünschenswert und denkbar, meist wird jedoch gerade die für den Betrieb eines WIS gesuchte Funktionalität nicht unterstützt. Um diesem in gewissem Maße vorzubeugen, sollte der Makroprozessor den Gebrauch selbstentwickelter Funktionen zulassen. Die Fähigkeiten können dabei vom bloßen Einbinden des Ergebnisses einer „externen" Funktion bis hin zur vollständigen Erweiterbarkeit reichen[5]. Für letzteres muss nicht nur das Erkennen und Verarbeiten benutzerdefinierter Befehle möglich sein, es sind auch die internen Datenstrukturen zugänglich zu machen. Dieses ist notwendig, damit die eigenen Funktionen auch die Variablenbelegungen und evtl. sogar den Programmfluss beeinflussen können. Allerdings kann eine zu starke Erweiterbarkeit, ähnlich wie bei ORDBS auch, negative Auswirkungen auf die Ablaufgeschwindigkeit und die Stabilität haben, da die Nutzung selbstdefinierter Funktionen bei jedem Verarbeitungsschritt bedacht werden muss und der Programmcode der Funktionen fehlerbehaftet sein kann. Daher sind zu flexible, d. h. in weiten Bereichen erweiterbare Makroprozessoren für die Server-interne Ausführung weniger geeignet.

7.2.3.3 Publikation von Dokumenten

Das aus einer Vorlage erzeugte Dokument muss im nächsten Schritt auf dem Web-Server publiziert werden. Hierzu wird das Dokument an die vorgesehene Position in das lokale Dateisystem des Web-Servers kopiert. Bei der Dokumentenaktualisierung kann es allerdings vorkommen, insbesondere wenn das Schreiben der neuen Web-Seite zu lange dauert und diese eine häufig frequentierte Ressource ist, dass das Dokument zeitgleich angefordert wird. Um dabei mögliche Inkonsistenzen, wie z. B. eine nur partiell vorhandene Datei zu vermeiden, sind die von DBS her bekannten transaktionalen Eigenschaften oder zumindest eine dateibasierte Synchronisation wünschenswert.

---

5 Eine zusätzliche alternative Erweiterungsmöglichkeit des Makroprozessors ist der Aufruf von UDFs über die SQL-Schnittstelle. Das Ergebnis wird dann über die entsprechenden Makros in das Dokument eingebettet.

Während bei einigen Betriebssystemen der synchronisierte Dateizugriff unterstützt wird, gibt es transaktionale Dateisysteme fast nur in Forschungsprototypen [GFG97, GR93][6]. Allerdings ist der transaktionale Zugriff bei sehr stark frequentierten WIS nicht sinnvoll, da während des gesamten Aktualisierungsprozesses keine lesenden Zugriffe und damit keine Ressourcenanfragen durch die WIS-Benutzer möglich wären. Eine Alternative dazu stellt die Verwendung des Datentyps DATALINK dar (siehe Abschn. 2.5.3, Seite 26). Durch eine Betriebssystemerweiterung, d. h. durch den Einsatz eines speziellen Dateisystems, kann das ORDBS Bereiche des Dateisystems kontrollieren. Nutzt man das Dateisystem für die Verwaltung der Web-Seiten und dabei die Möglichkeit zum synchronisierten Dateizugriff aus, so kann zumindest das Lesen inkonsistenter Dateien vermieden werden.

Zwar werden die statischen Dokumente aus Geschwindigkeitsgründen meist im Dateisystem des Web-Servers abgelegt, jedoch verwalten einige WIS alle Dokumente in einem Repository, auf das dann bei jeder Ressourcenanfrage zugegriffen wird. Wird das ORDBS auch als Repository eingesetzt, sind die generierten Dokumente nicht in das Dateisystem zu schreiben, sondern im ORDBS zu speichern. Um für beide Szenarien eine homogene Lösung anbieten zu können, lassen sich abstrakte Tabellen einsetzen (siehe ebenfalls Abschn. 2.5.3). Die generierten Dokumente werden dann grundsätzlich in einer Tabelle abgelegt. So können bei einer internen Speicherung „normale" DB-Tabellen und für die Ablage im Dateisystems des Web-Servers „virtuelle" Tabellen eingesetzt werden. Letztere kapseln den (schreibenden) Zugriff auf das Dateisystem und ermöglichen so eine homogene interne Schnittstelle.

7.3 Adaptivität an unterschiedliche Anforderungen

Nachdem wir den grundlegenden Verlauf einer ORDBS-gesteuerten Dokumentenaktualisierung vorgestellt und die einzelnen Phasen diskutiert haben, wollen wir in diesem Abschnitt unser Verfahren weiterentwickeln, um die Anpassungsfähigkeit an unterschiedliche Anforderungen und damit auch an verschiedene Einsatzumgebungen zu erhöhen. Hierzu kommen wir auf die zuvor diskutierten Phasen zurück und analysieren unterschiedliche Einsatzgebiete und die sich daraus ergebenden Anforderungen. Darauf aufbauend diskutieren wir dann alternative Lösungsmöglichkeiten.

---

6   Es sind nur wenige kommerzielle Dateisysteme mit transaktionalen Fähigkeiten erhältlich. Diese finden jedoch kaum Verwendung.

7.3.1 Verteilte Umgebung

Bei unseren Betrachtungen zur Dokumentenaktualisierung, speziell der Funktionalität zum Publizieren der erzeugten Dokumente, waren wir aus Vereinfachungsgründen bislang vom Schreiben in ein lokales Dateisystem ausgegangen. Im Folgenden wollen wir diese Einschränkung aufheben und komplexere Einsatzszenarien untersuchen.

7.3.1.1 Entfernte Dokumentenaktualisierung

Durch den Einsatz der ORDBS-basierten Dokumentenaktualisierung werden, abgesehen vom Einsatz für Web-Applikationen, keine DBS mehr in der Produktionsumgebung benötigt. Hierdurch ist es möglich, beide Umgebungen voneinander zu trennen. So kann z. B. der Web-Server auf einem abgeschirmten Rechner betrieben werden, der DB-Server abteilungs- oder unternehmensintern für die Verwaltung der Web-relevanten Daten zur Verfügung stehen.

Bedingt durch die Trennung kann nicht mehr von einem einfachen Herausschreiben der generierten Seiten in ein lokales oder über ein Netzwerk eingebundenes Dateisystem ausgegangen werden. Demzufolge werden Möglichkeiten zur entfernten Dokumentenaktualisierung benötigt. Hierzu stehen unterschiedliche Techniken zur Verfügung. Neben dem Einsatz von HTTP, insbesondere der PUT-Methode, sind auch die Verwendung von FTP (*File Transfer Protocol* [PR85]), von WebDAV (siehe Abschn. 4.2.1, Seite 52) mit seinen HTTP-Erweiterungen oder der *Frontpage Extensions* auf Basis von HTTP möglich (siehe Abb. 7.4).

Die Aktualisierung von Dokumenten auf entfernten Web-Servern bringt neben neuen Anforderungen eine Reihe von Nachteilen und Risiken mit sich. So sind besonders die im Vergleich zum lokalen Dateisystem deutlich längeren Schreibprozesse zu nennen, da nun vor jedem Publizieren eines gerade generierten Dokumentes eine Netzwerkverbindung aufzubauen ist. Hierzu bedarf es neben dem reinen Verbindungsaufbau zeitaufwendiger Authentifizierungsschritte. In dem Rechnerzugriff über das Netzwerk ist auch das größte Risiko zu sehen, da der Web-Server prinzipiell für Schreibzugriffe offensteht. Daher sind geeignete Schutzmaßnahmen, wie z. B. der Einsatz einer *Firewall*, die Nutzung spezieller Authentifikationsprotokolle sowie verschlüsselter Kommunikation, notwendig, um dem Ausspähen von Zugangsdaten und dem Eindringen in das System vorzubeugen.

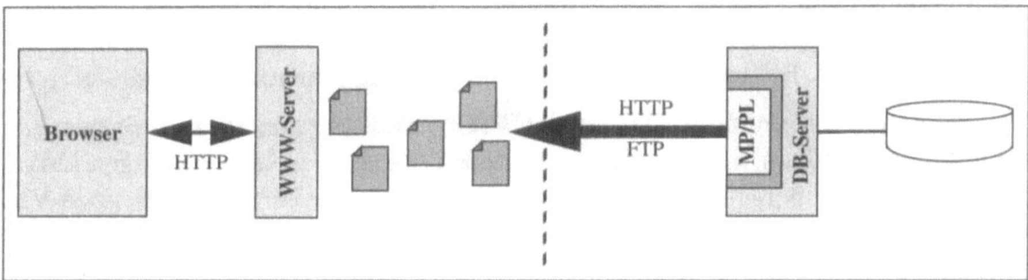

Abb. 7.4: Entfernte Dokumentenaktualisierung

Für das Publizieren bietet HTTP im Vergleich zu FTP und den jeweiligen HTTP-Erweiterungen (WebDAV oder *Frontpage Extensions*) die wenigsten Möglichkeiten. Lediglich das Speichern (PUT) und Löschen (DELETE) eines Dokumentes werden unterstützt. Für HTTP sind zwar prinzipiell unterschiedliche Authentifizierungsmechanismen vorgesehen [FH+99], jedoch wird von den meisten Web-Servern nur das einfache Verfahren (*Basic Authentication*) mit einer Kombination aus Benutzername und Passwort angeboten. Beide werden im Klartext über das Netzwerk übertragen, weswegen sich das Verfahren nur für interne Netzwerke eignet. Ein Ausweg ist die Verwendung von HTTPS, bei dem die Datenpakete über die SSL (*Secure Socket Layer* [FKK96]) verschlüsselt werden. WebDAV und die *Frontpage Extensions* erweitern HTTP bzw. bauen darauf auf, so dass hier mit denselben Sicherheitsproblemen zu kämpfen ist. Beide bieten aber in Bezug auf die Aktualisierungsmechanismen mehr Funktionalität. Beim FTP wird ebenfalls eine Benutzername/Passwort-Kombination zur Authentifizierung verwendet und im Klartext übertragen. Um die Sicherheitsrisiken zu verkleinern, gibt es durch [HS97] bereits Erweiterungen, um verschlüsselte Datenübertragung und damit u. a. auch ein sichereres Authentifizieren zu ermöglichen. Das FTP bietet im Vergleich zu den anderen Verfahren sehr viele Dateisystemoperationen an, mit denen z. T. mehr Funktionalität geboten wird, in anderen Bereichen nicht alle Möglichkeiten der anderen Techniken abgedeckt werden können. Für das reine Publizieren von Dokumenten ist FTP aber mehr als angemessen.

Da noch andere als die diskutierten Techniken zum Einsatz kommen können und je nach Umgebung und Anforderungen bezüglich Sicherheit und Funktionalität ein anderes Verfahren ausgewählt wird, ist es sinnvoll, eine „Dokumentenschreiber"-Schnittstelle anzubieten. Sie kapselt die letztendlich für das Publizieren eines Dokumentes verwendete Technik, so dass je nach Anforderungen der jeweiligen Einsatzumgebung andere Module eingesetzt werden können.

Neben dem zu publizierenden Dokument werden vom Dokumentenschreiber zur Aufgabenerfüllung noch zahlreiche andere Informationen benötigt (siehe Abb. 7.5, Seite 116), wobei je nach verwendeter Technik und Speicherungsort die Zahl der notwendigen Parameter differieren kann. Zudem müssen die für den Dokumentenschreiber benötigten Konfigurationsdaten so gespeichert werden, dass sie möglichst schnell zur Verfügung stehen, nicht redundant sind und evtl. auch mehrere Konfigurationen nebeneinander verwendet werden können. Wird ein Dokument im lokalen Dateisystem abgelegt, werden in der Regel nur der Dateiname und der Pfad benötigt. Bei der Publikation auf einem entfernten Server sind hingegen noch Angaben über den Rechnernamen, evtl. das zu verwendende Protokoll sowie Authentifizierungsdaten, wie z. B. eine Benutzername/Passwort-Kombination, notwendig.

Die benötigten Informationen lassen sich über genau spezifizierte Einzelparameter weiterreichen. Jedoch werden dann sehr viele Parameter an den jeweiligen Dokumentenschreiber übergeben. Desweiteren können sich die Parameter für neue Verfahren als nicht ausreichend erweisen. Eine Alternative hierzu ist, wie schon beim Makroprozessoraufruf (siehe Abschn. 7.2.3, Seite 109), die Übergabe der gesamten internen Konfigurationsumgebung. Die benötigten Einstellungen werden dazu in

Variablen eines eigenen Namensraumes abgelegt, z. B. *httpWriter* für die Speicherung via HTTP. Auf diese Weise lassen sich beliebig viele Parameter an den Dokumentenschreiber übergeben und die Frage nach dem Speicherungsort der einzelnen Einstellungen und Informationen kann offengelassen werden. Hierdurch ist es möglich, den jeweiligen WIS-Betreiber über die Speicherung der Konfigurationsdaten entscheiden zu lassen; eine flexible Anpassung an die Anforderungen und die Umgebung des WIS ist gegeben.

Die allgemeinen Dokumentenschreiber-Einstellungen, wie die Rechner-Informationen, Authentifizierungsdaten etc., können z. B. in einer globalen Konfigurationsdatei abgelegt und von den anderen Dateien über INCLUDE eingebunden werden. Ebenso lassen sich die Daten auch in dedizierten DB-Tabellen speichern und über SQL-Anweisungen in die jeweilige Konfiguration einlesen. Durch die Nutzung von UDFs ist es z. B. möglich, die Zugangsdaten verschlüsselt zu speichern. Dies ist insbesondere dann sinnvoll, wenn wie üblich nicht nur eine, sondern mehrere Personen für die Systemadministration und Pflege der Inhalte verantwortlich sind.

7.3.1.2 Replizierte Informationen

Unabhängig vom Einsatz einer bestimmten Technik für die Dokumentenpublikation können von einem ORDBS aus auch mehrere WIS mit aktuellen Inhalten versorgt werden. So ist es z. B. denkbar, dass in einer DB regionale Veranstaltungsdaten gesammelt werden. Nach dem Einfügen eines Konzertes sind der Gesamtüberblick und die kategorisierte Auflistung aller Veranstaltungen des regionalen WIS, des WIS der ebenfalls betroffenen Städte sowie die Seiten eines überregionalen Veranstaltungskalenders zu aktualisieren. Ein anderes Beispiel ist die DB-gestützte Verwaltung von Publikationslisten in einem Fachbereich an einer Universität. Nach Neueinträgen müssen die Seiten der beteiligten Arbeitsgruppen und des Fachbereichs sowie evtl. vorhandene projektspezifische Publikationslisten ergänzt werden. In beiden Fällen werden die vom ORDBS verwalteten Daten in Form von HTML-Seiten auf mehrere WIS repliziert. Neben den konzeptionellen und technischen Problemen und Anforderungen sind damit meist auch Koordinationsprobleme verbunden. Allerdings nimmt die Zahl ähnlicher WIS-Umgebungen zu, da immer häufiger über (innerbetriebliche) Kooperationen[7] der Administrations- und Kostenaufwand gesenkt und Qualitätssteigerungen erreicht werden sollen.

---

7   Hierzu gehören Joint-Ventures mit einer strikten Aufgabenteilung (Technik, bestimmte Inhalte) zur Schaffung von „Portalen" oder auch die Delegation bestimmter Aufgaben an interne oder externe Dienstleister (*Outsourcing*).

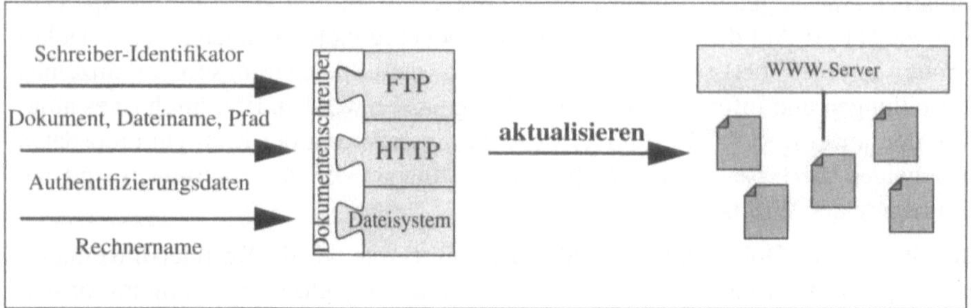

Abb. 7.5: Kapselung des Dokumentenschreibers

Für die vorgestellten Beispiele ist der gleichzeitige Einsatz unterschiedlicher Dokumentenschreiber notwendig. Bislang sind wir in unseren Betrachtungen nur von der
Verwendung eines Schreibers ausgegangen. Durch den gleichzeitigen Einsatz mehrerer Dokumentenschreiber werden für jedes Dokument noch Angaben über den zu
nutzenden Schreiber benötigt. Diese Information ist beim Aufruf der entsprechenden Schnittstellenfunktion als ein weiterer Parameter zu übergeben. Die daraus
resultierende Situation ist in Abb. 7.5 dargestellt. Je nach verwendetem Abhängigkeitsmodell (siehe Abschn. 7.2.1, Seite 102) können die Angaben entweder zusammen mit dem Vorlagennamen und den anderen Einstellungen in der Konfigurationsdatei gesetzt oder in Verbindung mit den Abhängigkeiten in der entsprechenden DB-
Tabelle gespeichert werden.

7.3.2 Generierungswerkzeuge

Nachdem wir die Anpassungsmöglichkeiten des Dokumentenschreibers an die spezifischen Bedürfnisse der einzelnen WIS vorgestellt haben, wollen wir im Folgenden diskutieren, wie die Funktionalität und Syntax des Makroprozessors erweitert
und an andere Anforderungen adaptiert werden kann.

7.3.2.1 Einsatz anderer Makroprozessoren

Sollen bestehende WIS mit dynamisch generierten Seiten hin zu ORDBS-gesteuerten Systemen mit statischen Dokumenten migriert werden, so müssten alle Vorlagen
an den vom ORDBS verwendeten Makroprozessor angepasst werden. Dieses ist
aber insbesondere bei großen WIS sehr aufwendig, so dass andere Migrationswege
wünschenswert sind. Eine Lösung ist die Bereitstellung der bisherigen Makropro-
zessorfunktionalität im ORDBS. Wird die ORDBS-gesteuerte Dokumentengenerierung direkt eingesetzt, so kann in diesen Fällen der angebotene Makroprozessor die
gewünschte Funktionalität vermissen lassen.

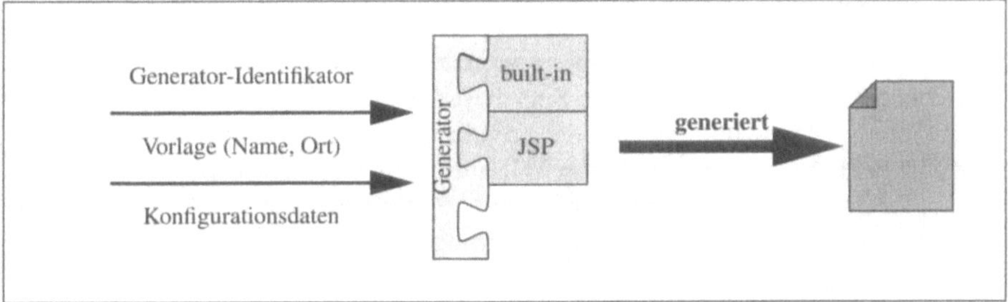

Abb. 7.6: Kapselung des Makroprozessors (Generator)

In beiden Situationen ist der Austausch des vorhandenen Makroprozessors eine Lösung. Allerdings sind dazu eine genau definierte Schnittstelle sowie die Möglichkeit zur Spezifikaktion des einzubindenden Generators notwendig. In Abschn. 7.2.3 (Seite 109) haben wir bereits die an den Generator zu übergebenden Parameter (Konfigurationsdaten, Vorlage) erörtert. Als Ergebnis wird das fertige Dokument als Zeichenkette erwartet. Um nun einen neuen Makroprozessor einzusetzen, kann entweder der bestehende (siehe built-in, Abb. 7.6) dauerhaft ausgetauscht oder über eine global wirksame Konfiguration zur Laufzeit ein anderer Prozessor ausgewählt werden. Da der eingebaute Makroprozessor auch für die Verarbeitung der Konfigurationsdatei zuständig ist und hiervon auch die interne Variablenverwaltung abhängig ist, ist das direkte Ersetzen des eingebauten Prozessors nicht so einfach möglich. In diesem Fall wären eine Kapselung der gesamten Konfigurationsverarbeitung, angefangen von der internen Variablenverwaltung bis hin zur Verarbeitung der Konfigurationsdateien, sowie genaue Vorgaben für den Funktionsumfang der neuen Makroprozessoren notwendig. Daher ist das Ersetzen eines Makroprozessors über eine globale Einstellung die insgesamt bessere Lösung. Der eingebaute Prozessor wird weiterhin zur Verarbeitung der Konfigurationsdateien eingesetzt.

7.3.2.2 Gleichzeitiger Einsatz

Für den gleichzeitigen Einsatz unterschiedlicher Makroprozessoren sind noch weitere Vorkehrungen zu treffen. Der gleichzeitige Einsatz ist z. B. dann erwünscht, wenn über ein ORDBS mehrere WIS mit aktuellen Web-Seiten beliefert werden. Jedes WIS kann für die eigenen dynamisch generierten Dokumente den jeweils präferierten Makroprozessor nutzen. In diesen Fällen ist ein Nebeneinander von unterschiedlichen Prozessoren bei der Dokumentengenerierung wichtig. Analog zu der Spezifikation des zu verwendenden Dokumentenschreibers können die Einstellungen entweder zusammen mit den Abhängigkeiten in einer DB-Tabelle gespeichert oder in die Konfigurationsdateien eingebunden werden. Abb. 7.6 stellt die Kapselung des Generators mittels einer entsprechenden Schnittstelle noch einmal schematisch dar.

7.3.3 Dokumentenvorlagen

Die für die Dokumentengenerierung eingesetzten Makroprozessoren können u. U. abweichende Anforderungen an den Speicherungsort der Vorlagen haben. So kann die DB-interne Bereitstellung oder die Lagerung im Dateisystem notwendig sein. Zudem ist bei der Betreuung mehrerer WIS durch ein ORDBS sogar die Bereitstellung der Vorlagen auf dem jeweiligen WIS denkbar, um eine lokale Entwicklung und Pflege der Vorlagen zu erreichen. Allerdings birgt diese Vorgehensweise auch zahlreiche Nachteile und Gefahren in sich. So führt der bei jeder Generierung notwendige Zugriff auf die Vorlagen über das Netzwerk hinweg zu deutlichen Geschwindigkeitseinbußen. Zudem ist das Verfahren durch die größere Zahl der involvierten Systemkomponenten fehleranfälliger als eine lokale oder DB-interne Ablage der Vorlagen. Daher ist die entfernte Bereitstellung von Vorlagen nicht ratsam.

Für den Zugriff auf im lokalen Dateisystem gespeicherten oder im DBS verwalteten Vorlagen gibt es zwei Möglichkeiten. Zum einen lassen sich für den Zugriff unterschiedliche Module vorsehen, die zur Laufzeit anhand der aktuellen Konfiguration ausgewählt werden. Zum anderen lässt sich aber auch ein homogener tabellenbasierter Zugriff auf die internen und externen Vorlagen realisieren. Durch die Nutzung von internen DB-Tabellen und abstrakten Tabellen für den Dateisystemzugriff kann über ein einheitliches DB-Schema vom jeweiligen Speicherungsort abstrahiert werden. Für den Zugriff werden dann der Tabellenname sowie die Qualifikationsbedingungen für die relevante Datei benötigt, wie z. B. Pfad und Name. Über die spätere Bereitstellung weiterer Zugriffsmethoden für abstrakte Tabellen können bei entsprechenden Anforderungen auch andere Speicherungsorte unterstützt werden.

7.3.4 Konfigurationsdateien

Konfigurationsdateien sind bei der Dokumentengenerierung die zentrale Datenstruktur, da sie nach der Bestimmung der Abhängigkeiten geladen und ausgewertet werden und in ihnen letztlich über die eigentliche Generierung, die dabei verwendeten Werkzeuge (Makroprozessor, Dokumentenschreiber) und den Ort der Vorlagen- und Dokumentenspeicherung entschieden wird. Zudem können über die in den Konfigurationsdateien enthaltenen Makros DB-Zustände verändert oder Aktionen ausgelöst werden.

Wegen der zentralen Bedeutung der Konfigurationsdateien ist ihre Speicherung außerhalb des Einflussbereichs des ORDBS nicht sinnvoll. Da innerhalb von Konfigurationsdateien weitere Komponenten eingebunden werden können, muss ein schneller Zugriff gewährleistet sein. Über die DB-interne Speicherung in Tabellen ist es möglich, die geforderte Zugriffsgeschwindigkeit und auch eine spätere Erweiterbarkeit zu gewährleisten. Nutzt man wie schon bei Vorlagen das Mittel der abstrakten Tabellen, so kann auch die ORDBS-nahe Ablage im Dateisystem ohne Änderungen an der internen tabellenbasierten Handhabung unterstützt werden.

7.3.5 Massengenerierung

Für die automatische Dokumentenaktualisierung ist die Spezifikation von Abhängigkeiten notwendig. Über eine feingranulare Spezifikation und den gezielten Einsatz von Makros innerhalb der Konfigurationsdateien lässt sich die Zahl der zu generierenden Dokumente verringern. In einigen Fällen möchte man aber das genaue Gegenteil erreichen und ohne die Spezifikation einzelner Abhängigkeiten mehrere Dokumente auf einmal aktualisieren.

So kann es beim Einsatz des ORDBS zur Verwaltung der Dokumentenvorlagen bzw. von deren Komponenten vorkommen, dass z. B. nach der Änderung einer bestimmten Kopf- oder Fußzeile zahlreiche Dokumente angepasst und deswegen erneut generiert werden müssen. Um dies automatisch zu bewerkstelligen, sind nun für jedes einzelne Dokument die Abhängigkeiten zwischen der Tabelle mit den Komponenten auf der einen und den entsprechenden Konfigurationsdateien auf der anderen Seite zu spezifizieren. Allerdings ist das bei mehreren tausend Dokumenten sehr aufwendig und erfordert stetige Anpassungen an den gerade aktuellen Dokumentenbestand. Ein andere Möglichkeit stellt die Funktionserweiterung des Makroprozessors dar, denn die in Abschn. 7.2.2 (Seite 107) vorgestellten Befehle dienen bislang nur zur Programmflusssteuerung und zum Unterbinden der Dokumentenerzeugung. Mit ihnen ist es bislang nur möglich, pro Auswertung einer Konfigurationsdatei ein Dokument zu generieren. Für die aus einer Konfigurationsdatei gesteuerte Produktion mehrerer Web-Seiten sind daher Erweiterungen notwendig.

Für die Massengenerierung muss der eigentliche Dokumentengenerator aufgerufen werden können, ohne dass der Kontext der Konfigurationsdatei aufgegeben wird. Dies kann über die Bereitstellung eines speziellen Makros geschehen, das wie eine Unterfunktion aufgerufen wird. Nach seiner Ausführung, d. h. der Generierung eines Dokumentes, wird in den vorher vorhandenen Kontext zurückgekehrt. Dort können im Rahmen einer Schleife weitere zu generierende Dokumente mitsamt der benötigten Angaben spezifiziert werden. Die erforderlichen Daten lassen sich z. B. über eine SQL-Anfrage aus einer internen Tabelle auslesen. Auf diese Weise ist es mit Hilfe einer einzigen Konfigurationsdatei möglich, sehr viele Dokumente zu erzeugen. Der Aufwand für eine solche Massengenerierung wird deutlich reduziert.

7.4 Integration von Datenquellen

In der bisherigen Diskussion haben wir die zentrale Datenspeicherung in einem DBS vorausgesetzt. Alle Änderungen und damit auch das Auslösen der zur Dokumentengenerierung führenden Trigger geschahen somit lokal zum Dokumentengenerator. In diesem Abschnitt wollen wir nun diese Beschränkung aufheben und die für das Einbinden weiterer Datenquellen notwendigen Aspekte diskutieren.

7.4.1 Probleme

Während sich beim alleinigen Einsatz eines ORDBS alle Datenänderungen und damit auch alle Ereignisse zentral ereignen, muss vor dem Einbinden anderer Datenquellen geklärt werden, ob diese auch als Auslöser dienen sollen. Ist letzteres nicht der Fall, so sind bei der eigentlichen Generierung nur Daten dieser Quellen, in der Regel Anfrageergebnisse, einzubinden. Wenn die anderen Datenquellen auch die Dokumentengenerierung auslösen sollen, sind geeignete Lösungen zur Koordination der Abhängigkeitsverwaltung bzw. zur Notifikation der zentralen Verwaltung zu entwikkeln.

Beim lokalen DB-Zugriff innerhalb der Konfigurationsdateien und Vorlagen war eine ausreichende Verarbeitungsgeschwindigkeit gegeben, um die gesamte Transaktionsdauer nicht zu lang werden zu lassen. Geht man von Datenquellen auf anderen Rechnern aus, kommen zu den bisherigen Verarbeitungszeiten noch Zeiten für Netzwerkverbindungen hinzu. Hierdurch bedingt kann es zu entsprechend langen Transaktionen und verminderter Nebenläufigkeit kommen. Allerdings gehen wir nach wie vor von einem zentralen, nur für die WIS-Daten verwendeten ORDBS aus, so dass die längeren Transaktionsdauern im Vergleich zu den für andere Anwendungen eingesetzten DBS hinnehmbar sind.

7.4.2 Datenbanksysteme und Anwendungsprogramme

Neben diesen eher konzeptionellen Problemen gibt es auch noch technische. So kann man bei den zu integrierenden Datenquellen allgemein zwischen DBS und Anwendungsprogrammen unterscheiden. DBS können über Standardprotokolle und -verfahren wie ODBC und JDBC (siehe Abschn. 4.3, Seite 56) angesprochen werden. Über sie lassen sich Anfrageergebnisse einbinden. Bei Anwendungsprogrammen ist zu unterscheiden, ob ständig laufende Anwendungssysteme, d. h. Applikations-Server, oder Programme, die erst gestartet werden müssen, eingebunden werden sollen. Zwar erfolgt der Zugriff auf letztere lokal, jedoch sind wegen des notwendigen Programmstarts die Zugriffszeiten normalerweise deutlich größer als beim Zugriff auf Anwendungs-Server.

Während bei DBS und Anwendungssystemen aufgrund der ständig aktiven Dienste mit Änderungen und damit für die Dokumentengenerierung relevanten Ereignissen zu rechnen ist, kann man bei den zu startenden Programmen eher von einer Art „Funktionsaufruf" vergleichbar einer Unterfunktion ausgehen. Das Auslösen von Ereignissen ist daher fraglich, weswegen wir solche Programme bei der weiteren Diskussion nicht mehr betrachten werden.

7.4.3 ORDBS-interne Koordination

Werden bei der Dokumentengenerierung auch Daten aus anderen Systemen in die zu erzeugende Web-Seite eingebunden bzw. wird auf Änderungsereignisse dieser Systeme reagiert, sind zwei Lösungsansätze denkbar. Entweder lassen sich Teile der bisher in das ORDBS integrierten Funktionalität nach „außen" in einen separaten Dienst verlagern oder es ist möglich, das ORDBS um die benötigte Funktionalität zu erweitern. Mit letzterem Ansatz wollen wir nun beginnen. Dazu diskutieren wir zunächst die Integration von extern verwalteten Daten für die Dokumentengenerierung. Im Anschluss betrachten wir die Integration von externen Ereignissen und die entsprechende Abhängigkeitsverwaltung.

7.4.3.1 Integration von Daten

Im Rahmen der Dokumentengenerierung kann es vorkommen, dass auch Daten aus anderen Datenquellen in ein Dokument eingebunden werden sollen. Hierzu sind während der eigentlichen Makroverarbeitung, d. h. innerhalb einer Änderungstransaktion des ORDBS[8], vom ORDBS aus Anfragen an ein externes DB- oder Anwendungssystem zu stellen. Als Folge daraus verlängern sich die Transaktionsdauern deutlich. Daher ist der Ansatz der ORDBS-gesteuerten Dokumentengenerierung nicht für alle Einsatzumgebungen geeignet, insbesondere dann, wenn die lokale DB nicht nur für Web-Daten verwendet wird und noch andere Datenquellen eingebunden werden sollen.

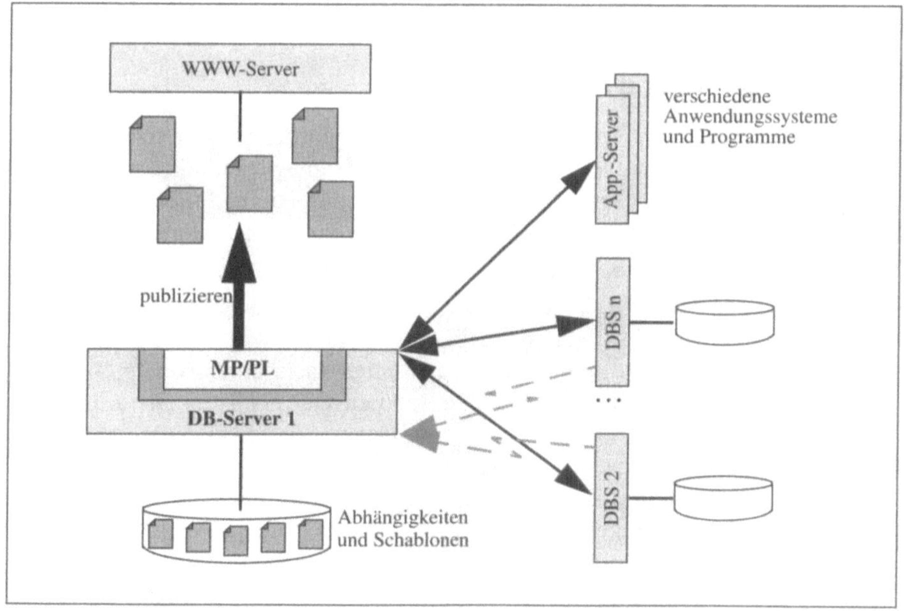

Abb. 7.7: Integration von Datenquellen (interne Lösung)

---

8 Die Anfrage erfolgt im Normalfall aber ohne den Transaktionskontext, d. h. nicht innerhalb einer verteilten Transaktion.

Für die Integration der Datenquellen bzw. den Datenzugriff innerhalb der Makroverarbeitung gibt es prinzipiell mehrere Möglichkeiten, die z. T. davon abhängen, ob mengenwertige oder einzelne Ergebnisse, wie z. B. bei einem Funktionsaufruf, eingebunden werden sollen. Im Falle von Einzelergebnissen kann auf die als Grundfunktionalität (siehe Abschn. 7.2.3, Seite 109) geforderte Erweiterbarkeit um eigene Funktionen zurückgegriffen werden. Über sie ist es möglich, eine Anwendung aufzurufen und das Ergebnis innerhalb der Makroverarbeitung zur Verfügung zu stellen. Eine andere Möglichkeit ist die Definition spezieller Makros zum Zugriff auf die jeweilige Anwendung. Allerdings muss dann der Makroprozessor für jede neue Anwendung um entsprechende Befehle erweitert werden.

Eine Erweiterung bietet sich auch als Lösung für die Integration mengenwertiger Ergebnisse an. Über eine Schleife kann dann auf die einzelnen Elemente, z. B. Tupel, zugegriffen werden. Ähnlich wie schon bei Einzelwerten ist die jeweilige Befehlserweiterung für eine vorher feststehende Zahl bzw. für bestimmte Arten von Anwendungs-Servern sinnvoll. Eine Alternative stellt die Nutzung abstrakter Tabellen dar. Über sie können mengenorientierte Anfrageergebnisse in Tabellenform verfügbar gemacht werden. Für den Zugriff werden die schon vorhandenen SQL-Makros verwendet. Soll ein weiterer Anwendungs-Server-Typ unterstützt werden, so muss nur eine entsprechende Zugriffsmethode implementiert werden. Änderungen am Makroprozessor sind nicht notwendig.

7.4.3.2 Ereignisse und Abhängigkeiten

Da die Dokumentengenerierung nach Änderungsoperationen durch Trigger ausgelöst wird, ist durch die externe Quelle zur Benachrichtigung ebenfalls ein Trigger im zentralen ORDBS auszulösen. Hierzu muss jedoch das externe DBS oder Anwendungssystem in der Lage sein, eine DB-Verbindung zum ORDBS aufzubauen und eine Änderungsnachricht in Form eines Tupels einzufügen.

Sollen unnötige Dokumentengenerierungen vermieden werden, müssen dieÄnderungsnachrichten möglichst detailliert sein, um nur in den wirklich relevanten Fällen eine Generierung auszulösen. Durch detaillierte Nachrichten werden Teile der Daten nicht nur in der externen Datenquelle, sondern auch noch einmal im zentralen ORDBS gespeichert; die relevanten externen Daten sind im ORDBS repliziert[9]. Deshalb ist es möglich, externe Ereignisse wie interne Daten zu behandeln, eine andere oder ergänzte Form der Abhängigkeitsverwaltung für externe Daten wird überflüssig. Nach Änderungen an einer externen Quelle werden die in einer internen Tabelle gespeicherten Mitteilungen aktualisiert und ein Trigger ausgelöst.

---

9   Eine Ausnahme bilden z. B. große Objekte, für die anstelle des eigentlichen Objektes bspw. eine ID übertragen werden kann.

7.4.4 Externe Koordination

Neben der internen Realisierung der Datenintegration und Abhängigkeitsverwaltung ist es auch möglich, Teile der Funktionalität nach außen zu verlegen. Im Folgenden diskutieren wir zunächst die Integration von anderen Datenquellen und gehen dann wiederum auf die globale Ereignis- und Abhängigkeitsverwaltung ein.

7.4.4.1 Integration von Daten

Bei der externen Koordination wird die Dokumentengenerierung in einen außerhalb des ORDBS laufenden Server verlagert (siehe Abb. 7.8). Der Dokumentengenerierungs-Server (DG-Server) lädt dazu nach seiner Aktivierung und dem Bestimmen der Abhängigkeiten die entsprechenden Dateien ein und wertet sie aus, um schließlich das resultierende Dokument auf dem gewünschten Zielsystem zu publizieren.

Prinzipiell kann der DG-Server zur Aufgabenerfüllung dieselben Systemkomponenten wie das interne System benutzen. Allerdings fällt durch den nun externen Generator die bisher vorhandene Möglichkeit zur Integration von Datenquellen via abstrakter Tabelle weg. Daher werden andere Mittel zur möglichst einfachen Integration benötigt, wobei wieder die bereits im Rahmen der ORDBS-internen Koordination diskutierten Alternativen zur Verfügung stehen (s. o.). Zwar ist der Einsatz vordefinierter spezieller Makros für eine kleine Zahl von Anwendungs-Servern sinnvoll, jedoch ist es nicht möglich, jeden Anwendungs-Server-Typ zu unterstützen. Demzufolge muss versucht werden, einen allgemeinen Satz von Makros zur Integration eines beliebigen Anwendungs-Servers zu definieren. Wie diese Befehle aussehen können bzw. die Einbindung funktionieren kann, zeigen die auf dem Markt erhältlichen *Web Application Server* [All99, Bea99, PG98].

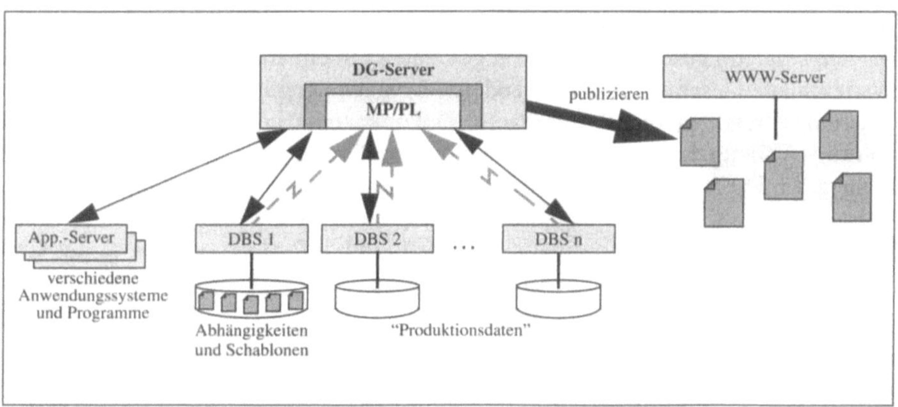

Abb. 7.8: Integration von Datenquellen (externe Lösung)

Im Vergleich zu einer DBS-internen Dokumentengenerierung hat eine externe Lösung, je nach Einbindung in die Ereignis- und Abhängigkeitsverwaltung, mehrere Vorteile. Wird die Dokumentengenerierung unabhängig von der auslösenden

Änderungstransaktion durchgeführt, entfallen die sonst üblichen Probleme der zu langen Transaktionsdauern. Ein weiterer Vorteil ist die damit verbundene vollständige Entkopplung der ändernden mit den im Rahmen der Dokumentengenerierung notwendigen lesenden Transaktionen. Je nach Realisierung von internem und externem Dokumentengenerator ergeben sich auch Geschwindigkeitsvorteile. Der DG-Server agiert dann ähnlich wie ein zur dynamischen Seitengenerierung eingesetzter Applikations-Server (siehe Abschn. 5.2.3, Seite 76), nur mit dem Unterschied, dass die erzeugten Dokumente nicht direkt an den Web-Client weitergereicht, sondern im Dateisystem eines Web-Servers oder in einem DBS abgelegt werden. Hierdurch stehen dem DG-Server prinzipiell auch alle Optimierungsmöglichkeiten eines Applikation-Servers zur Verfügung, wie z. B. ständige Kommunikationsverbindungen zu den Datenquellen und die Pufferung von Komponenten und Ergebnissen. Allerdings sind nicht alle von ihnen sinnvoll, da jedes Dokument nur einmal und nicht, wie bei der dynamischen Bereitstellung, bei jeder Ressourcenanforderung erzeugt werden muss.

7.4.4.2 Ereignisse und Abhängigkeiten

Während bei der ORDBS-internen Lösung das DBS als zentrale Anlaufstelle für die Meldung von Änderungsereignissen sowie zur Verwaltung der Abhängigkeiten diente, stehen nun andere Möglichkeiten zur Koordination der Dokumentengenerierung zur Verfügung. Der externe DG-Server fungiert dabei als Koordinator, der Änderungsmeldungen der einzelnen Datenquellen entgegennimmt. Durch die ORDBS-interne Abarbeitung musste die Seitenerzeugung bisher im Rahmen der das Ereignis eintragenden bzw. der ändernden Transaktion erfolgen. Beim Einsatz eines externen DG-Servers ist nun eine Entkopplung der Ereignismeldung von der eigentlichen Generierung möglich (asynchrone Dokumentenaktualisierung). Dazu werden alle Mitteilungen über Datenmodifikationen in eine Warteschlange (*message queue*) geschrieben. Davon getrennt kann ein anderer Prozess aus dieser Warteschlange lesen und die notwendigen Dokumentengenerierungen vornehmen. Allerdings treten hierdurch verzögerte Dokumentenaktualisierungen auf, da der sofortige Vollzug der Seitenerzeugung durch die Entkopplung beider Abläufe nicht mehr garantiert werden kann. Ein Vorteil sind aber die nun kürzeren Änderungstransaktionen, da die Dokumentengenerierung nicht mehr innerhalb einer Transaktion erfolgt. Einzig der Koordinator muss weiterhin informiert werden. Somit können die DBS auch für andere Aufgaben als die Bereitstellung von „Web-Daten" genutzt werden.

Eine Alternative zu der gerade beschriebenen Methode stellt die Beibehaltung der synchronen Generierung dar, d. h., die Dokumentenaktualisierung erfolgt direkt nach Eingang der entsprechenden Änderungsmeldung. Der Nachteil der verzögerten Aktualisierung entfällt in diesem Fall, wodurch wieder das Problem der langen Änderungstransaktionen auftreten kann.

Neben der Frage nach einer synchronen oder asynchronen Dokumentengenerierung muss aber auch die Art der Anbindung der externen Datenquellen an den DG-Server geklärt werden. Wurde bei der ORDBS-internen Koordination der Datenaustausch über SQL durchgeführt und eine DB-Verbindung z. B. über ODBC verwendet, so kommen diese nun nicht mehr in Frage, da der DG-Server keine entsprechenden Schnittstellen zur Verfügung stellen kann. Eine Lösung besteht in der Nutzung der üblichen Verfahren zur netzwerkbasierten Kommunikation, angefangen von einfachen Sokkets über CORBA [OMG99] bis hin zu Nachrichtenverteilungsdiensten wie z. B. persistenten Warteschlangen.

Nach der Benachrichtung über Datenmodifikationen und vor einer Generierung müssen die Abhängigkeiten und damit die zu verwendenden Konfigurationsdateien und Vorlagen bestimmt werden. Bei der internen Lösung wurden alle Abhängigkeiten zentral im ORDBS verwaltet. In Verbindung mit der Verwaltung von Vorlagen und anderer benötigter Dateien kann das DBS weiterhin zur Abhängigkeitsspeicherung genutzt werden. Eine andere Möglichkeit ist die verteilte Speicherung der Abhängigkeitsdaten in den jeweils bei der Generierung eingebundenen DBS. Allerdings wird damit die Wartung dieser Daten sowie die Abhängigkeitsbestimmung deutlich komplexer und langsamer und ist somit nicht sinnvoll. Die Speicherung der Abhängigkeiten in einem Dateisystem kommt aus Geschwindigkeitsgründen ebenfalls nicht in Frage.

7.4.5 Vergleich und kombinierte Lösungen

Beim Einsatz eines DG-Servers wird ein zusätzlicher ständig aktiver Dienst benötigt. Dies widerspricht dem eigentlich von uns intendierten Entwurfsziel. Andererseits hat der Einsatz eines externen Servers den Vorteil, dass eine Entkopplung von Ereignismeldung und Seitengenerierung möglich ist. Zwar kann es zu verzögerten Dokumentenaktualisierungen kommen, jedoch führt die Entkopplung zu deutlich kürzeren Änderungstransaktionen und damit zu mehr Nebenläufigkeit.

Ein weiterer Unterschied beider Lösungsansätze besteht in der Einbindung von Anwendungssystemen. Während diese im internen Fall über abstrakte Tabellen und damit über SQL-Anweisungen erfolgen kann, muss bei einem externen DG-Server der Makroprozessor hierfür um spezielle Befehle ergänzt werden. Der Benutzer hat dann verschiedene Schnittstellen zu verwenden. Bei der Benachrichtigung über Datenmodifikationen betreffen diese Unterschiede die jeweiligen Systeme. Im Falle einer internen Lösung muss die Notifikation über die DB-Schnittstelle erfolgen, bei einem externen Server über andere Mechanismen. In vielen Fällen ist eine Kombination beider Verfahren wünschenswert.

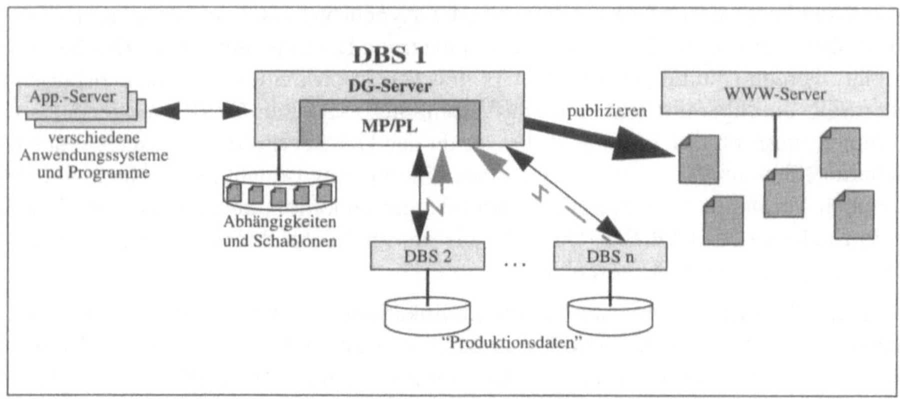

Abb. 7.9: Integration von Datenquellen (Integrierte/Kombinierte Lösung)

Bei einer Kombination von internem und externem Ansatz, d. h. der Nutzung von in das ORDBS integrierter Funktionalität und einem zusätzlichem DG-Server, muss aus Geschwindigkeitsgründen auf eine stärkere Integration von ORDBS und Server geachtet werden. Zudem soll die Zahl der benötigten externen Prozesse möglichst gering gehalten werden. Daher wäre eine Verschmelzung von ORDBS und DG-Server ideal, also die Integration des DG-Servers in das ORDBS (siehe Abb. 7.9). Der DG-Server läuft dabei als DBS-interner Prozess, so dass ein schneller Datenaustausch gewährleistet ist. Die Anbindung externer Datenquellen kann daher über abstrakte Tabellen erfolgen, wogegen Änderungsereignisse über das direkte Einfügen in die DB oder über eine Nachricht an den DG-Server mitgeteilt werden können. Bei der Nutzung von Nachrichtenschlangen zur Speicherung von Änderungsmeldungen können auch bei einer kombinierten Lösung Meldungen und die daraufhin erfolgenden Dokumentenaktualisierungen entkoppelt werden.

Die vorgestellte Integration eines DG-Servers in ein ORDBS ist bei den meisten Systemen noch nicht möglich. Jedoch sind erste Entwicklungstendenzen erkennbar, so dass die oben beschriebene Lösung evtl. in Zukunft auch realisiert werden kann. Bis dahin sind für die beschriebenen Situationen, d. h. die Integration von externen Datenquellen, Kompromisslösungen notwendig.

7.5 Fehlerbehandlung

Nachdem wir die unterschiedlichen Arten der ORDBS-basierten Dokumentengenerierung sowie verschiedene Einsatzszenarien vorgestellt und diskutiert haben, wollen wir nun auf ein komplett anderes, aber nicht minder wichtiges Thema eingehen. Denn bislang sind wir bei der Diskussion der einzelnen Module und Abläufe stillschweigend von einem fehlerfreien Betrieb ausgegangen. Der kontinuierliche, problemlose Betrieb eines WIS und seiner Systemkomponenten ist zwar das für die Praxis Wünschenswerte, jedoch kommt es immer wieder zu Störungen. In diesem

Abschnitt wollen wir die möglichen Fehlerfälle bzw. Fehlerklassen motivieren und geeignete Bewältigungsmaßnahmen bzw. die allgemeine Vorgehensweise diskutieren.

7.5.1 Potentielle Fehler

Die bei der automatischen Dokumentengenerierung auftretenden Fehler können innerhalb bestimmter Systemkomponenten entstehen und verschiedene Ursachen haben. Im Folgenden betrachten wir zunächst die einzelnen Funktionsmodule und skizzieren mögliche, bei ihrer Nutzung auftretende Probleme. Bei der Diskussion der Reaktionsmöglichkeiten gehen wir dann ursachenorientiert vor.

Makroverarbeitung: Bei der Verarbeitung von Makrodateien können Syntaxfehler auftreten, so dass die weitere Evaluierung beeinträchtigt wird oder gänzlich scheitert. Desweiteren können bei der eigentlichen Befehlsabarbeitung die SQL-Kommandos scheitern, u. a. auch wieder aufgrund von Syntaxfehlern. Zudem können zahlreiche Laufzeitfehler auftreten.

Vorlagenlader: Beim Einladen der Vorlagen können je nach verwendetem Protokoll bzw. dem Speicherungsort Netzwerkfehler auftreten, die gewünschte Vorlage kann nicht verfügbar sein (falsche Schreibweise, noch nicht da oder gelöscht) oder es kann zu Authentifizierungsfehlern kommen.

Dokumentenschreiber: Hier kann es zu ähnlichen Fehlern wie beim Vorlagenlader kommen, allerdings diesmal in umgekehrter Richtung. Ein bestehendes Dokument kann nicht überschrieben oder ein neues nicht angelegt werden, weil die passenden Zugriffsrechte fehlen, keine Netzwerkverbindung möglich oder eine Festplatte zu voll ist.

Zu den beschriebenen Fehlern können noch weitere hinzu kommen. So sind neben allgemeinen Laufzeitfehlern auch komplette Abstürze des Betriebssystems, des DBS oder anderer Systemkomponenten möglich, so dass die Dokumentengenerierung bzw. das Herausschreiben der fertigen Seiten fehlschlägt. Desweiteren kann es zu so genannten „Katastrophen" wie z. B. Bränden kommen.

7.5.2 Reaktion auf Fehler

Im Vergleich zu dynamisch generierten Web-Seiten und zur manuell angestoßenen Dokumentenerzeugung ergeben sich in Bezug auf die Fehlerbehandlung bei einer ORDBS-gesteuerten Aktualisierung mehrere Unterschiede. Während bei der manuellen bzw. manuell angestoßenen Generierung das Fehlschlagen bemerkt und vor dem Publizieren eingegriffen werden kann, wird bei der dynamischen Seitenerzeugung entweder eine Fehlermeldung des Web-Servers oder ein Dokument, das die vom Generator produzierte Meldung enthält, an den Benutzer zurückgeliefert. Der WIS-Benutzer bemerkt in diesem Fall die Störung des normalen Ablaufes und kann gegebenenfalls den Administrator informieren. Die gewünschte Information steht allerdings nicht zur Verfügung.

Anders verhält es sich bei der ORDBS-gesteuerten Generierung. In der Regel findet die gesamte Dokumentenaktualisierung im Rahmen der auslösenden Änderungstransaktion statt. Daher ist ein durch z. B. einen Syntaxfehler verursachter Abbruch der Generierung nicht tolerierbar, weil ansonsten die gesamte Transaktion zurückgesetzt und die von einem Anwender oder einem Programm eingebrachten Daten damit wieder gelöscht würden[10]. Aus diesem Grund sind nach Möglichkeit alle Fehler abzufangen und auf sie in sinnvoller Art und Weise zu reagieren. So ist die Ausgabe von Fehlermeldungen innerhalb der generierten bzw. zu generierenden Dokumente nicht praktikabel, da hierdurch die zwar veralteten, aber fehlerlosen Dokumente überschrieben würden. Durch den Verzicht auf die Publikation von Dokumenten, die Fehlermeldungen enthalten, kann im Gegensatz zu Lösungen mit dynamischer Seitengenerierung weiterhin auf die Dokumente zugegriffen werden. Während bei der dynamischen Generierung z. B. bei einer Nachrichtenüberblicksseite im Fehlerfall keine Nachrichten und nur die Fehlermeldung zur Verfügung stehen, sind bei der ORDBS-gesteuerten Aktualisierung alle bis auf die neu eingegangenen Nachrichten verfügbar.

7.5.2.1 Protokollierung und Benachrichtigung

Bei der Reaktion auf Fehler sind sowohl der Transaktionsabbruch als auch die Publikation von Fehlermeldungen zu verhindern. Andererseits muss aber auch der Administrator über die Fehlfunktion in Kenntnis gesetzt werden. Hierzu stehen verschiedene Vorgehensweisen zur Verfügung. Zum einen können Meldungen und Warnungen des Dokumentengenerators in eine Protokolldatei (*log file*) geschrieben werden, die regelmäßig von den zuständigen Personen überwacht wird. Eine andere Möglichkeit besteht in der Notifikation des Administrators über E-Mail. Schließlich kann aber auch über einen entsprechenden Alarmierungsdienst (*alerter* oder *callbacks*) die WIS-Verwaltung über die aufgetretenen Probleme unterrichtet werden.

Während die fortlaufende Protokollierung immer möglich und verhältnismäßig einfach zu realisieren ist, erfordern die beiden anderen Lösungen einen größeren technischen Aufwand sowie zum Einsatzzeitpunkt weitere funktionierende Systemkomponenten, wie z. B. ein Mail-System. Deshalb ist eine Kombination aus Protokollierung in einer Datei und Benachrichtigung über E-Mail sinnvoll, um eine möglichst schnelle Benachrichtigung der zuständigen Personen sicherstellen zu können.

---

10 Geht man davon aus, dass die DB nur zur Verwaltung von Web-Daten eingesetzt wird und die Daten manuell eingefügt bzw. geändert werden, so kann ein Transaktionsabbruch in Verbindung mit einer aussagekräftigen Fehlermeldung des DBS durchaus wünschenswert sein. Der WIS- bzw. DB-Administrator kann die Fehlerursachen direkt beheben und die Datenmodifikationen können (erfolgreich) wiederholt werden. Die geänderten Dokumente stehen dann im WIS zur Verfügung.

7.5.2.2 Konfiguration

Zur Spezifikation der benötigten Daten, wie Ausgabedatei, zu benachrichtigende Personen, Ausgabeformate, Protokolle etc., existieren mehrere Alternativen. Neben der globalen Festlegung kommen auch lokale, d. h. konfigurationsdatei- oder vorlagenbezogene Einstellungen in Frage. Da die Fehlerbehandlung das gesamte Dokumentengenerierungssystem betrifft und die für jede zu verarbeitende Datei zu erstellenden Konfigurationen einen enormen Aufwand bedeuten, sind globale Spezifikationsmöglichkeiten vorzusehen. Allerdings können unterschiedliche Dokumentenbereiche auch verschiedene Verantwortliche haben, insbesondere wenn mehrere WIS durch ein ORDBS aktualisiert werden. Daher sollte auch das bereichsweise oder einzelfallbezogene Überschreiben von Einstellungen möglich sein. Während sich globale Einstellungen zentral speichern lassen, sind für die einzelnen Bereiche oder Dateien andere Lösungen notwendig. Hierfür in Frage kommen entweder zusätzliche Attribute bei den Abhängigkeits- und Verwaltungsdaten oder die Einführung spezieller Makroanweisungen in den Konfigurationsdateien. Da in letzteren das Einbinden anderer Dateien möglich ist, können bereichsbezogene Einstellungen zentral in einer Datei vorgenommen und dann in alle anderen eingebunden werden, wobei das lokale Überschreiben jederzeit möglich ist. Verzichtet man auf die lokale Spezifikation und verwendet nur die globalen Einstellungen, so entfällt der zusätzliche Verarbeitungsaufwand und die Generierungsgeschwindigkeit steigt.

Sollen Fehlermeldungen innerhalb von Seiten ausgegeben werden oder ist innerhalb der Makroverarbeitung auf Fehler zu reagieren, so können entsprechende Informationen entweder über eigene Makros oder über Variablen in einem speziellen Namensraum bzw. als entsprechend benamte Umgebungsvariablen bereitgestellt werden.

7.5.2.3 Realisierung

Für die Realisierung der Fehlerprotokollierung ist es möglich, entweder auf die Möglichkeiten der ORDBS-Erweiterungsschnittstelle zurückzugreifen oder aber UDFs einzusetzen. Zur Umsetzung einer E-Mail-Benachrichtigung oder einer Alarmierung werden in jedem Fall UDFs benötigt. Das ORDBS muss dann beim Auftreten eines Fehlers noch in der Lage sein, mit einem externen System wie z. B. einem Mail-Server zu kommunizieren. Sieht man von Systemabstürzen ab, sollte dies aber in den meisten Fehlersituationen möglich sein. Auf diese Weise können die für das WIS und die Dokumentengenerierung Verantwortlichen direkt vom Auftreten eines Fehlers unterrichtet und Maßnahmen zu seiner Beseitigung eingeleitet werden.

7.6 Zusammenfassung

In diesem Kapitel haben wir das Konzept der ORDBS-gesteuerten Dokumentengenerierung aufgegriffen und weiterentwickelt. Nach der Modifikation von in einem ORDBS gespeicherten Daten, die für die Web-Seiten eines oder mehrerer WIS relevant sind, werden die betroffenen Dokumente durch das ORDBS automatisch aktualisiert. Zunächst haben wir detailliert die einzelnen Generierungsschritte diskutiert und haben anschließend Möglichkeiten zur Adaptierung des Verfahrens an unterschiedliche, durch den Einsatz in verschiedenen Umgebungen motivierte Anforderungen untersucht. Um den Dokumentengenerator an die Bedürfnisse des jeweiligen WIS bzw. einer Gruppe von WIS anpassen zu können, wurden über die Definition von internen Erweiterungsschnittstellen Möglichkeiten zum Austausch der meisten an der Generierung beteiligten Systemkomponenten geschaffen (siehe Abb. 7.10):

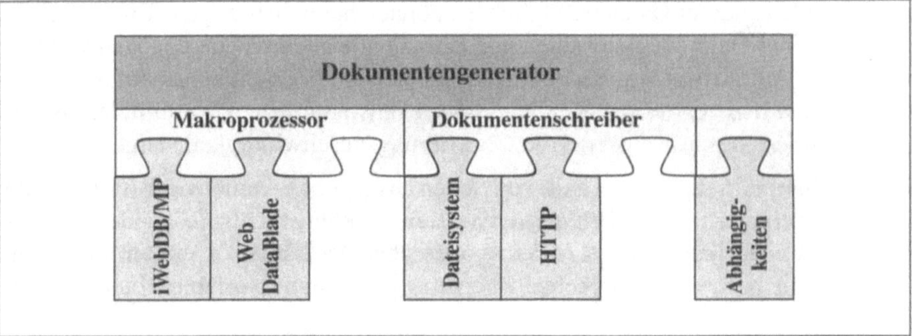

Abb. 7.10: Adaptivität des Dokumentengenerators

- Die vom Dokumentengenerator verwendete Abhängigkeitsverwaltung kann ausgetauscht werden, um so maßgeschneiderte Konzepte zuzulassen. Auf Anfrage des Generators muss die Menge der zu evaluierenden Konfigurationsdateien bestimmt werden.

- Anstelle des eingebauten und für die Verarbeitung der Konfigurationsdateien verwendeten Makroprozessors können für die eigentlichen Dokumentenvorlagen auch andere Prozessoren eingesetzt werden. Auf diese Weise ist es ohne großen Aufwand möglich, bereits bestehende und andere Werkzeuge einsetzende WIS auf die ORDBS-basierte Aktualisierung umzustellen. Zudem können auch Makroprozessoren mit besonderer und sonst nicht vorhandener Funktionalität eingesetzt werden.

- Schließlich ist es auch noch möglich, den Dokumentenschreiber auszutauschen. So lassen sich neben der Ablage der erzeugten Web-Seiten im lokalen Dateisystem auch Dokumente auf entfernten WIS mit Hilfe von Kommunikationsprotokollen wie FTP oder HTTP publizieren. Weiterhin kann der Dokumentengenerator so auch an spezielle Anforderungen in Bezug auf die Sicherheit (Authentifizierung) bzw. die Art der erforderlichen Dokumentenablage (Versionierung) angepasst werden.

Mit SQL steht eine einheitliche Sprache zum Zugriff auf Konfigurationsdateien und Vorlagen zur Verfügung. Über den Einsatz von abstrakten Tabellen können aber nicht nur intern gespeicherte Dateien zugegriffen werden, sondern durch die Bereitstellung von geeigneten benutzerdefinierten Zugriffsmethoden auch Dateien aus dem lokalen oder einem entfernten Dateisystem eingebunden werden.

Möchte man das vorgestellte Konzept auf den Einsatz mehrerer zu koordinierender DBS bzw. allgemein auf mehrere Datenquellen erweitern, so existieren die diskutierten Ansätze der internen oder externen Koordination. Beide haben jedoch ihre Schwächen, so dass zu einer zentralen Speicherung aller Web-Daten zu raten ist. Einen Ausweg stellt die Integration eines separaten Dokumentengenerierungs-Servers in das ORDBS da. Auf diese Weise kann eine Entkopplung der Änderungstransaktionen von der Generierung erreicht und somit die jeweilige Transaktionsdauer verkürzt werden. Ein weiterer Vorteil dieser Lösung ist die größere Zahl von Notifikationsmöglichkeiten bei Datenänderungen in einer externen Quelle. Leider gehört die für die Integration notwendige Funktionalität noch nicht zum Standardrepertoire von ORDBS, so dass weitere Entwicklungsmaßnahmen erforderlich sind, um auch verbesserte ORDBS-gesteuerte Dokumentengenerierunglösungen realisieren zu können.

Abschließend haben wir uns in diesem Kapitel mit der Behandlung von bei der Dokumentengenerierung auftretenden Fehlern beschäftigt. Da im Allgemeinen eine (an sich fehlerfreie) Änderungstransaktion nicht abgebrochen werden soll, müssen Laufzeitfehler abgefangen, protokolliert und den zuständigen Administratoren mitgeteilt werden. Vorteilhaft wirkt sich dabei im Vergleich zur dynamischen Seitengenerierung aus, dass bei der ORDBS-gesteuerten Dokumentenaktualisierung die Web-Dokumente trotz des Auftretens von Fehlern weiterhin verfügbar sind.

8 ORDBS-basierte Suchmaschine und Navigationshilfen

Nachdem wir im vorangegangenen Kapitel den Ansatz, Web-Dokumente automatisch durch ein ORDBS aktualisieren zu lassen, im Detail vorgestellt und diskutiert haben, wollen wir nun auf darauf aufbauende Lösungen zum vereinfachten Auffinden von Dokumenten und darin enthaltenen Informationen eingehen. Diese betreffen die Bereitstellung einer Suchmaschine zur Suche im Dokumentenbestand des WIS und ein Angebot von Orientierungshilfen, so genannten *site maps* bzw. *navigation bars*.

Im Folgenden gehen wir zunächst auf die Thematik „Lokale Suche" ein und diskutieren nach einem kurzen Rückblick auf das in Abschn. 6.1 (Seite 91) vorgeschlagene Verfahren, wie man die automatische Dokumentenaktualisierung zur Verbesserung der Ergebnisqualität von Suchanfragen verwenden kann. Im Anschluss daran betrachten wir dann die Nutzung der ORDBS-gesteuerten Seitengenerierung zur Bereitstellung von Übersichtsseiten. Hierbei skizzieren wir wieder zunächst die Grundidee, bevor wir die unterschiedlichen Aspekte im Detail vorstellen. Das Kapitel endet mit einer kurzen Zusammenfassung der Ergebnisse.

8.1 Lokale Suche

Im Folgenden stellen wir noch einmal kurz die Grundidee vor, wie durch den Einsatz des im vorigen Kapitel diskutierten Verfahrens die Qualität der Suchergebnisse verbessert werden kann. Im Anschluss daran besprechen wir die einzelnen Komponenten und Abläufe im Detail. Schließlich diskutieren wir Verbesserungs- und alternative Lösungsmöglichkeiten.

8.1.1 Überblick

Wegen ihrer Änderungshäufigkeit indexieren Suchmaschinen keine dynamisch erzeugten Web-Seiten[1]. Nur bei wenigen Suchmaschinen können bestimmte Anfragetypen mit (vermeintlich) dynamischen Inhalt in die Indexierung aufgenommen

---

1 Weil mit Hilfe dynamisch erzeugter Seiten aufgebaute Teile eines WIS nicht in Suchmaschinen aufgenommen werden, werden sie auch als die sog. „hidden world" bezeichnet. Es ist nicht einfach, diese Seiten aufzufinden.

werden. Durch dieses Manko stehen zwar die gewünschten Informationen zur Verfügung, jedoch ist nicht gewährleistet, dass er sie auch mit Hilfe der Suchmaschine finden kann. An diesem Punkt setzt das bereits in Abschn. 6.1 (Seite 91) vorgestellte Verfahren an. Durch den Einsatz der ORDBS-gesteuerten Dokumentenaktualisierung wird die Zahl der dynamisch generierten Web-Seiten zu Gunsten von statischen reduziert bzw. gänzlich eliminiert. Da die statischen Dokumente von den jeweils eingesetzten Suchmaschinen indexiert werden können, steht nun eine wesentlich größere Dokumentenbasis als Suchgrundlage zur Verfügung. Die Qualität der Suchergebnisse wird somit entscheidend verbessert.

Ein weiteres Defizit klassischer Suchmaschinen ist das zur Informationsgewinnung eingesetzte Verfahren, d. h. die Art und Weise, wie die vom WIS angebotenen Dokumente erfasst und indexiert werden. So wird die Dokumentenbasis über ständig aktive Suchroboter in Bezug auf Änderungen überwacht. Stößt der Roboter bei der Navigation im Dokumentenbaum auf ein verändertes Dokument, werden die zugehörigen Einträge im Suchindex aktualisiert. Durch die Integration des Dokumentengenerators und der Suchmaschine in das ORDBS kann der Suchindex direkt nach bzw. bei einer Dokumentenänderung aktualisiert werden. Die neuen Indexdaten stehen sofort zur Verfügung und zusätzliche Suchroboter werden nicht mehr benötigt.

8.1.2 Genereller Ablauf

Um das verspätete Auffinden aktualisierter Dokumente durch den Suchroboter zu vermeiden, wollen wir, wie oben angedeutet, neben dem Dokumentengenerator auch die Suchmaschine mit ihren Komponenten in das ORDBS integrieren. Hierfür stehen prinzipiell zwei unterschiedliche Möglichkeiten zur Verfügung. Entweder kann ein Suchindex über benutzerdefinierte Indexstrukturen (siehe Abschn. 2.4.3, Seite 21) bereitgestellt („Vollintegration") oder durch die Abbildung der gesamten für die Suche benötigten Datenstrukturen auf Tabellen realisiert werden („Halbintegration"). Beide Verfahren haben ihre Vor- und Nachteile. Im Folgenden stellen wir zunächst die Voll-, anschließend die Halbintegration vor, bevor wir ihre jeweiligen Eigenschaften diskutieren.

8.1.2.1 Vollintegration

Durch die Nutzung zusätzlicher Erweiterungsmöglichkeiten eines ORDBS kann eine vollständige Integration der lokalen Suchmaschine in das ORDBS erreicht werden. Über benutzerdefinierte Indexstrukturen (siehe Abschn. 2.4.3, Seite 21) ist es möglich, eine eigene, auf die Indexierung von Textdokumenten zugeschnittene sekundäre Zugriffsmethode („Dokumentenindex") zu definieren.

Während bei einer internen Speicherung der Web-Dokumente der Index direkt auf der entsprechenden Tabelle angelegt werden kann, sind bei der eigentlich üblichen Dokumentenspeicherung im Dateisystem des Web-Servers weitere Maßnahmen notwendig. Weil der Index DB-intern angelegt wird, müssen die im Dateisystem enthaltenen Dokumente dem ORDBS in Tabellenform verfügbar gemacht werden. Mit Hilfe benutzerdefinierter Zugriffsmethoden (UDAM), d. h. über abstrakte Tabellen, kann dies jedoch erreicht werden. Der Dokumentenschreiber (siehe Abschn. 7.3.1, Seite 113) muss dann, statt das gerade erzeugte Dokument direkt in das Dateisystem zu schreiben, es in die abstrakte Tabelle einfügen bzw. dort aktualisieren. Die UDAM ist in diesem Fall für das endgültige Publizieren verantwortlich. Analog zum lokalen Dateisystemzugriff kann der Dokumentenindex über diesen Mechanismus auch beim Publizieren auf ein entferntes WIS mittels anderer Protokolle, wie z. B. FTP, über Dokumentenaktualisierungen informiert werden. Eine Alternative zur Nutzung von abstrakten Tabellen ist die doppelte Speicherung aller Dokumente, zum einen im DBS zur Indexierung, zum anderen im Dateisystem zwecks schnelleren Zugriffs. In diesem Fall wird für die bei einer Suche gefundenen Dokumente eine Umsetzung der internen auf die externen Adressen benötigt, damit ein direkter Dokumentenzugriff möglich ist[2].

```
SELECT path, lastUpdate
FROM webDocs
WHERE contains(doc, 'ORDBMS WWW WIS');
```

Beispiel 8.1: Suchanfrage mit Dokumentenindex

Für die eigentliche Suche wird den Benutzern wie bei anderen Suchmaschinen auch ein HTML-Formular zur Eingabe von Suchbegriffen angeboten. Nach der entsprechenden Eingabe wird der Inhalt der Suchmaske zur weiteren Verarbeitung an den Web-Server geschickt. Dort stehen die in Abschn. 4.2.2 (Seite 54) bzw. in Kap. 5 (Seite 67) beschriebenen Möglichkeiten zur Dokumentenerzeugung, d. h. dem Generieren einer auf dem Suchergebnis basierenden Web-Seite, zur Verfügung. Das Suchergebnis selbst wird mittels einer DB-Anfrage auf der den Index enthaltenden DB gewonnen (siehe Bsp. 8.1). Über spezielle Unterstützungsfunktionen (contains) werden dabei die Indexdaten in die Anfrage eingebunden. Im Beispiel werden der Pfad und die Zeit der letzten Aktualisierung aller Web-Seiten, die die Schlüsselwörter „ORDBMS", „WWW" und „WIS" enthalten, zurückgegeben.

8.1.2.2 Halbintegration

Bei der von uns als „Halbintegration" bezeichneten Lösung werden die für die Suche benötigten Daten in normalen Tabellen des DBS abgelegt. Für die Speicherung kann dabei sowohl auf eingebaute als auch auf benutzerdefinierte Datentypen

---

2 Für jedes Dokument kann z. B. beim Indexieren die externe Adresse angegeben werden. Bei einer Anfrage werden dann die externen Adressen der qualifizierten Dokumente als Ergebnis zurückgeliefert.

zurückgegriffen werden. Über den Einsatz von *black box* UDTs (*opaque types*) lassen sich sogar besondere, für die Ablage der Indexdaten benötigte Datenstrukturen realisieren. Somit können wieder alle Indexdaten im ORDBS gespeichert werden.

Um stets aktuelle Indexdaten und damit richtige Suchergebnisse liefern zu können, müssen die Indexdaten nach der vom Dokumentengenerator durchgeführten Seitenaktualisierung für das modifizierte Dokument erneuert werden. Weil jedoch die Suchmaschine nicht vollständig in das ORDBS integriert ist, steht der interne automatische Notifikationsmechanismus (s. o.) nicht zur Verfügung. Daher muss ein anderer Weg gefunden werden, um die Daten zu aktualisieren. Hierfür in Frage kommt die Integration einer Index-Aktualisierungsfunktion in den Dokumentengenerator, d. h., der Generator ruft nach dem Publizieren (Dokumentenschreiber) noch eine Funktion zur Indexaktualisierung auf. Diese kann entweder selbst das Dokument analysieren und daraufhin die entsprechenden Indexdaten modifizieren oder aber einer in der DB angelegten UDF das veränderte bzw. neue Dokument zwecks Analyse und Indexaktualisierung übergeben. Allerdings hat die Integration von Dokumentengenerierung und Wartung der Indexdaten den Nachteil, dass andere Modifikationen an der Dokumentenbasis nicht berücksichtigt werden und zudem durch die sehr enge Verzahnung ein Austausch der Suchmaschine nur über die Einführung von Schnittstellen möglich ist.

Einen Ausweg stellt der Einsatz von DB-Triggern dar. Werden jeweils ein INSERT-, UPDATE- und DELETE-Trigger auf der Dokumententabelle definiert, so kann der durch eine Änderungsaktion ausgelöste Trigger die Indexaktualisierung anstoßen. Die Aktualisierung läuft in diesem Fall über eine UDF, die das jeweilige Dokument analysiert und die extrahierten Daten in den entsprechenden Indextabellen speichert. Die mit Triggern überwachte Dokumententabelle kann dabei entweder wieder intern oder mittels einer UDAM bereitgestellte, extern gespeicherte Web-Seiten enthalten.

Bei der Halbintegration erfolgt die Suche ähnlich wie bei der Vollintegration über eine SQL-Anfrage. Da die Indexdaten aber über mehrere DB-Tabellen verteilt sein können, müssen diese entsprechend verknüpft bzw. die eigentlichen Anfragen und damit die Index-Tabellenstrukturen in UDFs verborgen werden (siehe Bsp. 8.2). Die UDFs können jedoch einfach mit Hilfe von SQL/PSM (siehe Abschn. 2.3.2, Seite 17) erstellt werden.

```
SELECT path, lastUpdate
FROM webindex wi, webwords ww,
WHERE wi.id=ww.id AND ww.keyword='ORDBMS';

SELECT path, lastUpdate
FROM webindex
WHERE contains(doc, 'ORDBMS WWW WIS');
```

Beispiel 8.2: Suchanfrage mit Dokumentenindex (Halbintegration)

8.1.2.3 Bewertung und Vergleich

Die beiden vorgestellten Verfahren zur Integration einer lokalen Suchmaschine in
ein ORDBS, die Voll- und die Halbintegration, können dieselbe Funktionalität bieten, wie sie auch von anderen Suchmaschinen zur Verfügung gestellt wird. Mit beiden Ansätzen lassen sich ein Dokumentenindex, die automatische Aktualisierung
nach einer Dokumentenerzeugung sowie die Suche durch einen WIS-Benutzer realisieren. Jedoch weisen die Verfahren große Unterschiede bezüglich der Umsetzung
auf und haben dementsprechende Vor- und Nachteile. Im Folgenden stellen wir
beide Ansätze gegenüber.

Bei der Vollintegration steht der Dokumentenindex wie ein eingebauter Index zur
Verfügung, der Index wird daher automatisch vom ORDBS gewartet. Bei der Halbintegration muss die Aktualisierung über den Aufruf von UDFs erfolgen. Werden
diese Funktionen nicht durch den modifizierenden Prozess, z. B. den Dokumentenschreiber, oder über den Einsatz von Triggern aufgerufen, so kann es zu inkonsistenten Indexdaten kommen. Durch die Nutzung einer (abstrakten) Dokumententabelle,
in die vom Dokumentenschreiber eingefügt bzw. auf der aktualisiert wird, können
in beiden Fällen die Indexdaten gewartet werden, einmal direkt durch das ORDBS,
einmal indirekt über Trigger. Auf diese Weise lassen sich beide Lösungen leicht
gegeneinander austauschen. Beide Ansätze haben den Nachteil, dass die Indexierung innerhalb der ohnehin schon durch die Dokumentengenerierung verlängerten
Änderungstransaktion erfolgt, so dass deren Dauer noch weiter vergrößert wird.
Wird die entsprechende DB nicht nur zur Verwaltung der für das WIS und seine
Dokumente benötigten Daten verwendet, so kann es wegen der verminderten
Nebenläufigkeit zu Problemen mit anderen Applikationen kommen. Bei einem reinen Einsatz für das WIS sollten diese prinzipiellen Nachteile aber als nicht gravie-
rend bewertet werden.

Für die Dokumentensuche unter Berücksichtigung der vom Benutzer vorgegebenen
Stichworte oder Suchausdrücke kann im Falle der Vollintegration eine „einfache"
SQL-Anfrage gestellt werden. Dies ist möglich, da die Indexnutzung automatisch
durch das ORDBS erfolgt und die eigentliche Umsetzung der Suche von den Unterstützungsfunktionen des Index bewerkstelligt wird. Je nach Mächtigkeit und Zahl
der bei der Halbintegration bereitgestellten UDFs muss hier für die Suche eine
„komplexe" Anfrage gestellt werden, bei der direkt auf die einzelnen Indextabellen
zugegriffen wird. Über die Definition entsprechender SQL/PSM-basierter UDFs
kann aber die interne Struktur verborgen werden, so dass auch hier wieder beide
Verfahren sehr ähnlich einsetzbar sind.

Bei der Vollintegration muss der Dokumentenindex sehr eng mit den internen
Schnittstellen und Datenstrukturen des ORDBS zusammenarbeiten, so dass seine
Realisierung deutlich aufwendiger als bei der Halbintegration ist. Bei dieser werden
durch den Verzicht auf benutzerdefinierte sekundäre Zugriffsmethoden nur UDFs
und UDTs verwendet. Da für beide die (SQL-) Schnittstellen halbwegs genau definiert sind, ist die Realisierung einfacher. Außerdem wird auch die Portierbarkeit auf

andere ORDBVS-Typen erleichtert bzw. aufgrund der bisher nicht zum Standardumfang gehörenden benutzerdefinierten Indexstrukturen (siehe Abschn. 2.4.3, Seite 21) erst ermöglicht.

Wie wir gesehen haben, können sowohl der Voll- als auch der Halbintegrationsansatz dem WIS-Benutzer dieselbe Funktionalität bieten. Bezüglich der Bereitstellung dieser Funktionalität und der Administration ist die Vollintegration komfortabler, da eine stärkere Verzahnung mit dem ORDBS vorhanden ist und daher einige Aufgaben automatisch durch das ORDBS erledigt werden. Legt man hingegen auf eine möglichst problemlose und auch DBVS-unabhängige Realisierung Wert, so ist die Halbintegration zu bevorzugen. Bei ihr werden nur bereits (weitgehend) standardisierte Erweiterungsschnittstellen eingesetzt.

8.1.3 Verbesserungen und Alternativen

Nach der Vorstellung der Grundverfahren zur Suchmaschinenbereitstellung wollen wir in diesem Abschnitt kurz auf mögliche Verbesserungen sowie alternative Verfahren eingehen. Der Hauptkritikpunkt an beiden Verfahren war die noch einmal verlängerte Änderungstransaktion, in der neben der Dokumentengenerierung nun auch die Indexierung durchgeführt wird. Verkürzte Transaktionsdauern lassen sich nur über die Entkopplung der Dokumenten- und der Indexaktualisierung erreichen, ähnlich der in Abschn. 7.4.5 (Seite 125) diskutierten Lösungen. Dort wurde eine Entkopplung von Daten- und Dokumentenaktualisierung über die Integration eines Generierungs-Servers in das ORDBS erreicht. Der Server wird über Änderungen unterrichtet, die eigentliche Generierung findet jedoch erst später statt. Will man eine solche Lösung auch zur Entkopplung der Indexierung nutzen, so muss der Indexierer als separater Server realisiert werden. Das ist aber bei der Vollintegration nicht möglich, weil der Index als „richtiger" DB-Index zur Verfügung steht und somit automatisch bei einer Dokumentenänderung aktualisiert wird. Folglich lässt sich nur mit Hilfe der Halbintegration eine direkte[3] Entkopplung erreichen. So kann z. B. innerhalb der Trigger statt einer UDF zur Indexaktualisierung eine UDF zur Notifikation des Index-Servers aufgerufen werden. Dieser bringt dann zeitversetzt die Indexdaten auf den neuesten Stand.

Wird bei der Seitenerzeugung ein Generierungs-Server eingesetzt, um die Daten- und die Dokumentenaktualisierung zu entkoppeln, findet die Suchindex-Aktualisierung außerhalb der Änderungstransaktion statt und der Kritikpunkt entfällt. Eine weitere Entkopplung hätte keinen Einfluss auf die Transaktionsdauern und würde nur unnötigen Aufwand bedeuten.

---

3   Eine indirekte Entkopplung ist auch bei der Vollintegration möglich: Dann nämlich, wenn schon die Dokumentengenerierung entkoppelt wurde (siehe weiterer Verlauf).

Für die Bereitstellung aktueller Indexdaten ist „nur" die Indexaktualisierung nach einer erfolgten Dokumentengenerierung erforderlich, eine Integration des Index ist dafür nicht unbedingt notwendig. Daher kann über den Einsatz von Triggern und UDFs auch eine externe Suchmaschine bzw. deren Indexierer über Dokumentenmodifikationen unterrichtet (siehe Abb. 8.1) werden, um so die entsprechende Analyse und die anschließende Indexaktualisierung in die Wege zu leiten. Die als UDF realisierte und vom Trigger nach einer Änderung in der Dokumententabelle angestoßene Benachrichtigungsfunktion muss dazu der Suchmaschine den Pfad und den Namen der modifizierten Web-Seite mitteilen.

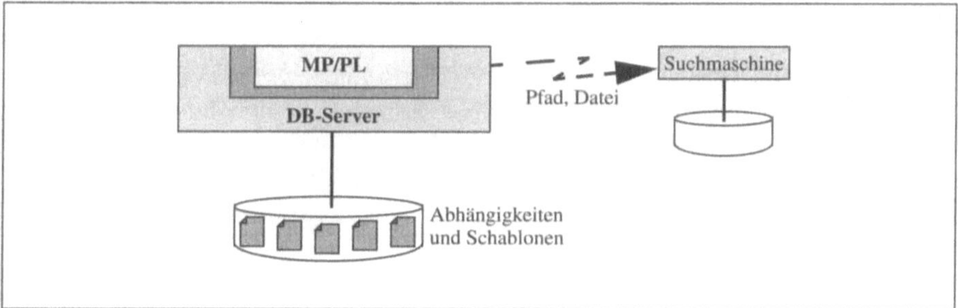

Abb. 8.1: Notifikation einer externen Suchmaschine

Der Vorteil im Verzicht auf einen eingebetteten Index liegt darin, dass theoretisch alle externen Suchmaschinen eingesetzt werden können, die in der Lage sind, nach einer expliziten Aufforderung auf ein Dokument zuzugreifen und den Index zu aktualisieren (*revisit*). Allerdings muss eine entsprechende Benachrichtigungsschnittstelle vorhanden sein, um eine geeignete Notifikationsfunktion in das ORDBS zu integrieren. Erfolgt die Änderungsmitteilung in einem von der Datenaktualisierung entkoppelten (Dokumentengenerierungs-) Prozess, so wirken sich die notwendigen Kommunikationsvorgänge nicht auf die Länge der Änderungstransaktionen aus. Allerdings ist die Suchmaschine ein externer Dienst, den es ursprünglich zu vermeiden galt. Daher ist eine integrierte und gleichermaßen leistungsfähige Suchmaschine zu bevorzugen.

8.2 Navigationshilfen

Navigationshilfen komplementieren die meist stichwortbasierte Suche durch ihre themenbezogene Strukturierung aller verfügbaren Dokumente. Aus Gründen der Übersichtlichkeit und wegen der großen Dokumentenzahl wird meist aber nur bis zu einer gewissen Tiefe gegliedert und dann auf die jeweiligen Übersichts- bzw. Einstiegsseiten verwiesen. In diesem Abschnitt greifen wir das bereits in Abschn. 6.2.2 (Seite 99) skizzierte Verfahren zur automatischen Bereitstellung aktueller Navigationshilfen auf, diskutieren konzeptionelle Details und gehen abschließend auf Verbesserungsmöglichkeiten ein.

8.2.1 Überblick

Durch die Nutzung des in Kap. 7 diskutierten Verfahrens zur ORDBS-gesteuerten Dokumentengenerierung ist es möglich, auf das Publizieren neuer und das Entfernen bereits vorhandener Web-Seiten zu reagieren und die Überblicksseiten zu aktualisieren. Auf diesem Wege können stets mit dem aktuellen Dokumentenbestand und der WIS-Struktur übereinstimmende Navigationshilfen zur Verfügung gestellt werden, wodurch das Auffinden von Informationen erleichtert wird, ohne dass eine manuelle Änderung oder eine dynamische Generierung der Seiten notwendig ist.

8.2.2 Genereller Ablauf

Nach dem kurzen Überblick über das Grundprinzip gehen wir im Folgenden auf einzelne Aspekte ein und diskutieren alternative Lösungen. Wir beginnen mit den auslösenden Ereignissen und analysieren dann Möglichkeiten zur inhaltlichen Gestaltung und automatischen Organisation der Navigationshilfen.

8.2.2.1 Ereignisse

Die Aktualisierung der Navigationshilfen, d. h. die Neugenerierung, muss wie bei der allgemeinen Dokumentengenerierung über Trigger auf der den Seiten zugrundeliegenden Datentabelle angestoßen werden. Anders als im allgemeinen Fall sind es hier aber nicht die sonst üblichen, z. B. Nachrichtenmeldungen enthaltenden Tabellen. Änderungen an den Übersichtsseiten sind nur beim Einfügen und Löschen von Dokumenten oder bei starken inhaltlichen Veränderungen notwendig. Einfüge- und Löschoperationen auf dem Dateisystem des WIS können durch den Einsatz der schon mehrfach beschriebenen Dokumententabelle protokolliert werden. Eine andere Möglichkeit zur Notifikation des Dokumentengenerators besteht in der Reaktion auf Datenänderungen im Suchindex. Wird der Index über eine Halbintegration realisiert, können Änderungen in seinen Tabellen abgefangen und der Dokumentengenerator aufgerufen werden. Bei der Verwendung einer Vollintegration ist eine Benachrichtigung durch den Index selbst notwendig, weil seine Daten nicht in DB-Tabellen abgelegt sind. Ein wesentlich größerer Aufwand entsteht beim Einsatz einer externen Suchmaschine, eine Reaktion ist nur mit erheblich größerem Aufwand zu realisieren.

8.2.2.2 Inhalte und Organisation

Navigationshilfen können auf verschiedene Arten realisiert werden. So ist es u. a. möglich, sie als Themenkatalog zu gestalten, bei dem ausgehend von Hauptthemen auf Folgeseiten eine immer stärkere Verfeinerung vorgenommen wird. Auf den Seiten des Katalogs wird entweder auf Subkategorien oder auf relevante Dokumente verwiesen. Eine andere Möglichkeit der Darstellung ist eine Schlüsselwortliste („A-Z"), bei der zu den wichtigsten[4] Schlagworten Verweise angeboten werden.

Schließlich ist es, überwiegend bei noch kleineren Web-Sites, möglich, alle Seitentitel in einer die Site-Struktur widerspiegelnden Liste einzubinden („Dokumentenliste").

Eine solche Dokumentenliste lässt sich beim Hinzufügen oder Entfernen eines Dokumentes automatisch erzeugen. Hierzu werden die Titelinformationen aller in der Dokumententabelle gespeicherten Seiten benötigt. Weil die Titelextraktion während der Generierung der Dokumentenliste schon bei wenigen Web-Seiten zu zeitaufwendig und mit jedem erneuten Erzeugen vor allem redundant ist, bietet sich die Verwaltung von Dokumentmetadaten an. Dieses kann entweder speziell für die Navigationshilfenerstellung oder im Rahmen einer allgemeinen Dokumentenverwaltung (siehe Kap. 9) geschehen. Bei einer Dokumentenaktualisierung ist gegebenenfalls der Titeleintrag zu modifizieren. Eine Alternative ist die Verwendung eines Funktionsindexes (siehe Abschn. 2.4.2, Seite 19). Der Titel der in einer Dokumententabelle verwalteten Web-Seiten wird in diesem Fall von einer Funktion extrahiert. Bei einer Dokumentenänderung wird der Titel erneut abgelegt und steht beim Funktionsaufruf ohne Dokumentenanalyse direkt zur Verfügung.

Soll eine Schlüsselwortliste realisiert werden, bietet sich die Nutzung der meist bereits in den Indexdaten vorhandenen Schlüsselwort/Dokument-Zuordnungen an. Hierbei sind allerdings nur die in den (HTML-) Meta-Angaben enthaltenen bzw. aus dem Dokumententitel extrahierte Schlüsselworte sinnvoll, um zu lange Listen zu vermeiden. Andererseits können über den gezielten Einsatz von Konfigurationsdateien die Einträge auch auf mehrere Web-Seiten aufgeteilt werden. Weil Konfigurationsdateien auch Makros für den DB-Zugriff und die Programmflusssteuerung enthalten, in ihnen die Vorlagen parametrisiert werden können und sie die Massengenerierung unterstützen, ist es über sie möglich, die Zahl der Einträge pro Übersichtsseite zu gewichten und automatisch richtig betitelte Fortsetzungsseiten zu erzeugen. Auf diese Weise ist eine automatische Reorganisation der untereinander verknüpften Navigationshilfen möglich.

Zum Erstellen eines Themenkatalogs, d. h. einer aus mehreren thematisch geordneten Seiten bestehenden Dokumentensammlung, kann ähnlich wie bei den Schlüsselwortlisten vorgegangen werden. Über den Einsatz von durch Konfigurationsdateien parametrisierten Vorlagen können ebenfalls wieder aufeinander abgestimmte Dokumente erzeugt werden. Die thematische Zuordnung der einzelnen Web-Seiten kann dabei z. B. über die Schlüsselwörter[5], über die Position im WIS-Dokumentenbaum oder über andere Kriterien erfolgen.

---

4   Das Kriterium der „Wichtigkeit" bzw. „Bedeutsamkeit" ist in der Regel sehr subjektiv. Die Liste sollte daher nicht zu knapp sein und evtl. auch Synonyme enthalten.

5   Im WWW werden immer wieder zur absichtlichen Irreführung von Suchmaschinen nicht mit den Inhalten zusammenhängende, aber Besucher anlockende Schlüsselwörter eingesetzt. Innerhalb eines WIS sollten aber ausschließlich „sinnvolle" Meta-Angaben verwendet werden, weil hierüber die Arbeit der automatischen Klassifizierer und damit indirekt auch die des Administrators erleichtert wird.

8.2.3 Verbesserungen und Alternativen

Ausgehend von dem grundlegenden Verfahren sind noch Verbesserungen möglich. Diese betreffen vor allem das „Nebeneinander" von Suchmaschine und Navigationshilfen. So ist auch die Suche in bestimmten Themenbereichen wünschenswert. Über das Einbetten eines Suchformulars und eine entsprechende Parametrisierung der Suchmaschine kann dieses erreicht werden. Hierzu ist aber eine Abstimmung der Suchkategorien mit denen des Themenkataloges erforderlich. Neben dem Einsatz von URLs oder bestimmten Schlüsselwörtern zur Kategorisierung kann aber auch auf Fähigkeiten des ORDBS zurückgegriffen werden. Setzt man nicht nur eine Dokumententabelle ein, sondern bildet eine thematisch aufgebaute Tabellenhierarchie, können gezielt Zuordnungen erzeugt werden.

8.3 Zusammenfassung

In diesem Kapitel haben wir gezeigt, wie auf der Basis der ORDBS-gesteuerten Dokumentenaktualisierung auch die Navigation innerhalb eines WIS verbessert werden kann. Über die Verbesserung der Anfrageergebnisse einer lokalen Suchmaschine sowie die erhöhte Aktualität der angebotenen Navigationshilfen wird dem WIS-Benutzer das Auffinden der von ihm gewünschten Informationen erheblich erleichtert.

Durch den Einsatz der vom ORDBS kontrollierten Dokumentengenerierung gelingt es, Web-Seiten mit aktuellem Inhalt von dem sonst üblichen Verfahren der dynamischen Seitenerzeugung auf statische Dokumente umzustellen und so die Größe der indexierbaren Dokumentenbasis zu erhöhen. Mit Hilfe eines in das ORDBS integrierten Index oder über die Nutzung von Triggern ist es zudem möglich, den Index direkt nach dem Publizieren eines Dokumentes zu aktualisieren, um so stets ein der Dokumentenbasis entsprechendes Ergebnis liefern zu können. Die jeweiligen Suchergebnisse hängen dabei allerdings auch noch von den jeweils eingesetzten, hier aber nicht besprochenen Indexierungs- und Suchalgorithmen (siehe z. B. [SM83]) ab.

Eine weitere Anwendungsmöglichkeit der ORDBS-gesteuerten Generierung bieten die Navigationshilfen des WIS. Durch das Erneuern der thematisch oder alphabetisch geordneten Übersichtsseiten direkt nach einer Aktualisierung der Dokumentenbasis lassen sich die Kataloge automatisch auf dem neuesten Stand halten, ohne dass eine dynamische Seitengenerierung notwendig ist. Zusammenfassend lässt sich festhalten, dass sich durch den Einsatz der objekt-relationalen DB-Technologie auch die lokale Suche sowie die Navigationshilfen verbessern lassen. Letztendlich führt die erhöhte Aktualität der Dokumente auch auf eine gesteigerte Qualität der Informationsbereitstellung.

9 ORDBS-basierte Dokumentenverwaltung

In den beiden letzten Kapiteln haben wir gezeigt, wie man durch den Einsatz eines ORDBS die Bereitstellung aktueller Informationen verbessern und dem WIS-Benutzer das Auffinden dieser und anderer Informationen erleichtern kann. Hierzu haben wir vor allem über die Dokumentengenerierung gesprochen und eine entsprechende Vorlagenverwaltung vorausgesetzt. In diesem Kapitel wollen wir nun auf einzelne Aspekte der ORDBS-basierten Dokumenten- und damit auch Vorlagenverwaltung eingehen, wie sie bereits in Abschn. 4.3 (Seite 56) motiviert wurden.

Allerdings werden wir die bestehenden Ansätze und Verfahren nicht im Detail vorstellen und auch die ORDBS-basierten Lösungen nicht ausführlich diskutieren. Sie dienen lediglich zur Ergänzung bzw. zur Unterstützung der bereits besprochenen ORDBS-basierten Verfahren, da ein ORDBS sowohl zur Generierung als auch zur Verwaltung von Dokumenten eingesetzt werden sollte. Die präsentierten Verfahren sind daher mehr als eine Art Ideensammlung denn als vollständige Lösungen zu betrachten.

Im Folgenden geben wir zunächst noch einmal einen Überblick über die verschiedenen Aspekte der Dokumentenverwaltung und stellen dann die bisherigen RDBS- und OODBS-basierten Techniken vor. Im Anschluss daran diskutieren wir aus dem Einsatz von ORDBS herrührende Vorteile. Das Kapitel endet mit einer Zusammenfassung der Ergebnisse. Auf Individuallösungen bzw. kommerzielle Dokumentenverwaltungssysteme werden wir an dieser Stelle nicht eingehen, da diese in der Regel auch ein DBVS oder einen persistenten Dokumentenspeicher einsetzen.

9.1 Überblick

In Abschn. 4.3 (Seite 56) haben wir bereits die Aufgaben eines Web-Dokumentenverwaltungssystems motiviert. Zu ihnen gehören neben der eigentlichen Speicherung von Dokumenten, Vorlagen und ihren jeweiligen Komponenten u. a. auch die Möglichkeit zur Versionierung und Konfiguration, die Konsistenzüberprüfung bzw. -sicherung von Verweisen, die Verwaltung von Benutzern und Gruppen, die Unterstützung bei der Reorganisation des WIS, Such- und Analysemöglichkeiten sowie die Möglichkeit des automatischen Publizierens.

In Kap. 7 (Seite 101) sind wir bereits auf Aspekte des automatischen Publizierens eingegangen. Neben der direkten Dokumentenaktualisierung nach Datenänderungen lassen sich über entsprechend aufgebaute Konfigurationsdateien auch komplexe Bedingungen formulieren. Auf diese Weise kann das Publizieren vom Eintreten weiterer (zeitbasierter) Ereignisse abhängig gemacht werden. Die im Kap. 8 (Seite 133) diskutierte lokale Suchmaschine deckt nur einen Teil der gewünschten Forderungen bezüglich der Such- und Analysemöglichkeiten ab. So werden von den WIS-Administratoren z. T. andere und auch weitergehendere als nur stichwortbasierte Suchfunktionen benötigt.

9.2 Relationale und objektorientierte Verfahren

Bislang werden häufig relationale oder objektorientierte DBS für die Web-Dokumentenverwaltung (*Content Management*) eingesetzt. In diesem Abschnitt stellen wir RDBS- und OODBS-basierte Ansätze zur Dokumentenspeicherung, ihrer Verarbeitung sowie der Administration von Dokumenten und Benutzern vor.

9.2.1 Dokumentenspeicherung

Zur Speicherung von Web-Seiten, Vorlagen und Dokumentenkomponenten gibt es beim Einsatz eines relationalen DBS (siehe Abschn. 2.2, Seite 12) unterschiedliche Möglichkeiten. So können z. B. die Dokumente außerhalb des DBS im Dateisystem abgelegt und nur die zugehörigen Verwaltungsdaten („Metadaten") intern gespeichert werden. Eine andere Möglichkeit besteht in der Nutzung von BLOBs. Die in einem Attribut dieses Typs abgelegten Dateien werden dann zwar im DBS bzw. unter DBS-Kontrolle gespeichert, jedoch haben sie dann keine besondere Bedeutung, d. h., sie werden jeweils nur als großes Objekt betrachtet. Aufgrund der fehlenden Erweiterungsmöglichkeiten bzw. Unterstützung für die speziellen Datentypen lässt sich mit SQL innerhalb der BLOBs nicht suchen. Für die Interpretation und die Verarbeitung der Dokumente müssen die externen Werkzeuge des jeweiligen Dokumentenverwaltungssystems eingesetzt werden. Das RDBS dient daher nur als Container für die Verwaltungsdaten und Dokumente, die eigentliche Verarbeitung geschieht extern (s. u.).

Soll neben der reinen Dokumentenspeicherung noch Versionierung möglich sein, muss diese über eine entsprechend aufgebaute Metadatenverwaltung und geeignete Werkzeuge realisiert werden.

9.2.1.1 Objektorientierte Verfahren

Mehr Möglichkeiten in Bezug auf die Verarbeitung bieten OODBS (siehe Abschn. 2.6, Seite 27), da hier für die Aufnahme der Web-Dokumente spezielle Datentypen mit zugehöriger Funktionalität (Methoden) definiert werden können. Die Dokumente werden also nicht mehr nur als bloße große Objekte, sondern als Instanzen eines geeigneten Typs gespeichert. Die Verwaltungsdaten können ähnlich wie in den RDBS abgelegt werden. Neben der Nutzung der objektorientierten Möglichkeiten steht alternativ wieder die Aufteilung mit der Dokumentenspeicherung im Dateisystem und den Verwaltungsdaten im OODBS zur Verfügung. In beiden

Fällen muss die Datenmanipulation außerhalb des DBS erfolgen, da die OQL nur eine Anfragesprache ist und keine Änderungsoperationen enthält. Die für den Dokumententyp definierten Methoden werden in der Regel auch nicht im OODBS, sondern im jeweiligen Anwendungsprogramm ausgeführt.

Einige OODBS bieten zwar eine einfache Versionierung an, jedoch muss in der Regel eine adäquate Versionierung wie bei den RDBS-basierten Lösungen über geeignete Verwaltungsdaten und Werkzeuge realisiert werden. Durch die objektorientierten Konzepte kann die Modellierung der Verwaltungsdaten bzw. des gesamten DB-Schemas einfacher werden.

9.2.2 Verarbeitung

Für die Verarbeitung, d. h. das Anfragen (u. a. Suche und Analyse) und das Manipulieren von Dokumenten benötigen sowohl RDBS- wie auch OODBS-gestützte Lösungen externe Werkzeuge. Bei der Verwendung von RDBS sind sie erforderlich, da es nicht möglich ist, UDFs anzulegen. Das DBS dient daher nur als reiner Datenspeicher, auf den alle Werkzeuge zugreifen (siehe Abb. 9.1), die eigentliche Verarbeitungsfunktionalität steckt in den Anwendungsprogrammen.

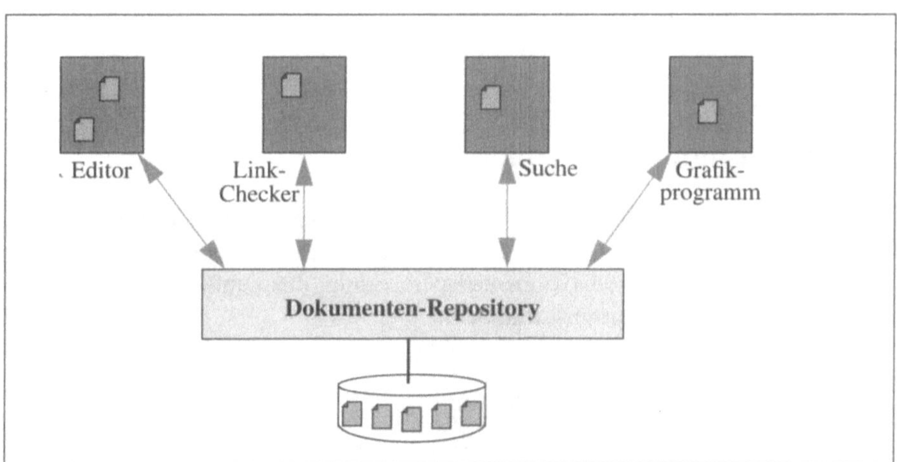

Abb. 9.1: Relationale und objektorientierte Dokumentenverwaltung

OODBS unterstützen zwar Methoden, jedoch können mit OQL nur Anfragen gestellt werden. Daher ist die Nutzung der Methoden auf den lesenden Zugriff beschränkt oder sie müssen innerhalb von Anwendungsprogramm-Code verwendet werden. Somit ist bei OODBS-basierten Lösungen die gesamte Verarbeitungsfunktionalität ebenfalls in den Anwendungsprogrammen verborgen und das OODBS wird nur zur Dokumentenspeicherung eingesetzt (Abb. 9.1).

Werden Dokumente mit einem gewöhnlichen Editor erstellt, so müssen sie in der
Regel mit einem Werkzeug in das DBS eingebracht werden. Eine andere Möglichkeit ist der Einsatz eines speziellen Editors, der die Dokumente direkt aus dem DBS
liest und dort wieder ablegt.

9.2.3 Administration

Wie schon bei der Verarbeitung auch sind beim Einsatz von RDBS und OODBS für
die Administration, d. h. die Verwaltung der Rechte und das Publizieren, die im
DBS abgelegten Daten über externe Werkzeuge zu manipulieren. Soll ein automatisches zeitgesteuertes Publizieren erreicht werden, so muss entweder auf z. T. verfügbare Betriebssystemdienste, wie z. B. „cron", zurückgegriffen werden oder es
müssen eigene, ständig aktive Programme zur zeitgenauen Aktivierung des Publi-
kationswerkzeuges eingesetzt werden.

Die Daten für die Benutzer- und Gruppenadministration können sowohl in einem
RDBS als auch in einem OODBS abgelegt werden. Sollen aber z. B. Passwörter verschlüsselt abgelegt werden, so sind im Falle einer RDBS-Nutzung die Verschlüsse-
lungs- und Validierungsfunktionen in jedem Anwendungsprogramm erforderlich.
Bei OODBS lassen sie sich z. T. als Methoden zu einem entsprechenden Typ definieren, wobei allerdings ihre Nutzung nur innerhalb von Anwendungsprogrammen
und nicht für die Server-seitige Verarbeitung möglich ist.

9.3 ORDBS-basierte Möglichkeiten

Nach der Vorstellung der RDBS- und OODBS-basierten Techniken für die Dokumentenverwaltung diskutieren wir im Folgenden ORDBS-basierte Möglichkeiten.
Zunächst gehen wir auf die Dokumentenspeicherung, dann auf ihre Verarbeitung
und schließlich auf ihre Administration ein.

9.3.1 Dokumentenspeicherung

Neben den relationalen Speicherungsvarianten bieten objekt-relationale DBS noch
weitere Möglichkeiten. Durch die Nutzung der Erweiterbarkeit lassen sich Dokumente wie Instanzen eingebauter Datentypen behandeln. Auf diese Weise wird eine
bessere Integration in das DBS erzielt[1]. Im Folgenden diskutieren wir jeweils kurz
unterschiedliche Realisierungsmöglichkeiten.

---

[1] Wegen der gleichen Verarbeitungsmöglichkeiten für neue und eingebaute Datentypen sagt man, dass
die neuen Datentypen zu „first-class citizens", zu Bürgern erster Klasse werden.

9.3.1.1 Opaque Typen

Durch die Definition eines opaquen Typs (siehe Abschn. 2.4.1, Seite 18) kann ein benutzerdefinierter Typ erzeugt werden, dessen interne Struktur dem ORDBS nicht bekannt ist. Zur Verarbeitung entsprechender Daten müssen daher Unterstützungsfunktionen realisiert werden. Legt man auf diese Weise einen Typ zur Aufnahme von Dokumenten an, so können Web-Seiten, Vorlagen und Komponenten wie Daten eines eingebauten (SQL-) Typs verwaltet werden. Dies bedeutet, dass die Dokumente sowohl in SQL-Anfragen verwendet als auch über Änderungsoperationen DBS-intern manipuliert werden können. Werden zusätzlich noch geeignete, auf den Typ zugeschnittene UDFs zur Verfügung gestellt, so sind weitergehende Anfragen und Manipulationen möglich (s. u.). Damit stehen XML bzw. HTML als vollwertige Datentypen im DBS bereit.

9.3.1.2 Abstrakte LOBs und Abstrakte Tabellen

Ähnlich wie bei den RDBS und OODBS können die Dokumente ebenfalls im Dateisystem abgelegt werden. Über die von einem ORDBS angebotenen Konzepte ist es möglich, die Dateien gleichzeitig auch im DBS verfügbar zu machen.

Eine Möglichkeit zum Einbinden der extern gespeicherten Dokumente sind die abstrakten großen Objekten (*abstract Large OBjects*, siehe Abschn. 2.5.3, Seite 26). Mit ihrer Hilfe kann auf die Dateien wie auf intern im DBS gespeicherte Objekte zugegriffen werden. Ein Nachteil dieses Ansatzes ist es, dass die so eingebundenen Objekte nicht als XML- bzw. HTML-Typ zur Verfügung stehen. Hierdurch gehen die Typinformation und die Möglichkeit, entsprechend typisierte UDFs aufzurufen, verloren.

Durch die Nutzung abstrakter Tabellen werden die angesprochenen Nachteile vermieden. Bindet man das Dateisystem über eine abstrakte Tabelle ein, so können die Dateiinhalte dabei als Instanzen des oben beschriebenen Datentyps „XML-Dokument" für die interne Verarbeitung verfügbar gemacht werden. Auf diese Weise ist es möglich, die zugehörigen UDFs innerhalb von SQL-Anweisungen auf die externen Daten anzuwenden.

9.3.1.3 Versionierung

Zwar lassen sich die schon beim Einsatz von RDBS oder OODBS bestehenden Versionierungs- und Konfigurationsmöglichkeiten durch die Nutzung von UDFs verbessern, besondere Vorteile werden aber erst aus dem Zusammenspiel von objektorientierter Modellierung und den Erweiterungsmöglichkeiten erzielt. Wegen der daraus resultierenden Komplexität wollen wir nicht weiter darauf eingehen, sondern auf vorhandene Ansätze verweisen. Die Nutzung von ORDBS für versionierte Repositories wird u. a. in [HMRS00] untersucht.

9.3.2 Dokumentenverarbeitung

Der gerade angesprochene Mechanismus der abstrakten Tabellen kann nicht nur
zum Zugriff auf extern gespeicherte Dateien genutzt werden, sondern auch zur ein-
facheren Einbindung von nicht zum System gehörenden Werkzeugen, wie z. B. Editoren (siehe Abb. 9.2). Ein Großteil der verfügbaren Werkzeuge ist dateisystemba-
siert und kann nur mit dort abgelegten Dokumenten arbeiten. Mussten die Dokumente deswegen mit Hilfe eines Programms aus dem Dokumenten-
verwaltungssystem exportiert und für die Verarbeitung bereitgestellt werden, so
können sie nun über SQL zwischen dem DBS und dem Dateisystem ausgetauscht
werden. Wird zusätzlich noch das Konzept der DATALINKs eingesetzt, kann das
ORDBS weiterhin die Kontrolle über die im Dateisystem verfügbaren Dokumente
behalten.

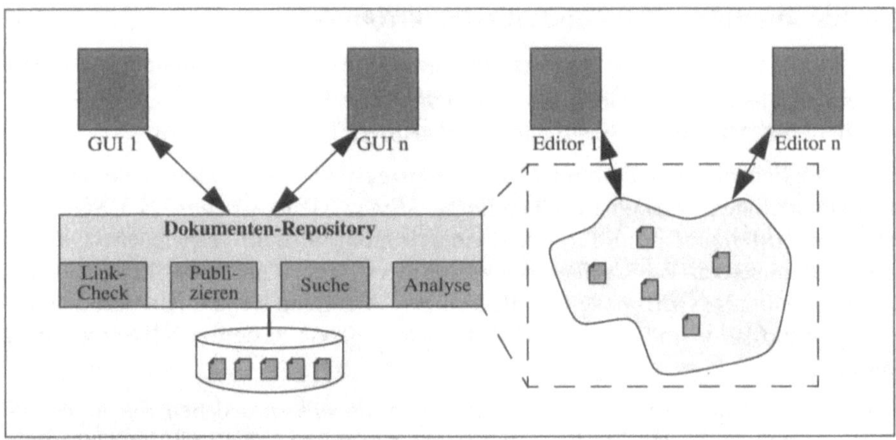

Abb. 9.2: Objekt-relationale Dokumentenverwaltung

9.3.2.1 Entfernte Wartung und zentrale Funktionalität

Für die Verarbeitung insgesamt ergeben sich auch Vorteile, wenn spezielle Werkzeuge bereitgestellt werden sollen. Anders als im relationalen oder objektorientierten Fall kann die Verarbeitung Server-intern erfolgen. Dokumente müssen zum
Erledigen bestimmter Aufgaben nicht mehr zum jeweiligen Programm transportiert,
dort verarbeitet und dann zurückgeschrieben werden. Durch die Integration von
Verarbeitungsfunktionen in das ORDBS (s. u. und Abb. 9.2) können viele der Aufgaben im Server abgewickelt werden. In diesen Fällen benötigt die Anwendung
anstelle zahlreicher Funktionsmodule nur noch eine graphische Benutzerschnittstelle (GUI) sowie eine DB-Verbindung. Über letztere, z. B. via JDBC, können
innerhalb von SQL-Anweisungen die Verarbeitungsfunktionen auf den gewünschten Dokumenten ausgeführt werden. Weil für die nur noch aus einer GUI bestehenden Werkzeuge keine weiteren Bibliotheken notwendig sind, lassen sich ohne großen Aufwand Programme mit unterschiedlicher GUI und auf mehreren Plattformen,

z. B. auch als Anwendung im Web-Browser, bereitstellen. Auf diese Weise wird auch eine Fernwartung, z. B. über einen Web-Browser, ermöglicht, da nunmehr wenig Voraussetzungen auf der Client-Seite bestehen und zudem noch deutlich weniger Daten zwischen Anwendung und DBS übertragen werden müssen.

9.3.2.2 Validierung von Verweisen

Auch die Validierung von Verweisen lässt sich direkt in das ORDBS integrieren. Zum Überprüfen von Hyperlinks kann man entweder regelmäßig allen Verweisen in einem Dokumentenbaum folgen und so ungültige lokale Links finden oder es ist möglich, beim Erzeugen bzw. Publizieren eines Dokumentes dieses zu analysieren und auf mögliche Inkonsistenzen hinzuweisen. In beiden Fällen lassen sich UDFs zum Extrahieren der Verweise verwenden. Da die URIs innerhalb des jeweiligen Kontextes interpretiert werden müssen (siehe [BFM98]), ist dabei das gesamte Dokument zu analysieren, um die enthaltenen Hyperlinks in eine einheitliche absolute Form zu bringen.

```
CREATE ASSERTION checkForOpenLinks
CHECK (SELECT LinkCheck(docContent, name, path)
    FROM webDocs
    WHERE pubDate=CURRENT_DATE)
DEFERRABLE INITIALLY DEFERRED;
```

Beispiel 9.1: Automatische Validierung von Verweisen

Soll eine Validierung beim Publizieren durchgeführt werden, können die extrahierten Verweise mit Informationen über bereits im WIS verfügbare Dokumente abgeglichen werden. Beim Publizieren mittels einer abstrakten Tabelle ist es zudem möglich, über einen Trigger den Namen und Pfadinformationen in eine interne Verwaltungstabelle einzutragen. Zugleich werden diese Informationen aber auch zur Interpretation der im Dokument enthaltenen URIs benötigt. Da in einer Transaktion mehr als ein Dokument publiziert werden kann und diese in der Regel untereinander verknüpft sind, kann die Verweisvalidierung nicht direkt erfolgen, sondern muss auf das Transaktionsende verschoben werden. Ein Überprüfen innerhalb eines Triggers kommt damit nicht in Frage. Eine Möglichkeit ist daher der Einsatz von verzögert ausgeführten Zusicherungen (siehe Bsp. 9.1). Über eine innerhalb einer *Assertion* ausgeführte UDF lassen sich alle überprüfbaren[2] offenen Verweise finden. Wird ein ungültiger Verweis gefunden, gibt es verschiedene Reaktionsmöglichkeiten.

---

2   Eine grundsätzliche Validierung ist nicht möglich und das Überprüfen aller Verweisarten aus Zeit- und Komplexitätsgründen in der Regel nicht sinnvoll. Vielmehr kann z. B. überprüft werden, ob die referenzierten Dokumente auf dem WIS verfügbar sind, also publiziert wurden.

- Auslösen einer Ausnahmemeldung (*exception*): Hierdurch wird die Transaktion zurückgesetzt. Dies ist aber nicht sinnvoll, da die zuvor in abstrakten Tabellen „abgelegten" Daten nicht gelöscht und daher der Ausgangszustand nicht wieder hergestellt werden kann.

- Protokollierung und Benachrichtigung: Die Validierungsfunktion wird ohne Fehlermeldung beendet. Innerhalb der UDF wird eine Nachricht mit den jeweils entdeckten Inkonsistenzen in eine Protokolldatei geschrieben oder via E-Mail an den Administrator geschickt (siehe auch Abschn. 7.5, Seite 126). Auf diese Weise wird die Transaktion erfolgreich beendet und die inkonsistenten Hyperlinks können später beseitigt werden.

9.3.2.3 Erweiterte Analyse und Suche

Für die Analyse von und die erweiterte Suche in den verwalteten Dokumenten kann über UDFs entsprechende Funktionalität bereitgestellt werden. So lassen sich z. B. ein XML-Parser und darauf aufbauende Analysefunktionen in das ORDBS integrieren. Beim Einfügen eines Dokumentes oder auch gezielt über eine von einem Administrator gestellte Anfrage lassen sich dann nicht-wohlgeformte oder nicht-gültige Dokumente erkennen. Anders als bei den RDBS- und OODBS-basierten Werkzeugen stehen nicht nur die reinen ein bestimmtes Ergebnis liefernden Analysefunktionen zur Verfügung. Weil die UDFs über SQL aufgerufen und im DBS verarbeitet werden, können sie mit beliebigen anderen Funktionen kombiniert und die Such- und Analysemöglichkeiten damit wesentlich erhöht werden. Dokumente lassen sich nicht mehr nur auf ihre Gültigkeit hin überprüfen, sondern auch mit operationalen Daten und Metadaten verknüpfen.

Für die im System verwalteten XML-Dokumente können neben der Dokumentenvalidierung auch strukturbasierte Suchfunktionen angeboten werden, um die Administratoren in die Lage zu versetzen, nach Dokumenten mit bestimmten Charakteristika zu suchen. Beispielsweise sind Anfragen nach Dokumenten mit bestimmten Elementen oder einer gewünschten Elementschachtelung möglich. Für die Suche können z. B. XPath- bzw. XPointer-Ausdrücke (siehe Abschn. 3.2.2, Seite 43) verwendet werden. Im Bsp. 9.2 wird ein XPointer-Ausdruck zur Suche nach allen Dokumenten mit der angegebenen Schachtelung eingesetzt.

Um die dabei erforderliche Dokumentenanalyse zu beschleunigen, lassen sich entweder Funktionsindizes oder benutzerdefinierte Indexstrukturen einsetzen (siehe Abschn. 2.4 ab Seite 18). Während über einen Funktionsindex die Ergebnisse für den Funktionsaufruf mit in einer bestimmten Tabelle verwalteten Dokumenten vorberechnet werden, kann eine benutzerdefinierte Indexstruktur von mehreren UDFs genutzt werden, um deren Ausführung zu beschleunigen. Eine spezieller Index für die strukturbasierte Suche ist daher vorzuziehen.

```
SELECT name, pfad, autor
FROM xmlDocs
WHERE struktur("root().child(9, Kapitel).child(3,Abschnitt)");
```

Beispiel 9.2: Strukturelle Suche

9.3.3 Administration

Für die Speicherung bzw. Verwaltung von Benutzer- und Gruppendaten stehen durch die Nutzung von UDFs neue Möglichkeiten zur Verfügung. So lassen sich nun die Passwörter in verschlüsselter Form im DBS ablegen und auch dort direkt validieren. Zwar ist es über SQL möglich, entsprechende Zugriffsrechte auf DB- oder Tabellenebene zu vergeben, jedoch können im Klartext abgelegte Passwörter immer noch von bestimmten Benutzergruppen, wie z. B. dem DB-Administrator gelesen werden. Bei einer verschlüsselten Ablage wird dies ausgeschlossen. Im Vergleich zu einer anwendungsinternen Datenverschlüsselung mit anschließender Speicherung in der DB müssen bei einer UDF-Lösung die Verschlüsselungs- und Validierungsfunktionen nicht mehr in jedem Werkzeug vorhanden sein. Allerdings werden die Daten nun nicht mehr im verschlüsselten Zustand übertragen, so dass für ihre sichere Übertragung evtl. zusätzlicher Aufwand entsteht.

9.3.3.1 Metadaten

Für die Dokumentenverwaltung werden auch Metadaten benötigt. Die meisten diesbezüglichen Aspekte profitieren kaum vom ORDBS-Einsatz. Allerdings lassen sich die Metadaten z. T. automatisch durch das DBS pflegen. So ist es z. B. möglich, beim Publizieren eines Dokumentes über einen Trigger das entsprechende Veröffentlichungsdatum in die internen Tabellen einzutragen oder mit Hilfe einer Analysefunktion den Dokumententitel aus einer HTML-Seite zu extrahieren.

9.3.3.2 Reorganisation

Die Reorganisation von WIS ist ein komplexer Vorgang, dessen Durchführung und Aufwand sehr stark von der Dokumentenverwaltung abhängt. Generell können durch den ORDBS-Einsatz über die Möglichkeiten der Server-internen Verarbeitung, d. h. der Nutzung von UDFs zur Umwandlung von Dokumenten, Vorteile erreicht werden. Diese hängen aber vom Aufbau der Metadatenverwaltung sowie anderer Faktoren ab. Es ist z. B. möglich, die Dokumente beim Einlagern mittels UDFs zu analysieren und alle enthaltenen Verweise durch IDs zu ersetzen. Bei der Reorganisation müssen dann nur die in der zentralen Verweistabelle gespeicherten Pfade angepasst werden. Beim Auslagern von Dokumenten können über UDFs die enthaltenen Verweis-IDs durch die jeweils aktuellen Verweise ersetzt werden. Soll für die Administratoren weiterhin eine Suche und Analyse in den gespeicherten Dokumenten möglich sein, so sind die Suchoperationen und evtl. auch die Indexstrukturen an die Verweisverwaltung anzupassen.

9.4 Zusammenfassung

In diesem Kapitel haben wir einzelne Aspekte innerhalb der Thematik der Dokumentenverwaltung näher betrachtet, um mögliche Vorteile durch den Einsatz von ORDBVS aufzuzeigen. Da ORDBVS sowohl die relationalen Eigenschaften als auch Anleihen aus dem Gebiet der OODBVS haben, stellen sie sich in keinem Fall schlechter als die bisherigen Lösungen. Allgemein lässt sich sagen, dass neben den im Vergleich zu relationalen Systemen hinzugewonnenen objektorientierten Modellierungsmöglichkeiten vor allem die benutzerdefinierten Erweiterungen, insbesondere auch die primären und sekundären Zugriffsmethoden (abstrakte Tabellen und Indexstrukturen) zu Vorteilen führen.

Bei der Dokumentenspeicherung werden die Web-Seiten durch die UDT-Nutzung wie Instanzen eingebauter Datentypen behandelt, sie sind nun „first-class citizens", also Bürger erster Klasse. Über den Einsatz von abstrakten Tabellen kann eine Dateisystemintegration erreicht werden, wobei mit Hilfe von DATALINKs das DBS weiterhin die Kontrolle über die extern abgelegten Dokumente behält. Durch die externe Bereitstellung können dateibasierte Werkzeuge zur Dokumentenverarbeitung verwendet werden, ohne dass jeweils ein Ex- und Import über ein Hilfswerkzeug notwendig ist.

Über die Integration von Verarbeitungsfunktionalität in das ORDBS lassen sich Anwendungsprogramme mit geringer Größe bereitstellen; sie offerieren nur noch eine graphische Benutzerschnittstelle zur zentralen ORDBS-seitigen Anwendungslogik. Die eigentliche Dokumentenverarbeitung findet im DBS statt, das Übertragen von großen Datenpaketen entfällt, so dass nun auch eine Fernwartung des WIS möglich wird. Die für die Dokumentenverarbeitung benötigte Funktionalität wird als UDF in das ORDBS integriert. Such- und Analysefunktionen können über den Einsatz von Funktionsindizes und speziellen benutzerdefinierten Indexstrukturen unterstützt werden, um dadurch die Ausführungsgeschwindigkeit zu erhöhen.

Insgesamt ist festzuhalten, dass sich die unterschiedlichen Bereiche der Dokumentenverwaltung durch den ORDBS-Einsatz verbessern lassen.

10 Realisierungsaspekte

Nach der Diskussion der ORDBS-basierten Möglichkeiten zur Verbesserung eines WIS bzw. der jeweiligen Administration wollen wir in diesem Kapitel auf einzelne Realisierungsaspekte und die dabei gewonnenen Erfahrungen eingehen. Letztere betreffen nicht nur ihre Umsetzung und einzelne ORDBVS, sondern auch die Praktikabilität der vorgestellten Verfahren. Im Folgenden geben wir zunächst einen Überblick über das Projekt iWebDB [Loe99, Loe00a, Loe00b, LR99, LS00], den konzeptionellen Rahmen, in dem die einzelnen Verfahren entwickelt und getestet wurden. Im Anschluss daran gehen wir dann auf Aspekte einzelner iWebDB-Module ein, bevor wir die Ergebnisse von einfachen Leistungstest im Hinblick auf die Praktikabilität der Verfahren diskutieren. Danach folgen Anmerkungen zu den mit kommerziell verfügbaren ORDBVS gemachten Erfahrungen sowie zu SQL:1999. Das Kapitel schließt mit einer Zusammenfassung.

10.1 iWebDB

Unter dem Projektnamen iWebDB[1] [Loe99, Loe00a, Loe00b, LR99, LS00] haben wir die einzelnen, in den vorangegangenen Kapiteln vorgestellten Aspekte des ORDBS-gestützten Betriebs eines WIS „in der Praxis erprobt" bzw. prototypisch umgesetzt. Innerhalb des Rahmenwerkes iWebDB existieren mehrere Komponenten (siehe Abb. 10.1), die die einzelnen thematisch zusammenhängenden Aspekte behandeln. Zudem war es durch die Komponentenbildung möglich, die unterschiedlichen Thematiken weitgehend unabhängig voneinander anzugehen und in Form von Funktionsbibliotheken bzw. DB-Erweiterungsmodulen umzusetzen.

In diesem Abschnitt geben wir zunächst einen Überblick über iWebDB und die für dieses Buch relevanten Komponenten. Im Anschluss daran gehen wir erst auf allgemeine, die Realisierung aller Komponenten betreffende Punkte ein, bevor wir besprechen, wie die einzelnen Module realisiert und welche Erfahrungen dabei gemacht wurden.

---

1   iWebDB steht dabei für „integrierte Web-Datenbank", um das Ziel der vollständigen Dienste-Integration in ein ORDBS zum Ausdruck zu bringen. Neben dieser Definition existiert aber auch, in Analogie zu zahlreichen Produktnamen und Schlagwörtern einzelner Unternehmen, die Deutung des „i" für „Internet".

10.1.1 Übersicht

Der für dieses Buch relevante Teil des (logischen) Systems iWebDB besteht aus fünf
in ein ORDBS integrierten Modulen (Doc, ED, MP, DG und eXtract) sowie dem
externen Programm SM, wobei das Modul MP auch außerhalb des DB-Servers verwendet werden kann. Im Folgenden charakterisieren wir kurz die einzelnen
iWebDB-Komponenten.

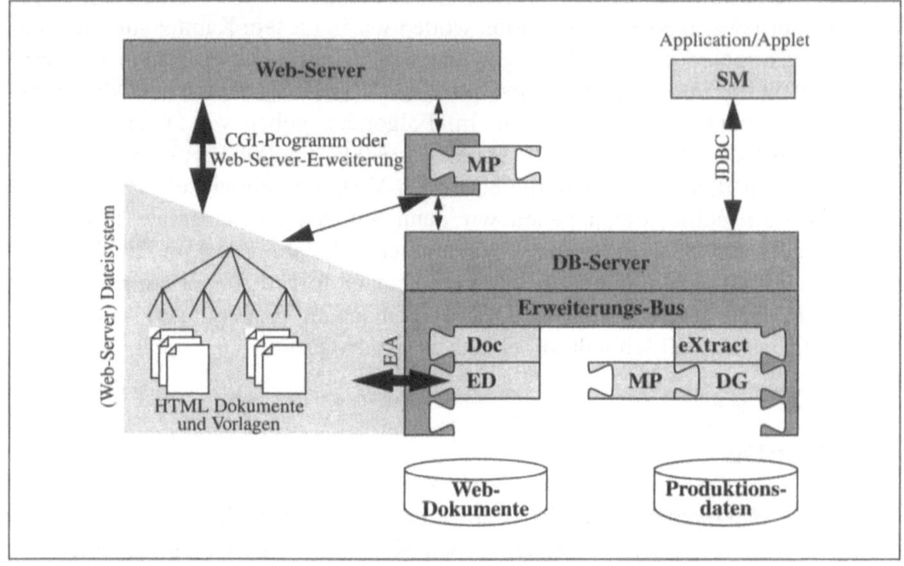

Abb. 10.1: iWebDB - Übersicht

- Im Modul iWebDB/Doc werden alle mit der Dokumentenspeicherung zusammenhängenden Aufgabenbereiche zusammengefasst (siehe Abschn. 9.3,
  Seite 146). Hierzu gehören die Bereitstellung geeigneter Datentypen für die
  Aufnahme von Dokumenten, Vorlagen und ihren Komponenten sowie Funktionen zu ihrer DBS-internen Handhabung.

- Die in den vorangegangenen Kapiteln häufig diskutierte Integration des Dateisystems sowie anderer Dienste via abstrakter Tabellen wurde im Rahmen des
  Moduls iWebDB/ED (*external data*) untersucht.

- Das Modul iWebDB/MP (*macro processor*) stellt einen für die Analyse der Konfigurationsdateien und Expansion der Vorlagen benötigten Makroprozessor zur
  Verfügung. Er kann, wie in Abb. 10.1 zu sehen, auch als Basis für andere Lösungen zur Dokumentenbereitstellung dienen, z. B. als Basis für ein Servlet.

- Im Rahmen von iWebDB/DG (*document generator*) wurden Aspekte zur
  ORDBS-gesteuerten automatischen Dokumentengenerierung (siehe Kap. 7,
  Seite 101) untersucht.

- Als letztes der in das ORDBS integrierten Module existiert noch iWebDB/
  eXtract (extrahieren). In ihm wird die gesamte mit der Suche und Analyse
  zusammenhängende Funktionalität bereitgestellt, wie z. B. ein entsprechender
  Dokumentenindex.

- Das Programm iWebDB/SM (*site manager*) stellt eine grafische Benutzeroberfläche zur Verwaltung der im ORDBS gespeicherten Dokumente, zur Spezifikation von Dokumentenabhängigkeiten sowie zur Administration von Benutzern
  und Gruppen zur Verfügung. Desweiteren werden die im ORDBS vorhandenen
  Verwaltungsstrukturen (Datentypen, Schema und Funktionalität) für die erwei-
  terten Aufgaben ergänzt.

Neben den oben angesprochenen Modulen existieren noch weitere [SRL00]. In
ihnen werden in diesem Buch angesprochene Themen und Probleme aufgegriffen
und genauer betrachtet. Sie zielen u. a. als Ergänzung zu iWebDB/Doc auf die frag-
mentierte, versionierte Speicherung von XML-Dokumenten sowie als Fortführung
des Integrationsgedankens auf die Einbettung eines Web-Servers in das ORDBS ab.

10.1.2 Allgemeines

Beim Entwurf der einzelnen iWebDB-Module wurde auf eine möglichst gute Über-
tragbarkeit der Ergebnisse auf andere ORDBVS Wert gelegt. Zu Beginn des
iWebDB-Projektes wurden dazu die zum damaligen Zeitpunkt verfügbaren
ORDBVS[2] getestet und im Hinblick auf ihre objekt-relationalen Fähigkeiten und
auf ihre Erweiterbarkeit untersucht [Hei98]. Damals zeigten sich noch sehr große
Unterschiede bezüglich der Erweiterungsfähigkeiten und der für ihre Nutzung
benötigten Programmiersprachen und Kenntnisse. Mittlerweile hat sich, im Vergleich zu 1998, eine verhältnismäßig große Zahl an von allen Systemen angebotenen objekt-relationalen Fähigkeiten herausgebildet (siehe auch Abschn. 2.4,
„Erweiterbarkeit", Seite 18). So unterstützen heute alle ORDBVS den Einsatz von
in Java [GJS96] realisierten UDFs. Aus diesem Grund haben wir, soweit es für das
jeweilige benutzerdefinierte Konstrukt überhaupt möglich war, Java für die prototypische Realisierung eingesetzt. Hierdurch kann eine relativ schnelle und weitgehend
problemlose Umsetzung der Konzepte erreicht werden, jedoch, im Vergleich zu C,
mit negativem Einfluss auf die Ausführungsgeschwindigkeit.

Nach den in [Hei98] erfolgten Tests wurde das ORDBVS Informix Dynamic Server[3] [Inf99a] als primäre Entwicklungsplattform ausgewählt, da es neben der Erweiterung des Typsystems und der Definition von Funktionen auch benutzerdefinierte

---

2   Zu diesem Zeitpunkt trugen die meisten der so genannten objekt-relationalen DBVS ihre Bezeich-
     nung zu Unrecht. Die Bezeichnung „relationales DBVS mit ersten objekt-relationalen Fähigkeiten"
     wäre ein besserer Begriff gewesen. Innerhalb der letzten beiden Jahre haben alle der auf dem
     ORDBVS-Markt vertretenen Hersteller ihre Systeme deutlich erweitert, so dass der Titel ORDBVS
     heute trotz so mancher Einschränkung zu Recht verwendet werden kann.

primäre und sekundäre Zugriffsmethoden unterstützt. Auf diese Weise konnten die meisten der vorgestellten Konzepte mit einem ORDBVS auf ihre Praxistauglichkeit hin getestet werden.

10.1.3 Der Makroprozessor iWebDB/MP

Nach der Vorstellung aller relevanten iWebDB-Module wollen wir in diesem Abschnitt kurz auf iWebDB/MP [Bec99], den bei iWebDB eingesetzten Makroprozessor, eingehen. Beim Entwurf des Makroprozessors stand neben der Bereitstellung der in Abschn. 7.2.2 und Abschn. 7.2.3 (ab Seite 107) für die Verarbeitung von Konfigurationsdateien und Vorlagen geforderten Funktionalität vor allem die einfache Verwendung in unterschiedlichen Generatoren im Vordergrund. So soll es möglich sein, den Makroprozessor auch für Servlets oder in CGI-Programmen zu nutzen, um auf Basis gleicher Makros bzw. Vorlagen auch dynamisch generierte Dokumente bereitstellen zu können.

Daher wurde der Makroprozessor als Java-Funktionsbibliothek entworfen. Über einfache Konfigurationsanpassungen ist es möglich, den verwendeten JDBC-Treiber [WH99] auszuwechseln und so auf andere DBS zuzugreifen. Zudem bieten mittlerweile alle kommerziell verfügbaren ORDBVS eine Möglichkeit zur Ausführung Java-basierter UDFs an, so dass eine schnelle Portierung auf andere Systeme und damit das Ziel einer Hersteller-unabhängigen Lösung erreicht werden kann.

10.1.4 Der Dokumentengenerator iWebDB/DG

Basierend auf der Makroprozessorbibliothek iWebDB/MP wurde prototypisch ein Dokumentengenerator realisiert [Loe00a, Loe00b, Web00]. In einer zentralen Abhängigkeitstabelle (dependencies, siehe Abb. 10.2) können die eigentlichen Abhängigkeiten spezifiziert werden. Zusätzlich existieren noch drei weitere Tabellen zur Aufnahme von Name/ID-Paaren für die Konfigurationsdateien, die Vorlagen und die von einer Änderung betroffenen Tabellen. In der Abhängigkeitstabelle werden dann jeweils eine ID für diese drei Elemente sowie Werte für die drei möglichen Ereignisarten (INSERT / UPDATE / DELETE) eingetragen. Für jede Ereignisart muss spezifiziert werden, ob vorher (BEFORE) oder nachher (AFTER) bezogen auf die Anweisung oder für jedes betroffene Tupel (FOR_EACH_ROW) reagiert werden soll[4]. Für die bei Änderungen zu berücksichtigenden Tabellen müssen entsprechend der

---

3   Das ORDBVS wurde aus Marketing-Gründen mehrere Male umbenannt. Es basiert auf der Integration der Erweiterungsinfrastruktur des von Informix aufgekauften ORDBVS Illustra in das RDBVS „Informix Online Dynamic Server". Das daraus resultierende Produkt wurde zunächst „Informix Universal Server" benannt, später dann in „Informix Dynamic Server with Universal Data Option (IDS/UDO)" und schließlich in „Informix Dynamic Server.2000" bzw. „Informix Internet Foundation.2000" umgetauft. Anzumerken ist, dass auch die Marketingabteilungen der anderen Hersteller nicht untätig waren und ebenfalls mit Hilfe der Schlagwörter „Universal" und „Internet" Produktnamen kreiert haben.

Aktivierungswünsche geeignete Trigger definiert werden, die nach ihrer Auslösung den Dokumentengenerator über einen parametrisierten UDF-Aufruf (check, siehe Abb. 10.2) aktivieren.

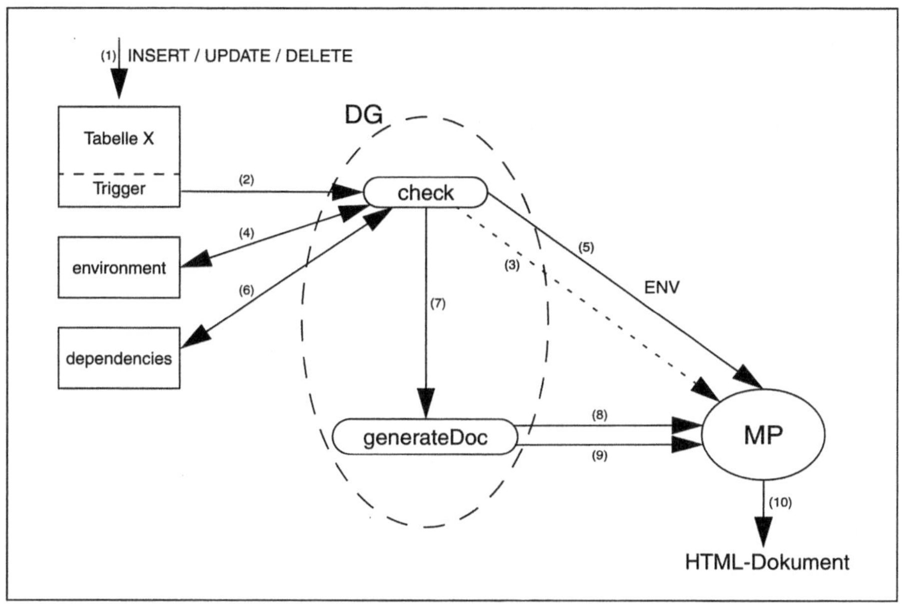

Abb. 10.2: Ablauf beim Dokumentengenerator iWebDB/DG

Wie bei der Diskussion der ORDBS-gesteuerten Dokumentengenerierung besprochen (siehe Kap. 7, ab Seite 101) werden nach der Initialisierung zunächst die von der aktuellen Datenmodifikation betroffenen Konfigurationsdateien bestimmt, diese evaluiert und dann die jeweiligen Vorlagen zu Web-Seiten expandiert. Für eine schnellere Umsetzung wurde auf einen Großteil der angesprochenen Konfigurationsmöglichkeiten verzichtet. In einer ersten Variante müssen daher die Konfigurationsdateien und die Vorlagen im Dateisystem abgelegt werden, die generierten Dokumente werden ebenfalls in das Dateisystem geschrieben.

Über eine Erweiterung des Dokumentengenerators und entsprechende Einstellungen in der Konfigurationsdatei ist es möglich, für die Seitengenerierung anstelle von iWebDB/MP auch den Makroprozessor des Informix Web Datablade [Inf99c] zu verwenden. Hierdurch steht neben einem prototypisch realisierten und daher eingeschränkten auch ein kommerzieller und leistungsfähigerer Makroprozessor zur Verfügung.

---

4   Das Informix-ORDBVS unterstützt derzeit keine SQL:1999-konforme Trigger-Syntax. Zeilen- und tabellenweise ausgeführte Trigger lassen sich zwar spezifizieren, allerdings mit einer eingeschränkten Mächtigkeit bezogen auf die Auslösungszeitpunkte.

Auf die für die Generierung erzielten Geschwindigkeiten sowie die bei der Realisierung gemachten Erfahrungen werden wir weiter unten, in den Abschnitten 10.2 („Leistungsaspekte und Praktikabilität") und 10.3 („Kommerzielle ORDBVS und SQL:1999"), eingehen. Zwei komplette Anwendungsbeispiele für den Dokumentengenerator, je mit einem der beiden Makroprozessoren, finden sich im Anhang auf Seite 193.

10.1.5 Dokumentenspeicherung mit iWebDB/Doc

Im Rahmen von iWebDB/Doc [Frö99, LR99] wurde die Einbettung neuer, für die Dokumentenverwaltung benötigter Datentypen in das ORDBS untersucht. Hierzu wurde u. a. ein für die Aufnahme von HTML-Seiten geeigneter Datentyp content als *black box type* bzw. *opaque type* realisiert. Da die typinterne Struktur dem DBS verborgen bleibt, müssen für einen *opaque type* Unterstützungsfunktionen bereitgestellt werden, über die das DBS auf den Inhalt der einzelnen Instanzen zugreifen und die Standardaufgaben, wie z. B. die Ein- und Ausgabe, durchführen kann. Je nach Umfang der in einer Instanz gespeicherten Daten werden vom ORDBS unterschiedliche Speicherungsarten[5] angeboten. Soll eine möglichst optimale Zugriffsgeschwindigkeit erreicht werden, so ist eine Fallunterscheidung in Abhängigkeit von der Dokumentengröße notwendig. Dies bedeutet, dass zwei unterschiedliche Implementierungen bereitgestellt werden müssen, die jeweils einen der Fälle abdecken, wobei für den Benutzer der Typ wie ein eingebauter zur Verfügung stehen muss. Beim verwendeten ORDBVS werden diese Datentypen auch als *multi-representational* oder *variable length data types* bezeichnet.

Da nur von strukturierten UDTs Subtypen erzeugt, d. h. Vererbungshierarchien aufgebaut werden können (siehe Abschn. 2.5.2, Seite 25), ist eine direkte Spezialisierung des Typs content nicht möglich. Daher musste nach Alternativen Ausschau gehalten werden. Bei der ersten Möglichkeit, der Einbettung in einen strukturierten UDT, geht die direkte Handhabung verloren. Nutzt man die Typredefinition (*distinct types*), lässt sich über die Typumbenennung Funktionalität für besondere Dokumententypen bereitstellen. Allerdings kann innerhalb einer Typ- oder Tabellenhierarchie nur ein Attributtyp verwendet werden, so dass hierfür meist der allgemeinste Typ eingesetzt wird. Vor einer Wertzuweisung ist wieder eine Typumwandlung von z. B. HTMLcontent nach content notwendig. Die Typinformation geht dabei leider verloren. Bei unseren Tests haben wir uns für eine dritte Variante entschieden, bei der die Typinformation intern gespeichert wird. In diesem Fall sind alle Dokumente vom Typ content, intern (und in den Metadaten) wird aber der Dokumententyp (XML,

---

5   Neben der Speicherung kleiner Inhalte in normalen Datenseiten existiert auch noch die Ablage in speziell für große Objekte vorgesehenen Speicherplätzen (*Smart Large OBject Space, slobspace*). Als Unterschied zu der normalen Speicherung wird für letztere aufgrund der Objektgrößen im Normalfall kein Logging verwendet. Dieses kann jedoch im Bedarfsfalls, z. B. bei der Speicherung von Indexdaten, eingeschaltet werden.

HTML, ASCII usw.) gespeichert. Zusätzlich steht auch die Typredefinition zur Verfügung. Über einen strukturierten UDT für alle Dokumentenattribute (Name, Pfad, Inhalt etc.) kann dann eine Typhierarchie aufgebaut werden, in der für die einzelnen Dokumentarten Subtypen angelegt werden. Auf diese Weise ist es möglich, sowohl alle verwalteten Dokumente in einer SQL-Anweisung anzusprechen als auch gezielt mit speziellen Dokumentenarten zu arbeiten.

10.1.6 Dateisystemeinbindung durch iWebDB/ED

Um die Einbindung externer Datenquellen über das Mittel einer abstrakten Tabelle zu testen, wurde im Rahmen des Moduls iWebDB/ED eine prototypische Realisierung zur DBS-internen Bereitstellung des Dateisystems geschaffen [Sie99]. Beim verwendeten ORDBVS wird der Mechanismus der abstrakten Tabelle wegen der Art der Datenbereitstellung als *Virtual Table Interface* bezeichnet. Die externen Daten werden Server-intern ähnlich wie die direkt im ORDBS gespeicherten verarbeitet und über die vom Benutzer zur Verfügung zu stellenden Funktionen in das interne Format konvertiert. In diesem werden sie über die internen Schnittstellen an den Server weitergereicht.

```
CREATE TABLE webSeiten
OF fileSystem
USING iWebDB_ED(root="file:///share/WWW/htdocs/");
```

Beispiel 10.1: Anlegen einer „virtuellen" Tabelle

Bei unseren Tests war es das Ziel, eine möglichst natürliche Einbettung der externen Datenquelle in die SQL-Umgebung zu erreichen und eine Ergänzung um spezielle Zugriffsprotokolle zuzulassen. Ferner sollten die externen Daten gleich als Instanzen der neuen Datentypen (siehe iWebDB/Doc) zur weiteren Verarbeitung zur Verfügung stehen. Wegen der sehr engen Interaktion mit dem ORDBS und dem daraus folgendem Zugriff auf halböffentliche Datenstrukturen sowie den Geschwindigkeitsanforderungen an eine Zugriffsmethode steht bislang für die Implementierung nur eine C-Schnittstelle zur Verfügung. Die Schnittstelle offeriert Pendants zu den intern bei einem Tabellen-Scan bzw. Änderungsoperationen ausgeführten Funktionen, u. a. um die „Tabelle" zu öffnen und zu schließen, den Scan zu beginnen und zu beenden, ein Tupel an der Schnittstelle bereitzustellen oder auch zur Angabe der voraussichtlichen Scan-Kosten. Für das ordnungsgemäße Funktionieren einer benutzerdefinierten Zugriffsmethode müssen diese einzelnen Funktionen zunächst als UDFs bereitgestellt und dann den einzelnen Aufgaben zugewiesen werden. Während diese Zuweisung für abstrakte Tabellen in SQL/MED (siehe Abschn. 2.5.3, Seite 26) bei jedem CREATE TABLE geschehen muss, kann beim verwendeten ORDBS eine primäre Zugriffsmethode definiert werden, die dann beim Anlegen der Tabelle angegeben werden muss. Im Bsp. 10.1 wird anstelle der eingebauten die benutzerdefinierte Zugriffsmethode iWebDB_ED verwendet und mit dem in Klammern angegebenen Parameter initialisiert. Im dargestellten Fall wird das für Anfragen auf dem Dateisystem verwendete Wurzelverzeichnis auf den Wert „/ share/WWW/htdocs/" gesetzt, so dass bei SQL-Anweisungen auf der Tabelle webSeiten diese Angabe entfallen kann. Die Tabelle wird auf der Basis des UDT fileSystem erzeugt.

Bei der Nutzung einer abstrakten Tabelle ist es wichtig, dass vorher festgelegte Attributnamen oder Attributtypen verwendet werden, damit eine problemlose Zuordnung der externen Daten zu den in einer SQL-Anweisung verwendeten Attributen möglich ist. Beispielsweise muss die Zugriffsmethode wissen, dass der Dateiinhalt dem Attribut fileContent oder einem Attribut vom Typ content zugewiesen werden soll. Weil der Typ content vom Modul iWebDB/Doc zur Verfügung gestellt wird und eine entsprechende Konvertierung der eingelesenen Dateien in das interne Format gemacht werden muss, ist eine enge Interaktion der beiden Module notwendig (siehe Abb. 10.3). Hierzu bieten sich mehrere Möglichkeiten an. Die als UDF registrierten Unterstützungsfunktionen können über die SQL-Schnittstelle aufgerufen werden, was verhältnismäßig langsam wäre, oder es ist eine programmiersprachliche Kopplung beider Module möglich, so dass sich die Konvertierung über einen lokalen Funktionsaufruf durchgeführen lässt. Dieses setzt aber eine sehr enge und oft nicht erreichbare Kopplung der Module voraus, weswegen vom verwendeten ORDBVS eine weitere Möglichkeit angeboten wird. Bei dieser lassen sich über die Angabe des Modul- und Funktionsnamens in anderen Modulen verfügbare UDFs direkt, ohne den Umweg über SQL ansprechen[6].

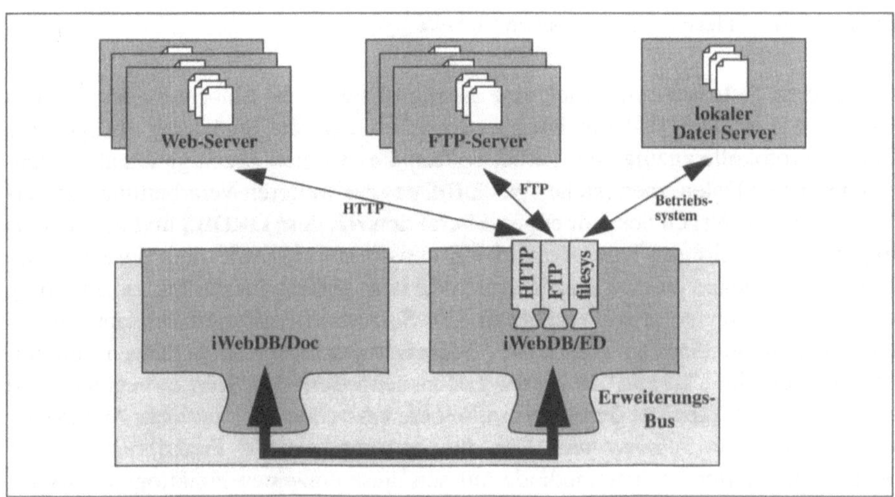

Abb. 10.3: Schematischer Aufbau des Moduls iWebDB/ED

---

6   Informix nennt diese Schnittstelle *fastpath interface*, weil die für einen „offiziellen" Aufruf notwendigen Schritte umgangen werden können.

Anhand des bei der Spezifikation des Wurzeldokuments angegebenen Protokolls (im Bsp. 10.1 file:) kann die Zugriffsmethode entscheiden, mit welchem Submodul auf die Datenquelle zugegriffen und ihre Daten bereitgestellt werden sollen. Durch Ergänzung der Zugriffsmethode können später andere Protokolle (siehe HTTP und FTP in Abb. 10.3) unterstützt werden.

10.1.7 iWebDB/eXtract zur Suche und Analyse

Neben der Bereitstellung von Funktionalität für eine lokale Suchmaschine wurden im Rahmen von iWebDB/eXtract die Nutzung benutzerdefinierter Indexstrukturen zur Verbesserung der Suche und Analyse sowie die Möglichkeiten objektorientierter Typkonstrukte bei Analyse- und Suchfunktionen getestet [Frö99, Gra99]. Im Folgenden gehen wir zunächst kurz auf die Analysefunktionen, dann auf die Indexstrukturen ein.

10.1.7.1 Analyse- und Suchfunktionen

Zum Testen der UDF-Mächtigkeit in Bezug auf objektorientierte Typkonstrukte wurden UDFs zur Analyse von HTML-Dokumenten entworfen und implementiert. Mit den UDFs soll es möglich sein, in Web-Seiten nach bestimmten Tags und deren Inhalten zu suchen. Da bei der Suche aber nicht nur eines der Tag-Attribute von Interesse ist und eine Funktion nur einen Wert als Ergebnis zurückliefern kann, wurde nach geeigneten anderen Möglichkeiten gesucht. Als vom verwendeten ORDBVS für solche Situationen angebotener Umweg ist die Nutzung von Eingabe- auch als Ausgabeparametern möglich, d. h., Ergebnisse werden über die Funktions- parameter zurückgegeben. Allerdings ist dieses für direkt in SQL-Anweisungen verwendete Funktionen kein gangbarer Weg. Als Lösung wurde daher der Einsatz von Kollektionen und strukturierten UDTs gewählt.

```
SELECT pfad || name, title(inhalt)
FROM htmlDocs
WHERE pfad || name=(SELECT pfad || name
      FROM TABLE (t_image(inhalt)) img, TABLE (t_headline(inhalt)) h
      WHERE img.url LIKE 'logo.%' AND
      (img.alttext LIKE '%Uni Kaiserslautern%' OR
      (h.text LIKE '%Uni Kaiserslautern' AND
      h.startposition < img.startposition)));
```

Beispiel 10.2: Analysefunktionen für HTML-Dateien

Dazu wurde für die zu analysierenden HTML-Tags mit ihren Attributen jeweils ein entsprechender strukturierter UDT angelegt. Von den Analysefunktionen wird dann bei einem Aufruf für jedes Dokument eine Instanz (z. B. bei <body>) bzw. eine Kollektion von Instanzen (bei den meisten Tags, z. B. <a href> oder <img>) dieses Typs zurückgegeben. Die Ergebniskollektionen mit Instanzen strukturierter UDTs können innerhalb von Anweisungen zu Tabellen umgewandelt und so selbst wieder für weitere Anfragen verwendet werden. Im oben gezeigten Bsp. 10.2 wird nach allen HTML-Dokumenten gesucht, die ein Bild „logo" mit der Beschreibung „Uni Kaiserslautern" enthalten bzw. bei denen ein entsprechendes Bild nach einer Überschrift mit dem Inhalt „Uni Kaiserslautern" vorkommt. Die Daten der gefundenen Bilder und Überschriften bilden jeweils eine Tabelle, auf denen die Unteranfrage ausgewertet wird.

Neben der Demonstration der Einsatzmöglichkeiten von UDTs, UDFs und Kollektionen zeigt das obige Beispiel aber auch, dass auf Basis von SQL:1999 ein ORDBS so ergänzt werden kann, dass es ähnliche Anfragen wie spezielle Anfragesprachen für das Web, z. B. WebSQL [MMM96] oder W3QL [KS95], ermöglichen kann[7]. Werden die Anfragen auf abstrakten Tabellen, die externe Datenquellen integrieren, abgearbeitet, so lassen sich entfernte Web-Server oder lokale Dateisysteme mit Hilfe von SQL analysieren[8].

10.1.7.2 Benutzerdefinierte Indexstrukturen

Die Bereitstellung benutzerdefinierter Indexstrukturen verläuft ähnlich wie bei den abstrakten Tabellen. Auch hier wird zunächst eine Zugriffsmethode, in diesem Fall eine sekundäre, definiert, d. h., zuvor definierten UDFs wird eine bestimmte Aufgabe zugewiesen. Zusätzlich muss noch eine Operatorklasse definiert werden. Sie stellt einen Zusammenhang zwischen den indexierbaren Typen und den dabei zu verwendenden UDFs her. Über die Angabe einer Operatorklasse für einen (neuen) UDT können bereits bestehende Zugriffsmethoden an diesen angepasst werden. Die invertierten Daten können entweder extern im Dateisystem abgelegt oder intern gespeichert werden. Im letzteren Fall behält das ORDBS die Kontrolle und auch Logging ist möglich.

Zum Testen der benutzerdefinierten Indexstrukturen wurde ein Index zur Unterstützung der strukturbasierten Suche (siehe Bsp. 9.2, Seite 151) entwickelt [Gra99]. Die Indexstruktur besteht intern aus mehreren DB-Tabellen sowie einem Baum. Während in den Tabellen überwiegend eine Name/ID-Zuordnung stattfindet, wird die kompaktierte Dokumentenstruktur im Baum abgelegt. Die erstellte sekundäre Zugriffsmethode besteht aus den Funktionen für den Aufbau, die Aktualisierung sowie den lesenden Zugriff. In die Operatorklasse wurden als Strategiefunktion u. a. die in Bsp. 9.2 gezeigte Suchfunktion aufgenommen. Wird sie in einer SQL-Anweisung genutzt, so kann der auf der benutzerdefinierten Indexstruktur basierende Index vom ORDBS zur Verarbeitungsbeschleunigung eingesetzt werden.

---

7   Anzumerken ist, dass beide Sprachen noch weitergehendere als die im obigen Beispiel gezeigten Möglichkeiten bieten. Für eine Gegenüberstellung siehe auch [MV98].

8   Da in diesem Fall alle Dokumente zum Anfragezeitpunkt erst eingelagert und analysiert werden und bei einer Anfrage auf einen Web-Server zunächst die Dokumente über Verweisverfolgung gefunden werden müssen, sind diese Anfragen relativ langsam. Hier kann der Index-Einsatz Abhilfe schaffen.

Für einen Bericht über die bei der Umsetzung gemachten Erfahrungen verweisen wir auf den Abschn. 10.3 (Seite 166).

10.1.8 Administrationswerkzeug iWebDB/SM

Das Werkzeug iWebDB/SM wurde zur Administration der integrierten Lösung entworfen. Die DB-Kommunikation wird daher über JDBC realisiert. Hierüber ist es u. a. möglich, die intern im DBS als auch die extern im Server-Dateisystem gespeicherten Dokumente abzufragen[9] und als Dateibaum darzustellen. Über „Drag'n Drop" kann der Benutzer mit der Maus Dokumente zwischen Datei- und DB-System verschieben bzw. kopieren. Andere Administrationsaufgaben können ebenso über eine grafische Oberfläche und eine DB-Verbindung abgewickelt werden.

10.2 Leistungsaspekte und Praktikabilität

Die von einem ORDBS nach Datenmodifikationen generierten Dokumente werden nicht direkt an den WIS-Benutzer ausgeliefert, sondern zunächst in das Dateisystem des jeweiligen Web-Servers geschrieben. Dies bedeutet, dass die Generierungszeiten keine so große Rolle spielen, da bei Ressourcenanfragen die Antwortzeiten nur von der Leistungsfähigkeit und der jeweils aktuellen Last des Web-Servers abhängen. Allerdings darf das Generieren und anschließende Indexieren der Dokumente nicht zuviel Zeit in Anspruch nehmen, damit die für den Betrieb eines WIS mit einer großen Änderungshäufigkeit notwendige Zahl an Seitenaktualisierungen bewältigt werden kann und die jeweiligen Änderungstransaktionen nicht andere Transaktionen blockieren. Die Generierungszeiten können bei jedem WIS abhängig von der Hardware und den mit dem ORDBS-basierten Verfahren zu bewältigenden Aufgaben differieren. Zur Einschätzung des Verfahrens entscheidend sind daher nicht genaue Messergebnisse für spezielle Dokumententypen, sondern seine allgemeine qualitative Einordnung.

Um die Leistungsfähigkeit und damit auch die Praktikabilität der in diesem Buch vorgestellten Konzepte zu überprüfen, haben wir einfache Messungen durchgeführt. „Einfach" bedeutet in diesem Zusammenhang, dass wir keine spezielle Messsoftware eingesetzt, sondern nur die Gesamtzeit einer Menge von Änderungen ermittelt haben. Die Zeiten dienen damit auch nur zur Beurteilung der allgemeinen Praxistauglichkeit der Verfahren. Im Folgenden diskutieren wir die Testergebnisse.

---

9   Für die Dateisystemabfrage wird eine benutzerdefinierte Zugriffsmethode als Implementierung einer abstrakten Tabelle eingesetzt.

10.2.1 Dokumentengenerator

Für die Leistungsbewertung des Dokumentengenerators bzw. der Module iWebDB/ MP und iWebDB/DG haben wir bei der Seitengenerierung unterschiedliche Parameter variiert bzw. Dokumente in verschiedenen Situationen erzeugt. Aufgrund der verwendeten Implementierung wurden alle Dateien aus dem Dateisystem gelesen (Konfigurationsdateien und Vorlagen) und in dieses geschrieben (HTML-Seiten). Die folgenden Parameter wurden bei den Tests[10] verändert:

- Komplexität der Konfigurationsdatei,

- Komplexität der Vorlage,

- resultierende Dokumentengröße bzw. Zahl der einzubettenden Tupel,

- Zahl der Abhängigkeiten,

- Zahl der Datenänderungen pro Transaktion,

- für die Seitengenerierung verwendeter Makroprozessor,

- Kalt- und Warmstart des ORDBS.

Bei den Tests zeigte sich, dass die für die Generierung eines Dokumentes benötigte Zeit je nach Testkonfiguration zwischen deutlich weniger als einer Sekunde bis hin zum zweistelligen Sekundenbereich reichten. Die im initialisierten Zustand des ORDBS erreichten Zeiten für das Generieren eines „durchschnittlichen"[11] Dokumentes und die vorherige Auswertung einer mindestens eine SQL-Anweisung enthaltenden Konfigurationsdatei betrug circa eine Sekunde. Sieht man von den aus der prototypischen Realisierung in Java resultierenden Geschwindigkeitseinbußen einmal ab, so entsprechen die Zeiten denen der dynamischen Dokumentengenerierung mit Hilfe kommerzieller Werkzeuge. Beim Einsatz der C-basierten webexplode-Funktion des Web Datablade [Inf99c] zur Seitenerzeugung dauerte der gesamte Generierungsprozess inklusive der Abhängigkeitsbestimmung nur noch etwa ein Fünftel der Zeit. Die Konfigurationsdateien wurden dabei nach wie vor mit iWebDB/MP verarbeitet.

Wie nicht anders zu erwarten steigt der Zeitbedarf bei einem Kaltstart des ORDBS, d. h., wenn die die UDFs enthaltenden Funktionsbibliotheken vor ihrer Ausführung initial in den Hauptspeicher eingelagert werden müssen. Analog zur dynamischen Seitengenerierung und zu kommerziellen Werkzeugen dauert die Auswertung kom-

---

10 Alle Messungen wurden auf einem SUN Enterprise 450 Server mit 1 GB Hauptspeicher und 4 Prozessoren mit je 300 MHz durchgeführt. Als DB-Server wurde ein „Informix Dynamic Server.2000" [Inf99a] in der Version 9.21 verwendet. Die eingesetzten *Java Virtual Machines* waren von SUN (Version 1.1.8 und Version 1.2.2). Auf dem Rechner liefen gleichzeitig noch weitere DB-Server mit entsprechenden DB-Anwendungen. Die Betriebssystem- und ORDBS-Einstellungen wurden bewusst nicht für die Messungen optimiert, so dass die erzielten Messergebnisse (Zeiten) in anderen Umgebungen ebenfalls erreichbar sein sollten.

11 Die Vorlagen enthielten mehrere auszuwertende Makros. Im resultierenden Dokument wurden mehrere Tupel eingebunden.

plexer Makrodateien (Konfigurationsdateien und Vorlagen) bzw. das Generieren sehr großer Dokumente deutlich länger. Auch hierbei zeigte sich wieder der Vorteil des C-basierten kommerziellen Makroprozessors.

Zu beobachten war, dass die Zahl der Abhängigkeiten kaum Einfluss auf die Generierungszeiten hat. Werden innerhalb einer Transaktion jedoch mehrere Tabellen geändert, so kann es zur Mehrfachgenerierung eines Dokumentes kommen. Dieses führt dann genau genommen jedoch zu einer Verdoppelung bzw. Vervielfachung der effektiven Generierungszeiten des im WIS abgelegten Dokumentes.

10.2.2 Dokumentenindexierung

Zur Einschätzung der für die im Anschluss an eine Generierung benötigten Indexierungszeiten haben wir sowohl einen kommerziellen Text-Index[12] als auch den Strukturindex des Moduls iWebDB/eXtract getestet. Dazu wurden für den Test des Text-Index ca. 500 HTML-Seiten eines realen WIS in eine DB eingelagert und dabei indexiert. Die hierbei für ein Dokument benötigte Zeit betrug durchschnittlich etwa 0.2 Sekunden. Der Zeitbedarf sollte aufgrund der für die Tests verwendeten „realen" Web-Seiten auch für andere WIS nachvollzogen werden können. Bei den Tests mit dem Strukturindex von iWebDB/eXtract wurden speziell konstruierte Testdokumente verwendet. Die für das Indexieren eines XML-Dokumentes benötigten Zeiten waren etwas größer als beim Textindex. Genauere Vergleiche lassen sich wegen der noch partiellen Realisierung nicht vornehmen.

10.2.3 Resümee

Bei den in Bezug auf die Generierung durchgeführten Tests lässt sich resümieren, dass die in diesem Buch diskutierten Verfahren trotz der prototypischen Implementierung bezogen auf die Geschwindigkeit praxistauglich sind. Sollen die Dokumente nicht nur generiert, sondern zusätzlich noch in den Datenbestand der lokalen Suchmaschine aufgenommen werden, erhöht sich der Zeitaufwand nur unwesentlich. Das geforderte Ziel von sowohl aktuellen Dokumenteninhalten und der Möglichkeit, die Dokumente auch zu finden, in Verbindung mit einer von der Komplexität her reduzierten Produktionsumgebung wurde somit erreicht. Durch den möglichen alternativen Einsatz unterschiedlicher Makroprozessoren können die jeweils gewünschte Leistungsfähigkeit und ein entsprechender Funktionsumfang erreicht werden, wie unsere Tests belegt haben.

Die in Abschn. 7.3 (Seite 112) diskutierten Erweiterungen, wie z. B. die Möglichkeit zur Dokumentenpublikation via FTP, wurden bei den Tests nicht berücksichtigt. Ihr Einsatz hat aber in jedem Fall einen negativen Einfluss auf die Generierungs-

---

12 Die Tests wurden in derselben Umgebung wie oben beschrieben durchgeführt. Zum Einsatz kam das „Excalibur Text DataBlade" [Inf99b].

und damit auf die Gesamtzeiten. Wird das verwendete ORDBS hauptsächlich für
die Verwaltung von einem oder mehreren WIS eingesetzt, so sind die Auswirkungen
hinnehmbar bzw. nicht direkt spürbar. Auf Basis unserer Tests lässt sich schließen,
dass auch mit weniger leistungsfähigen Systemen mehrere tausend Dokumente pro
Tag generiert werden können. Somit können auch die bei kleinen und mittleren WIS
auftretenden Datenänderungen bewältigt und aktuelle Dokumente bereitgestellt
werden.

10.3 Kommerzielle ORDBVS und SQL:1999

Nach der Vorstellung interessanter Realisierungsaspekte einzelner iWebDB-
Module bzw. nach der Diskussion der Ergebnisse unserer einfachen Leistungstests
wollen wir nun die bei der Arbeit mit einzelnen ORDBVS und mit SQL:1999
gemachten Erfahrungen schildern und Kritik an z. Zt. vorhandenen Unzulänglichkeiten üben.

10.3.1 UDTs, UDFs und ihre Realisierung

Je stärker ein ORDBVS erweitert werden kann und je tiefer die Integration der
benutzerdefinierten Konstrukte ist, desto schwieriger ist die fehlerfreie Umsetzung.
Deshalb ist eine gute Werkzeugunterstützung notwendig, um schnell zu guten
Ergebnissen kommen zu können. Während es für die Entwicklung von DB-Anwendungen mittlerweile sehr viele Werkzeuge von den DBVS-Herstellern selbst oder
Drittanbietern gibt, so steht nach mehreren Jahren offiziellen Daseins der ORDBVS
nur ein Werkzeug [Inf99d] zur Verfügung, andere Hersteller bieten nur entsprechende Anleitungen an [Ora99b]. Das angebotene Werkzeug unterstützt allerdings
auch nur bzw. immerhin die Konstruktion der SQL-Anweisungen zum Registrieren
der benutzerdefinierten Konstrukte sowie das Generieren entsprechender leerer
Routinen für die gewählte Programmiersprache. Bei der eigentlichen Umsetzung ist
der Benutzer wieder auf sich allein gestellt.

Mittlerweile unterstützen zum Glück alle ORDBVS-Hersteller den Einsatz von
Java, so dass sich die entwickelten UDFs, auch aufgrund der SQL(J)-Standardisie-
rung, mit wenig Aufwand von einem ORDBVS zu einem anderen übertragen lassen.
Da zudem sowohl mit JDBC 2.1 [WH99] als auch über SQLJ, Teil 2 [SQLJ99], sich
ergänzende Bestrebungen zur Nutzung von Java-Typen in SQL und zur Definition
von SQL-Typen auf Java-Basis im Gange sind, kann in Zukunft die plattformunab-
hängige Sprache Java vielleicht auch die herstellerspezifischen Unterschiede der
jeweiligen Erweiterungsschnittstellen überbrücken. Zwar gibt es dann im Vergleich
zu z. B. in C realisierten Funktionen Leistungseinbußen, jedoch können dafür
schnell ORDBVS-unabhängige Erweiterungen erstellt werden.

10.3.2 Primäre und sekundäre Zugriffsmethoden

Die Erweiterung des ORDBS um eigene Zugriffsmethoden[13] wurde längere Zeit nur von einem Hersteller angeboten, mittlerweile bieten auch andere Systeme ähnliche, allerdings eingeschränkte Möglichkeiten [SM+00]. Bei den derzeitigen Ansätzen ist erkennbar, dass eine Gegenläufigkeit zwischen der Flexibilität, Mächtigkeit und Geschwindigkeit auf der einen und der Einfachheit in Bezug auf die Realisierung auf der anderen Seite besteht. Das heißt, dass der Benutzer die Wahl hat, entweder eine sehr leistungsfähige und auf seine speziellen Bedürfnisse zugeschnittene Zugriffsmethode unter relativ hohem Aufwand zu entwickeln oder mit deutlich weniger Aufwand eine nur für bestimmte Anwendungsbereiche geeignete Methode zu realisieren[14]. Zu erkennen ist ferner auch, dass Schnittstellen für Java-basierte Zugriffsmethoden bereitgestellt werden. In absehbarer Zeit sind somit auch wieder einfacher zu entwickelnde und portierbare Zugriffsmethoden realisierbar.

Für SQL werden in SQL/MED [JTC99d] abstrakte Tabellen definiert. Es ist vorgesehen, dass bei jeder Tabellendefinition die für die einzelnen Operationen zu verwendenden UDFs spezifiziert werden müssen. Sollen mehrere Tabellen auf Basis einer bestimmten Zugriffsmethode definiert werden, so sind bei jeder einzelnen Definition entsprechende Angaben notwendig. Beim so genannten *Virtual-Table Interface* [Inf99f] und dem *Virtual Index Interface* [Inf99e] wird durch die vorherige Definition einer primären bzw. sekundären Zugriffsmethode eine zusätzliche logische Schicht eingezogen. Eine Tabelle bzw. ein Index wird dann auf Basis der entsprechenden Zugriffsmethode definiert, das mehrmalige Zuweisen von UDFs zu den Operationen kann somit entfallen (siehe auch Bsp. 10.1, Seite 159).

10.3.3 Erweiterungsschnittstellen

Trotz der eigentlich schon lange vorhandenen Thematisierung von „Erweiterbarkeit" und zahlreichen Arbeiten in den 80-er und 90-er Jahren (siehe auch Abschn. 2.1, Seite 11) ist ihre Nutzung bzw. zunächst ihre Bereitstellung ein relativ neues Gebiet für die Hersteller und Nutzer. Heute gibt es immer noch kein ORDBVS, das alle möglichen Erweiterungsschnittstellen oder zumindest die in SQL:1999 und den zugehörigen Ergänzungen spezifizierten Schnittstellen anbietet. Wohl auch als Folge daraus existieren noch nicht viele „objekt-relationale" Anwendungen. Zudem haben die auf dem Markt vertretenen DBVS-Hersteller unterschiedliche Wege hin zu einem ORDBVS, so dass sich die angebotenen Erweiterungsmöglichkeiten, nicht nur in ihrer Leistungsfähigkeit, unterscheiden. Es ist daher auch nicht ohne weiteres möglich, ein für ein ORDBVS entwickeltes Modul auf das ORDBVS eines anderen Herstellers zu übertragen.

---

13 IBM bietet mit den Tabellenfunktionen nur eine eingeschränkte Mächtigkeit. Cloudscape besitzt ein „Virtual Table Interface", jedoch ist hierüber nur das Lesen von externen Datenquellen möglich.

14 Von ähnliche Erfahrungen wird auch in [BSSJ99] berichtet.

Zudem haben heute Erweiterungsschnittstellen vielfach noch den Rang von Zusatz-funktionalität, d. h., das System ist ein RDBVS, das zusätzlich objekt-relationale Erweiterungen anbietet[15]. Die OR-Funktionalität ist daher auch selten vollständig in das System integriert und die zu ihnen verfügbare Dokumentation selten mit der der anderen DBVS-Komponenten zu vergleichen. Ferner ist auch die objekt-relationale Funktionalität in Bezug auf Geschwindigkeit, Stabilität und Fehlertoleranz weit von der klassischen relationalen entfernt.

10.3.4 SQL:1999 und Objektorientierung

SQL:1999 und ORDBVS stellen verschiedene objektorientierte Konstrukte, wie z. B. Kollektionen und Typhierarchien, zur Verfügung (siehe Abschn. 2.3, Seite 15). Zwar stellen diese Erweiterungen einen deutlichen Fortschritt im Vergleich zu SQL'92 dar, jedoch vermisst man häufig von OODBVS (siehe Abschn. 2.6, Seite 27) angebotene Funktionalität. So können zwar Kollektionen definiert und für DB-Anwendungen eingesetzt werden, ihre Manipulation innerhalb von SQL-Anweisungen ist aber aufgrund fehlender Konstrukte schwierig.

Während OODBVS und auch objektorientierte Programmiersprachen in der Regel die Mehrfachvererbung unterstützen, ist sie in SQL:1999 nicht vorgesehen und wird von keinem ORDBVS angeboten. Hierdurch erschwert sich die Abbildung objekt-orientiert entworfener (Anwendungs-)Schemata auf ein ORDBVS. Wird z. B. für die Dokumentenverwaltung eine Typ- bzw. Tabellenhierarchie eingesetzt, so ist auch hier die Typzusammenführung, also Mehrfachvererbung, sinnvoll. Beispiels-weise können sowohl HTML-Dokumente als auch Bilder Subtypen des Typs Doku-ment sein. Die im WWW eingesetzten Werbebanner bestehen aber oft aus speziellen HTML-Dateien oder aus reinen Bildern, so dass sie sich als Subtyp von HTML-Dateien und Bildern modellieren lassen.

10.4 Zusammenfassung

In diesem Kapitel sind wir auf Realisierungsaspekte der in den vorangegangenen Kapiteln besprochenen Verfahren eingegangen. Das vorgestellte System iWebDB bildet den logischen Rahmen für alle Untersuchungen, die mit der Integration der zum Betrieb eines WIS notwendigen Funktionalität in ein ORDBS zusammenhän-gen. Es besteht aus mehreren Modulen, die der Dokumentenspeicherung (iWebDB/Doc), der Bereitstellung von Such- und Analysefunktionalität (iWebDB/eXtract), der eines Makroprozessors (iWebDB/MP) und einem darauf aufbauenden Doku-

---

15 Ein Grund hierfür ist sicherlich auch, dass Informix mit dem „Universal Server" einen negativen Marketing-Erfolg hatte und das Unternehmen u. a. auch durch die zu große Betonung des ORDBVS in eine finanzielle Krise geriet. Die anderen Hersteller haben daraus gelernt und ORDBVS zunächst weniger Aufmerksamkeit geschenkt.

mentengenerator (iWebDB/DG) sowie der Integration externer Datenquellen dienen. Nach der Vorstellung der iWebDB-Module sind wir auf Realisierungsdetails
eingegangen, wobei unser Hauptaugenmerk auf der jeweiligen Umsetzung sowie
ORDBVS-spezifischen Besonderheiten lag. Es zeigte sich, dass sich bereits alle der
vorgestellten Grundkonzepte auf einem kommerziell verfügbaren ORDBVS umset-
zen lassen.

Zur Praktikabilitätsbewertung der in diesem Buch diskutierten Konzepte haben wir
z. T. auf den entwickelten Prototypen, z. T. auf kommerziell erhältlichen Erweiterungsmodulen einfache Leistungstests durchgeführt. Dabei wurde deutlich, dass
sich mit im Durchschnitt etwa 1 Sekunde pro Dokument trotz der von der Funktionalität und Geschwindigkeit her eingeschränkten Prototypen auch für die Praxis
noch taugliche Generierungszeiten realisieren lassen. Beim Einsatz eines kommerziellen Makroprozessors sank der Zeitbedarf bei unseren Tests auf etwa ein Fünftel.
Werden die zuvor generierten Web-Seiten zusätzlich noch mit Hilfe des getesteten
kommerziellen oder des selbst entwickelten Dokumentenindex indexiert, so vergrößert sich der gesamte Zeitbedarf nur unwesentlich. Die nach Datenmodifikationen
durch das ORDBS gesteuerte Dokumentengenerierung und die anschließende Indexierung und Ablage der Indexdaten im ORDBS sind somit praktikabel.

Anders verhält es sich dagegen mit den kommerziell verfügbaren ORDBVS. Vielfach ist die objekt-relationale Funktionalität nur eine Erweiterung des DBVS und
nicht vollständig integriert. Neben Geschwindigkeits- und Stabilitätsproblemen ist
vor allem die noch unzureichende Unterstützung des gesamten Spektrums objektorientierter Funktionalität und der Erweiterungsmöglichkeiten durch ein ORDBVS
zu nennen. Hierdurch sind bei der Realisierung objekt-relationaler Anwendungen
Kompromisse notwendig, um eine Implementierung entweder zu ermöglichen oder
eine einfache Portierung auf andere Systeme zu gewährleisten. Kompromisse sind
auch prinzipiell durch die Unzulänglichkeiten von SQL:1999 in Bezug auf die
objektorientierten Konzepte und die Funktionalität einzugehen. Einen weiteren
Kompromiss stellt die Nutzung der Programmiersprache Java dar. Zwar bringt ihr
Einsatz im Vergleich zu C leichte Geschwindigkeitseinbußen bei der Ausführung,
jedoch lassen sich mit ihrer Hilfe relativ einfach nicht nur zwischen den Betriebssystemen, sondern auch zwischen einzelnen ORDBVS austauschbare benutzerdefinierte Erweiterungen realisieren. Java kann daher zur „Universal Language" für die
„Universal Servers" werden.

11 Abgrenzung

Bei der Vorstellung der bisherigen Ansätze für die Bereitstellung aktueller Information, für lokale Suchmaschinen sowie die Dokumentenverwaltung haben wir bereits die bislang vorhandenen („klassischen") Verfahren und darauf aufbauende verbesserte Lösungen vorgestellt. In diesem Kapitel wollen wir diese Ansätze genauer betrachten und mit den in diesem Buch diskutierten Konzepten vergleichen. Allgemein lässt sich jedoch schon jetzt festhalten, dass das Konzept, alle zum Betrieb eines WIS notwendigen Dienste in ein ORDBS zu integrieren, soweit uns bekannt ist, bislang einzigartig ist. Jedoch existieren für Einzelaspekte bereits viele Arbeiten, bei denen z. T. auch ein ORDBS eingesetzt wird, allerdings nicht in der von uns vorgeschlagenen Intensität.

Im Folgenden beginnen wir mit einem Vergleich anderer Lösungen zur Bereitstellung aktueller Information. Im Anschluss daran diskutieren wir integrierte Ansätze zur Konstruktion von Web-Sites. Dann gehen wir auf andere Suchmaschinen bzw. auf die zum Aufbau des Suchindex eingesetzten Roboter ein. Anschließend folgt eine Gegenüberstellung von ORDBS-basierten zu OODBS-basierten Realisierungsmöglichkeiten. Das Kapitel schließt mit einer Zusammenfassung der Ergebnisse. Da wir in diesem Buch den Aspekt der Dokumentenverwaltung (*Web Content Management*) nur am Rande betrachtet haben, werden wir keine Abgrenzung vornehmen.

11.1 Dokumentenbereitstellung

Die in diesem Buch diskutierte ORDBS-gesteuerte Dokumentenaktualisierung verbessert den Prozess der Dokumentenbereitstellung. Durch die Auslieferung statischer Web-Seiten werden die Antwortzeiten verkürzt. Die reduzierte Komplexität der Systemarchitektur verringert den Ressourcenbedarf für die Entwicklungs- und die Bereitstellungsumgebung. In diesem Abschnitt wollen wir andere Verbesserungsvorschläge bzw. konkrete Systeme vorstellen und mit unserem ORDBS-basierten Ansatz vergleichen.

11.1.1 TIScover

Das System TIScover [PRSS99, PRW99] basiert wie das in diesem Buch vorgestellte Verfahren auf dem Prinzip der Vorgenerierung von Web-Seiten. Ziel bei TIScover ist es, nur die von Änderungen betroffenen Seiten direkt nach Modifikationen an zugrundeliegenden Daten (Inhalt), der Struktur oder den Vorlagen (Layout) zu aktualisieren. Dazu wird nach einer Änderung eine entsprechende Mitteilung in die TIScover-Ereignisverwaltung geschrieben. Die Mitteilung besteht aus der ID des geänderten Objektes bzw. Tupels und jeweils dem Namen der aktualisierten Tabelle und des entsprechenden Attributs. Die Ereignisverwaltung wird von einem ständig aktiven Prozess, dem StrukturManager, durch so genanntes *polling* überwacht. Der StrukturManager überprüft dazu kontinuierlich die Verwaltung bezüglich neuer Einträge. Wird ein solcher erkannt, werden zunächst über die Struktur-Metadaten die von einer Änderung betroffenen Seitentypen (ContentToStructureMapping, siehe Abb. 11.1) und die für das Generieren benötigten Objekte (StructureToContentMapping) bestimmt.

Struktur-Metadaten

ContentToStructureMapping

Tabelle	Attribut	Seitentyp	Entity
Person	Raum	Personal	Gruppe
Person	Raum	Homepage	Mitarbeiter
...	...	...	...

StructureToContentMapping

Entity1	Entity2	Objekt
Person	Gruppe	'SELECT GruppenID FROM ... WHERE ...;'
Gruppe	Fachbereich	SELECT FBnr FROM ... WHERE ...;'
...	...	...

Layout-Metadaten

ContentToLayoutMapping

ID	LayoutTemplateSet
4711	98765
0815	123456
...	...

StructureToLayoutMapping

Seitentyp	LTS	LayoutTemplate	Seite
Personal	123456	/templates/123456.tpl	Mitarbeiter.html
Homepage	98765	/templates/98765.tpl	home.html
...	...	...	...

Abb. 11.1: Abhängigkeitsverwaltung in TIScover

Die Objekte werden zusammen mit dem zugehörigen Seitentyp in die Auftragswarteschlange (*TaskQueue*) eingefügt. Sie wird vom Generator, ebenfalls wieder einem eigenständigen Prozess, überwacht. Über Anfragen an die Tabellen ContentToLayoutMapping und StructureToLayoutMapping (Layout-Metadaten) werden die bei der Generierung zu verwendenden Vorlagenkombinationen sowie darauf basierend die eigentlichen Parameter, wie z. B. der Name und der Pfad der Vorlage und die zu generierende Web-Seite, bestimmt. Schließlich werden die Dokumente vom Generator erzeugt und im WIS verfügbar gemacht.

Wird in den Fachbereichsdaten in der Tabelle Person die Raumnummer des Mitarbeiters mit der ID 4711 geändert, so sind davon die Personalseite der Arbeitsgruppe sowie die Homepage des Mitarbeiters betroffen (siehe Abb. 11.1). Über eine entsprechende Anfrage lässt sich zunächst die ID der Arbeitsgruppe (0815) herausfinden. Der Generator kann dann die IDs der Vorlagenzuordnungen für den Mitarbeiter (98765) und die Gruppe (123456) ermitteln. Mit den Daten der Tabelle StructureToLayoutMapping lassen sich schließlich die Seiten Mitarbeiter.html und home.html generieren.

11.1.1.1 Vergleich

Sowohl TIScover als auch unser Verfahren basieren auf dem Prinzip der Vorgenerierung, um so schnelle Antwortzeiten bei einem geringen Ressourceneinsatz gewährleisten zu können. Jedoch sind die einzelnen TIScover-Komponenten als eigenständige und ständig aktive Programme konzipiert, lediglich die Metadaten zur Abhängigkeitsbestimmung und die beiden Warteschlangen werden neben den eigentlichen Nutzdaten von einem DBS verwaltet. Die für die Generierung benötigten Komponenten StrukturManager und Generator benutzen zur Synchronisierung untereinander Warteschlangen. Weil die beiden Warteschlangen ständig auf neue Einträge hin überwacht werden müssen, kann es bei zu kleinen Abfrageintervallen zu einem großen Ressourcenbedarf und bei zu großen Intervallen zu deutlich verzögerten Aktualisierungen kommen. Bei unserem Verfahren tritt dieses Problem nicht auf, da die entsprechenden Komponenten direkt vom ORDBS über Trigger aktiviert werden. Der Generator wird daher nur aktiv, wenn er benötigt wird, und die Dokumente sind trotzdem stets aktuell.

Das von TIScover verwendete Abhängigkeitsmodell orientiert sich an der Trennung von Inhalt, Struktur und Layout. Durch sein feines Granulat werden überflüssige Dokumentengenerierungen vermieden. Ähnlich wie bei unserem Prototyp iWebDB/DG werden Abhängigkeiten direkt spezifiziert, eine Berechnung der indirekt betroffenen Dokumente (Transition) findet nicht statt. Bei dem in diesem Buch vorgestellten Verfahren kann Dank der offenen Systemarchitektur ein mächtigeres Abhängigkeitsmodell eingesetzt werden, bei TIScover ist dieses nicht möglich. Die über die Tabelle StructureToContentMapping durchgeführte Auswahl der betroffenen Objekte erfolgt bei unserem Ansatz innerhalb der Konfigurationsdateien. Durch ihren Einsatz sind wir flexibler was die Auswahl betrifft; bei TIScover kann nur eine ID selektiert werden, während bei uns sowohl weitere Initialisierungen als auch eine Massengenerierung erfolgen können. Ähnlich wie bei der ORDBS-gesteuerten Generierung können auch bei TIScover Doppelgenerierungen nicht ausgeschlossen werden, da beide Warteschlangen sequentiell abgearbeitet werden und eine vorausschauende Überprüfung auf andere relevante Einträge nicht stattfindet.

Der TIScover-Ansatz beschäftigt sich nur mit der Dokumentenbereitstellung, ihre Indexierung wird nicht betrachtet. Bei unserem Verfahren ist die sofortige Aufnahme des gerade generierten Dokumentes in den Index möglich, um so auch die Indexdaten aktuell zu halten. Beim Einsatz von TIScover könnte über eine weitere

Warteschlange z. B. ein Suchroboter über Änderungen informiert und so der Index aktualisiert werden. Allerdings kommt es hierbei ebenfalls wieder zu Verzögerungen.

11.1.2 Cache-Invalidierung mit Prefetching

Das von IBM speziell für die Olympischen Winterspiele in Nagano entwickelte System [CDI98, CID99] basiert auf dem Einsatz eines Puffers (*Cache*) für dynamisch generierte Seiten, um so die Antwortzeiten zu verkürzen und die benötigten Systemressourcen zu reduzieren. Die zentrale Komponente des in Abb. 11.2 schematisch dargestellten Systems ist ein Trigger-Monitor. Er hat die Aufgabe, eingehende Ereignisse „in Empfang zu nehmen", darauf aufbauend Abhängigkeiten zu berechnen und die betroffenen Dokumente bzw. ihre Teile zu aktualisieren.

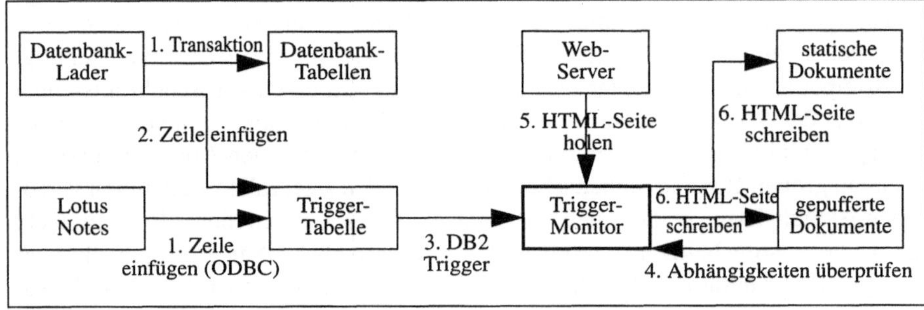

Abb. 11.2: IBM-System für Olympische Winterspiele (Systemkomponenten)

Zum Aktualisieren von Web-Seiten werden die geänderten Daten über den Datenbanklader in eine DB eingebracht. Anschließend wird vom Lader eine Änderungsmitteilung in eine spezielle DB-Tabelle, die Trigger-Tabelle, eingebracht. Werden Dokumente oder Bilder innerhalb von Lotus Notes modifiziert oder bereitgestellt, so kann Lotus Notes direkt (über ODBC) eine Nachricht in die Trigger-Tabelle schreiben (siehe Abb. 11.2). Über einen DB-Trigger wird der Trigger-Monitor über neue Nachrichten informiert. Er kann nun die von den Änderungen betroffenen Dokumente berechnen und die eigentlichen Cache-Server zwecks Invalidierung von gepufferten und nun veralteten Seiten benachrichtigen. Die Cache-Server können nach einer Invalidierungsmitteilung entweder ein betroffenes Dokument im voraus generieren und wieder im Puffer ablegen (*prefetching*) oder es erst bei der nächsten Anforderung dynamisch generieren. Neben dynamisch generierten und z. T. gepufferten Seiten lassen sich auch statische Dokumente, wie z. B. Bilder oder Berichte, verwalten.

Zur Verwaltung und Berechnung der Abhängigkeiten verwendet das IBM-System spezielle Abhängigkeitsgraphen, sog. *Object Dependency Graphs* (ODG, [CID99]). Mit ihnen werden Abhängigkeiten zwischen zwei Objekten spezifiziert. Abhängigkeiten gehen entweder von einem Datenobjekt zu einer HTML-Seite bzw. zu einem

HTML-Fragment oder bestehen zwischen zwei HTML-Seiten bzw. -Fragmenten. Bei dem mit als *Data Update Propagation* (DUP, [CID99]) bezeichneten Verfahren können die Abhängigkeiten dynamisch hinzugefügt werden. Nach einer Änderung an einem Datenobjekt werden mit Hilfe des ODG alle betroffenen Dokumente berechnet, wobei aus Geschwindigkeitsgründen ein Großteil des ODG gepuffert wird.

11.1.2.1 Vergleich

Das oben beschriebene System wurde von IBM als Hochleistungslösung für ein stark frequentiertes, großes WIS konzipiert und basiert auf der Pufferung von dynamisch generierten Seiten. Allerdings kann ein Cache-Server Dokumente auch vorab erzeugen (*prefetching*), so dass quasi eine hybride Lösung realisiert wird. Anders als bei unserem Verfahren werden nicht alle Dokumente mit aktuellem Inhalt, sondern nur eine gerade benötigte Teilmenge in materialisierter Form bereitgehalten, wodurch Speicherplatz eingespart wird. Durch Puffereinsatz und Generierung können mit der Auslieferung statischer Dokumente vergleichbare Antwortzeiten erzielt werden, lediglich die für den Abgleich mit dem Cache-Server erforderliche Zeit kommt noch hinzu. Allerdings wird für diese Art der Dokumentenbereitstellung ein komplexes Laufzeitsystem mit einem hohen Ressourcenbedarf benötigt. Durch die Verteilung der Dienste auf mehrere Server wird eine gute Skalierbarkeit erreicht. Wegen des Laufzeitaufwands ist das System überwiegend für große WIS geeignet.

Für die Abhängigkeitsverwaltung wird ein graphbasiertes Modell mit transitiven Abhängigkeiten eingesetzt. Über die offene Systemarchitektur unserer Lösung könnten wir auch ein solches Modell verwenden. Die beim IBM-System vorhandene Unterstützung von HTML-Fragmenten zur Einsparung überflüssiger Generierungen wird bei unserem Ansatz über die Dokumentenschreiber-Schnittstelle realisiert. Hierüber ist es möglich, aktualisierte Dokumente im WIS verfügbar zu machen und generierte HTML-Fragmente entweder im zur Vorlagen- und Fragmentenverwaltung eingesetzten ORDBS oder mit anderen Vorlagen im lokalen Dateisystem abzulegen.

11.1.3 Weitere Ansätze

Neben den beiden gerade diskutierten Verfahren erlauben einige der verfügbaren und eigene Makros offerierenden Applikations-Server, wie z. B. [All99], entweder das zeitgesteuerte Vorgenerieren bzw. ein Vorgenerieren nach manuellem Anstoßen. Eine andere Möglichkeit ist das Vorgenerieren oder Puffern von dynamisch generierten Dokumentfragmenten (siehe auch Abschn. 5.4.2, Seite 82). Hierdurch lassen sich bei einer Ressourcenanforderung die Antwortzeiten deutlich senken. Die wahlweise Bereitstellung von dynamisch generierten oder statischen Dokumenten bieten zudem mehrere nicht nur auf die bloße Bereitstellung fokussierte Ansätze. Sie werden wir im nachfolgenden Abschnitt diskutieren.

11.2 Integrierte Ansätze

Aufgrund der Komplexität und der Vielzahl der bereitzustellenden Daten werden für die Konstruktion und anschließende Wartung eines WIS (*Web site constrcution*, [FLM98]) in der Regel DB-gestützte Systeme eingesetzt. In der Forschung existieren sehr viele Ansätze zur DB-gestützten WIS-Konstruktion. Auf einige von ihnen werden wir in diesem Abschnitt eingehen und dann, soweit möglich, mit unserem Verfahren vergleichen.

11.2.1 Araneus

Im Rahmen des Araneus-Projektes [AMM97, AMM98] werden Werkzeuge und Entwurfskonzepte für die Konzeption, den Aufbau und die Pflege datenintensiver WIS entwickelt. Beim Entwurf bzw. der Konstruktion eines WIS lassen sich die Phasen des konzeptuellen (1) und logischen (2) DB-Entwurfs, des konzeptuellen (3) und logischen (4) Hypertext-Entwurfs, des Präsentationsdesigns (5) und die abschließende Abbildung von Hypertext auf die DB mit anschließender Seitengenerierung (6) unterscheiden. Während für den DB-Entwurf die üblichen Methoden, wie z. B. ein Entity-Relationship-Modell (ERM), verwendet werden können, unterstützt Araneus die Phasen drei bis sechs durch eigene Methodiken, Modelle und Werkzeuge.

Für den konzeptuellen Hypertext-Entwurf verwendet Araneus das *Navigation Conceptual Model* (NCM), das an das RMM-Modell (*Relationship Management Methodology*, [IAB95]) angelehnt ist. Mit Hilfe des NCM werden die einzelnen Seitentypen und ihre Beziehungen untereinander analysiert und spezifiziert. Das NCM-Schema lässt sich aus dem in der ersten Phase entwickelten ER-Schema ableiten.

```
PAGE SCHEME Homepage
    Name:        TEXT;
    Interests:   LINK TO InterestPage;
    Projects:    LINK TO PersonalProjectPage;
...
END PAGE SCHEME
```

Beispiel 11.1: Definition einer Seitenstruktur mit ADM

Der logische Hypertext-Entwurf basiert auf dem an dem ODMG-Datenmodell [Cat97, CB00] angelehnten *Araneus Data Model* (ADM, [AMM97]), für das auch die so genannte *Araneus Data Definition Language* (ADDL) offeriert wird. Das ADM dient als Formalismus zur Strukturbeschreibung der Web-Dokumente und ist seitenorientiert. Dies bedeutet, dass mit Hilfe des ADM die Struktur einer Seite bzw. eines Seitentyps (PAGE SCHEME) beschrieben wird. Das Datenmodell besitzt nur die zur Beschreibung notwendigen und eine daher im Vergleich zum ODMG-Modell eingeschränkte Menge an Datentypen. Jedoch werden besondere Datentypen und

Typkonstrukte, wie z. B. zur Beschreibung von Formularen, zwingend erforderlichen und optionalen Verweisen sowie heterogenen Mengen angeboten. Im Bsp. 11.1 wird die Struktur der Mitarbeiter-Seiten einer Forschungsgruppe definiert. Über den Typ LINK TO wird ein zwingend erforderlicher Verweis auf eine Instanz des angegebenen Seitentyps spezifiziert. Beim Präsentationsdesign werden HTML-Vorlagen erstellt, die dann im letzten Schritt um spezielle Makros zur Integration der in einer DB gespeicherten Daten ergänzt werden. Auf Basis der Vorlagen wird schließlich der gesamte Dokumentenbestand generiert.

11.2.2 Strudel

Das Projekt Strudel [FF+97, FFLS98, FLSY99] hat mit der Spezifikation der Struktur und Inhalte eines WIS und der anschließenden Generierung des Dokumentenbestands ähnliche Ziele wie das zuvor diskutierte Araneus. Dabei wird, ähnlich wie bei Araneus auch, eine Trennung zwischen der Verwaltung der den Web-Seiten zugrundeliegenden Daten, der WIS-Struktur und der Präsentationsdaten vorgenommen. Darüber hinaus verfolgt Strudel auch das Ziel der automatischen Laufzeitadministration bzw. Optimierung eines WIS auf Basis der zuvor gemachten Spezifikationen.

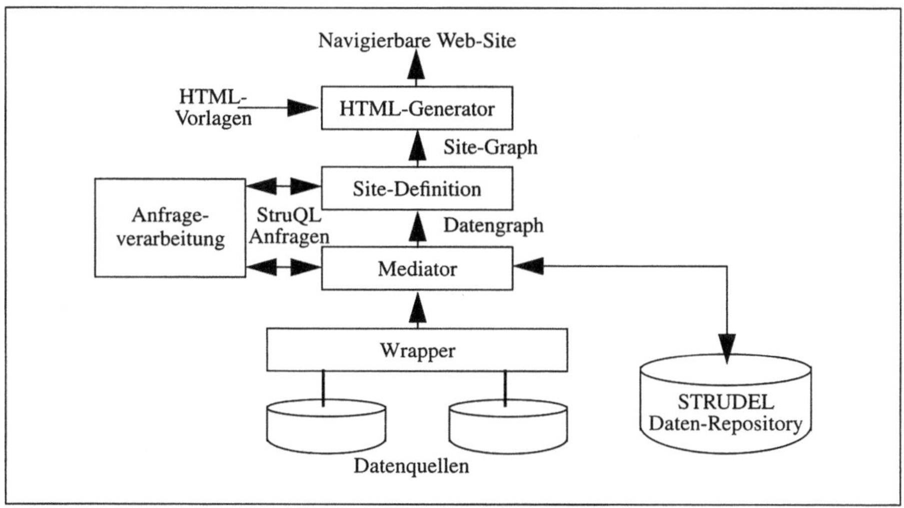

Abb. 11.3: Aufbau von STRUDEL

Sowohl für die Modellierung der externen, d. h. der in DBS oder anderen Datenquellen gespeicherten Daten als auch für die Web-Site verwendet Strudel benamte gerichtete Graphen. Die Integration der externen Daten und auch die Strukturdefinition erfolgen ebenfalls wieder mit einem einheitlichen Hilfsmittel, der Sprache StruQL [FF+97]. Externe Daten werden, wie in Abb. 11.3 dargestellt, über einen *Wrapper* in ein intern verarbeitbares Format umgewandelt und in diesem über den

Mediator zur Verfügung gestellt. Desweiteren können Daten auch in einem eigenen Repository verwaltet werden. Wurden die Daten mit Hilfe der Graphnotation modelliert (siehe Datengraph in Abb. 11.3) und ein *Site schema* angelegt, kann auf Basis des Datengraphs und des Schemas mit Hilfe von StruQL-Anfragen ein konkreter Site-Graph erzeugt werden. Er repräsentiert die sich aus den DB-Daten und dem Schema ergebende WIS-Struktur und definiert explizite Abhängigkeiten zwischen den einzelnen Web-Seiten. In einem letzten Schritt erzeugt ein HTML-Generator für jeden Knoten aus dem Site-Graphen fertige Web-Seiten. Für das Layout werden vorher erstellte Dokumentvorlagen herangezogen.

In [FLSY99] wird der Strudel-Ansatz noch um Möglichkeiten zur Spezifikation des Laufzeitverhaltens erweitert. Über eine deskriptive Sprache kann das intendierte Verhalten von einzelnen Knoten(typen) angegeben werden. Bei der Spezifikation werden u. a. die Materialisierung von Sichten, d. h. das Vorgenerieren von Dokumenten, die Pufferung dynamisch erzeugter Seiten sowie die vorausschauende dynamische Generierung unterstützt. Der WIS-Administrator kann somit über eine deskriptive Sprache das Verhalten bestimmter Seiten bzw. einzelner WIS-Bereiche festlegen.

11.2.3 Autoweb

Wie schon bei den beiden anderen Verfahren auch, unterstützt Autoweb [FP98] das Generieren von Web-Seiten nach einer vorher entsprechend vorgenommenen Spezifikation. Für den konzeptuellen Entwurf wird HDM-lite, ein an HDM (*Hypertext Design Model*, [GPS93]) angelehntes Modell verwendet. Auf Basis der dabei definierten Struktur, Navigationspfade und Vorlagen, die über das Hyperbasis-, Zugriffs- bzw. Präsentationsschema formalisiert werden, können wiederum von einem HTML-Generator Dokumente erzeugt werden. Es ist möglich, die Web-Seiten dynamisch bei einem Zugriff zu erzeugen oder vorzugenerieren und im Dateisystem abzulegen.

11.2.4 Vergleich

Die drei vorgestellten Ansätze unterstützen die verschiedenen Phasen bei der Konstruktion eines WIS, angefangen von der konzeptuellen Daten- und Hypertext-Modellierung bis hin zur abschließenden Generierung des Dokumentenbestands. Allerdings ist nur die explizite Dokumentengenerierung vorgesehen, eine automatische Aktualisierung wird nicht unterstützt. Durch den Einsatz des jeweils verwendeten Generators als CGI-Programm lassen sich Web-Seiten auch dynamisch bei einer Anforderung erzeugen. Dieses ist mit der Mehrfachnutzung des für die Dokumentengenerierung eingesetzten Makroprozessors für die DBS-interne und auch externe Nutzung vergleichbar. Wegen der von uns erreichten automatischen Seiten-Aktualisierung werden außerdem einige der von Strudel angebotenen Laufzeitparameter, wie z. B. Materialisierung oder Pufferung, obsolet.

In diesem Buch sind wir nur auf die letzte der sechs Phasen eingegangen, der DB-
und der Hypertext-Entwurf sind ebenfalls notwendig. Sie haben wir als bereits gegeben vorausgesetzt. Mit den von Araneus, Strudel und Autoweb bereitgestellten
Hilfsmitteln ließen sich diese Phasen bei der WIS-Konstruktion durchführen. Die in
den einzelnen Phasen vorgenommenen Zuordnungen zwischen DB-Tabellen und
Seitentypen können anschließend für die Abhängigkeitsverwaltung verwendet werden. Über die deskriptive Spezifikation der WIS-Struktur gewinnt Strudel indirekt
die Dokumentenabhängigkeiten, die bei unserem Verfahren direkt spezifiziert werden müssen. Allerdings ließen sich durch den im Systementwurf vorgesehenen Austausch der Abhängigkeitsverwaltung und des Makroprozessors auch die von Strudel
verwendeten Komponenten integrieren.

11.2.5 Weitere Ansätze

Neben den drei vorgestellten Projekten Araneus, Strudel und Autoweb existieren
noch mehrere andere Ansätze zur Konstruktion einer DB-basierten Web-Site (siehe
u. a. [FLM98] für eine Übersicht). Die Ansätze unterscheiden sich meist nur in
ihrem verwendeten Datenmodell, d. h. der Darstellung von Web- und DB-Daten.
Der Entwurf endet jedoch in der Regel mit dem Generieren der Web-Site aus den
DB-Inhalten, die (automatische) Aktualisierung wird nicht behandelt bzw. über die
Nutzung dynamisch generierter Seiten gelöst.

Bei der Spezifikation des WIS-Aufbaus werden die jeweiligen Abhängigkeiten zwischen DB-Inhalten und Web-Seiten erfasst. Nutzt man nun die offenen Schnittstellen des in diesem Buch diskutierten Verfahrens aus, so können die Abhängigkeitsdaten weiterverwendet und die einzelnen Ansätze in ihrer Mächtigkeit auch um
automatisch aktualisierte Dokumente erweitert werden. Während unser und die obigen Verfahren nur das Aktualisieren und Erzeugen von Dokumenten betrachten,
wird in [Sin98] die Abhängigkeitsverwaltung so erweitert, dass auch die durch
Datenänderungen obsoleten und damit zu löschenden Dokumente bestimmt werden. Die in [Sin98] beschriebenen Algorithmen lassen sich dank der entsprechenden
Schnittstelle auch in unserem System zur Abhängigkeitsbestimmung einsetzen.
Allerdings muss der Dokumentengenerator so erweitert werden, dass er entweder
vor oder nach dem Generieren die veralteten Web-Seiten direkt aus dem Dateisystem, aus der DB oder mittels der DELETE-Methode des HTTP vom Web-Server
löscht. Dies kann entweder über einen Funktionsaufruf oder über den Einsatz
abstrakter Tabellen geschehen. Somit könnte auch das automatische Löschen veral-
teter Dokumente erreicht werden.

11.3 Suche und Navigationshilfen

Bei der Vorstellung der bisherigen Verfahren für die lokalen Suche und Navigationshilfen (siehe Kap. 6, Seite 91) haben wir bereits Techniken zur Indexierung von
dynamisch generierten Dokumenten sowie zur automatischen Bereitstellung von
Navigationshilfen angesprochen. In diesem Abschnitt gehen wir noch einmal kurz
auf einige Techniken und Produkte ein.

Bisher existieren nur sehr wenige Ansätze und Produkte, die ein ORDBS sowohl für
die Dokumentenverwaltung und -bereitstellung als auch zur Indexierung einsetzen.
Mit [Inf00] wird zumindest ein Produkt angeboten, bei dem nicht nur Web-Seiten,
sondern auch Dokumente anderen Formats im ORDBS gespeichert werden. Über
dynamisch generierte Seiten werden die eigentlichen Inhalte zur Verfügung gestellt.
Zudem werden direkt nach der Publikationsfreigabe durch den Autor die entsprechenden Dokumente in einen im ORDBS verwalteten Index aufgenommen. Hierzu
wird das von uns ebenfalls eingesetzte „Excalibur Text Datablade" [Inf99b] verwendet. Anders als bei unserem Ansatz werden die Web-Seiten bei jedem Zugriff generiert und nur die „inhaltsvollen"[1] Fragmente indexiert. Zudem wird durch die dynamische Generierung die Aufnahme der Web-Seiten in globale Suchmaschinen
unterbunden.

Durch das Ersetzen dynamisch generierter durch statische Dokumente vergrößern
wir die Zahl der von lokalen und globalen Suchmaschinen erfassbaren Web-Seiten.
Einige der WIS-Betreiber erreichen denselben Effekt durch die Nutzung entsprechender Web-Server-Einstellungen, indem sie die sonst bei einer Ressourcenanforderung üblichen Parameter (QUERY_STRING) auf Verzeichnisnamen abbilden[2].
Suchrobotern werden auf diese Weise statische Dokumente „vorgegaukelt". Einen
anderen Ausweg bieten einige der erhältlichen (lokalen) Suchmaschinen an. Sie lassen die Spezifikation von Suchmustern zu, die ebenfalls indexiert werden sollen
[Inf99g]. Es obliegt dann der Verantwortung des Administrators, nur sinnvolle, d. h.
eine terminierende Verweisverfolgung garantierende Suchmuster anzugeben.

Zur automatischen Generierung von Navigationshilfen bzw. Themenkatalogen existieren mehrere Produkte [Inf99h, Ink99]. Sie erzeugen die Verzeichnisse entweder
dynamisch oder stellen sie als periodisch aktualisierte Seiten zur Verfügung. Ein
automatisches Aktualisieren statischer Dokumente ist nicht vorgesehen.

---

1   Die Fragmente enthalten die eigentlichen Informationen und werden z. B. noch um Kopf-, Fuß- und
    Navigationselemente ergänzt. Zusammen mit den Suchdaten wird der Name des späteren Dokumen-
    tes und nicht der des Fragmentes gespeichert.
2   Im Apache-HTTP-Server [Apa99c] kann dieses z. B. durch die Nutzung der *SetHandler*-Direktive
    geschehen.

11.4 Objektorientierte Datenbanksysteme

Für die in diesem Buch diskutierten Lösungen haben wir objekt-relationale DBS als Basistechnologie verwendet. Im Folgenden wollen wir aufzeigen, welche der Konzepte auch bei der Nutzung objektorientierter Datenbanksysteme (siehe Abschn. 2.6, Seite 27) möglich wären, welche Einschränkungen daraus resultieren und wo die Vorteile liegen würden.

11.4.1 Dokumentenbereitstellung

Die automatische Aktualisierung von Web-Dokumenten basiert zu einem Teil auf der Nutzung von Triggern, d. h. dem bei Änderungen durch das ORDBS getätigten Aufruf vorher spezifizierter Funktionen, in unserem Fall dem Aufruf des Dokumentengenerators. OODBVS bzw. der ODMG-Standard [Cat97, CB00] sehen jedoch keine mit Triggern vergleichbare Funktionalität vor. Wie in Abschn. 2.6.2 (Seite 31) schon angedeutet bieten einige der verfügbaren OODBVS so genannte *Callback*-Funktionen (Benachrichtigungsdienste) an, über die für uns ausreichende Trigger-ähnliche Effekte erzielt werden können. Ein anderer Ausweg ist die ebenfalls schon angesprochene Nutzung von Zugriffsmethoden für Datenobjekte[3]. Wird ein Objekt mit Hilfe einer solchen Methode modifiziert, so kann es selbständig den Dokumentengenerator bzw. einen zentralen Benachrichtigungsdienst informieren. Der Dokumentengenerator kann, soweit überhaupt möglich, in das OODBS integriert bzw. als vom DBS aufgerufener externer Dienst realisiert werden. Über die Simulation von Triggern und die Nutzung eines externen Dokumentengenerators kann die Grundfunktionalität bereitgestellt werden, was bei rein relationalen DBS aufgrund der fehlenden Trigger und Funktionen nicht möglich ist. Beim Einsatz eines OODBS muss jedoch in den meisten Fällen von der Forderung der vollständigen DBS-Integration Abstand genommen werden.

Die Dokumente können nach ihrer Erzeugung über eine Methode auf dem WIS publiziert oder im DBS gespeichert werden. Da OODBS mit OQL nur eine Anfragesprache besitzen, ist es nicht möglich, eine einheitliche DB-basierte Publikationsschnittstelle, wie über das Einfügen in eine abstrakte Tabelle möglich, bereitzustellen und das System für spätere Erweiterungen offen zu lassen. Allerdings ist es denkbar, für zu publizierende Dokumente eine (abstrakte) Klasse zu definieren und für die einzelnen Protokolle und Speicherungsorte entsprechende Subtypen zu bilden. Durch Überschreiben von Methoden kann trotz einer einheitlichen Schnittstelle jeweils unterschiedliche Funktionalität integriert werden.

---

3 Sie werden im SQL:1999-Kontext Mutator- und Observer-Funktionen genannt. Siehe auch Abschn. 2.3.2 auf Seite 17.

11.4.2 Suche und Navigationshilfen

Im Gegensatz zu ORDBS unterstützen OODBS keine Erweiterung der internen
Schnittstellen, so dass sich auch keine benutzerdefinierten Indexstrukturen integrieren lassen. Die einfache Kombination aus Dokumenten- und Suchindex-Aktualisierung lässt sich daher auf OODBS-Basis nicht realisieren. Eventuell kann über den
Umweg der simulierten Trigger ein externer Suchroboter auf die aktualisierten
Dokumente hingewiesen und die erneute Aufnahme in den Index erreicht werden.
Hierzu muss die Benachrichtigungsfunktionalität in die Methoden der Publikations-
klasse aufgenommen werden. Über die Benachrichtigungsfunktionen ist es dann
auch möglich, die Navigationshilfen aktualisieren zu lassen.

11.4.3 Resümee

Möchte man für die diskutierten Verfahren anstelle eines ORDBS ein OODBS einsetzen, so kann nur ein Teil der Funktionalität erreicht werden. Dieses gelingt durch
den Einsatz von Behelfslösungen, wie der Simulation von Triggern, und nur mit
Einschränkungen. So muss die vollständige Integration in das Datenbanksystem
und die Verarbeitungssprache SQL aufgegeben werden. Die Einschränkungen sind
jedoch nicht so groß wie sie bei dem Einsatz relationaler DBS wären. Das eigentliche Ziel, die gesamte für die Bereitstellung von Dokumenten aktuellen Inhalts und
geeigneter Zugriffshilfen benötigte Funktionalität in ein DBS zu integrieren und
damit die Einsatz- und die Entwicklungsumgebung zu entlasten, wird aber nicht
erreicht.

11.5 Zusammenfassung

In diesem Kapitel haben wir die in diesem Buch diskutierten Konzepte mit anderen
Ansätzen und Produkten verglichen sowie eine Abgrenzung hin zum Einsatz objek-
torientierter Datenbanksysteme vorgenommen. Im Gegensatz zu den anderen
Ansätzen wird die gesamte Funktionalität in ein ORDBS integriert, abgesehen vom
Web-Server werden keine externen Komponenten benötigt.

Das Problem, Web-Seiten aktuell zu halten, wird nicht nur von uns angegangen. So
existieren Verfahren, bei denen die dynamisch generierten Seiten gepuffert werden,
um die ansonsten bei jeder weiteren Anforderung notwenigen Generatorläufe ein-
zusparen [CDI98, CID99]. Zur Beseitigung der Wartezeiten, die durch die nach
Datenänderungen notwendigen Neugenerierungen auftreten, werden die Seiten vom
Puffer vorab erzeugt (*prefetching*). Aufgrund seiner Komplexität eignet sich das
Prefetching-System nur für sehr große, stark frequentierte WIS. Andere Systeme
basieren wie unser Verfahren auf einer echten Vorgenerierung statischer Seiten. Im
Vergleich zu unserem Ansatz werden aber zahlreiche eigenständige Dienste benötigt und es kann zu verzögerten Aktualisierungen kommen [PRSS99]. Die meisten
der alle Phasen bei der Konstruktion eines DB-basierten WIS betrachtenden Verfah-

ren generieren auf der Basis der jeweiligen Spezifikation statische Seiten oder unterstützen die Nutzung dynamisch generierter Dokumente. Die automatische Aktualisierung der zuvor abgelegten statischen Seiten wird in der Regel nicht betrachtet oder ist nur angedacht. Die automatische Indexierung der aktualisierten Web-Seiten wird von keinem der Ansätze betrachtet.

Die Integration von Dokumentenverwaltung und -indexierung wird nur von wenigen Systemen verfolgt. Sie zielen nur auf die Indexierung der für die Publikation freigegebenen statischen Dokumente bzw. ihrer Fragmente ab, die Bereitstellung aktualisierter Dokumente und ihre Indexierung wird nicht betrachtet. Werden dynamisch generierte Web-Seiten eingesetzt, so kann über Einstellungen an der lokalen Suchmaschine oder über „Trickserei" am Web-Server auch für diese Dokumente die Aufnahme in den Suchindex herbeigeführt werden. Nach wie vor bleiben allerdings der höhere Bereitstellungsaufwand durch die dynamische Dokumentenerzeugung sowie die Verzögerungen zwischen Dokumenten- und Indexaktualisierung.

Neben anderen Ansätzen haben wir schließlich auch den potentiellen Einsatz objektorientierter DBS betrachtet. Nutzt man OODBS anstelle von ORDBS, so lässt sich nur ein Teil der in diesem Buch diskutierten Funktionalität erreichen. Diese steht zudem mit Einschränkungen zur Verfügung, da nun nicht mehr alle Komponenten direkt in das System integriert werden können und verschiedene Behelfslösungen notwendig werden. OODBS sind im Vergleich zu rein relationalen Systemen allerdings deutlich zu bevorzugen, da mit letzteren die diskutierte Funktionalität gar nicht zu realisieren ist. Daher führt für die intendierten Zwecke kein Weg am Einsatz objekt-relationalen Systeme vorbei.

12 Zusammenfassung und Ausblick

Objekt-relationale Datenbanksysteme erweitern die bisher bei der Nutzung von relationalen oder objektorientierten DBS vorhandenen Möglichkeiten beim Betrieb eines Web-Informationssystems. Neben Vorteilen bei der Dokumentenverwaltung entstehen insbesondere in Bezug auf die Bereitstellung aktueller Informationen deutliche Verbesserungen. Durch die Integration der für die Dokumentenerzeugung und das Publizieren benötigten Komponenten in ein ORDBS können Web-Seiten höchster Aktualität angeboten werden. Gleichzeitig ist es möglich, auf den Einsatz der sonst in der Laufzeit- oder Entwicklungsumgebung benötigten Komponenten zu verzichten, wie z. B. CGI-Programme zur Seitengenerierung oder persistente Warteschlangen zur Speicherung von Änderungsmitteilungen. Hierdurch lassen sich vor allem für stark frequentierte Dokumente die Antwortzeiten reduzieren und der Web-Server kann entlastet werden.

Basierend auf dem entwickelten Verfahren ist es zudem möglich, die Menge der statischen und damit indexierbaren Dokumente eines WIS zu vergrößern. Durch den Einsatz eines ORDBS können gleichzeitig auch die Indexdaten auf dem jeweils aktuellen Stand gehalten werden. Daher können die im WIS angebotenen Informationen vom Benutzer auch schnell aufgefunden werden. Im Rahmen des Projektes iWebDB [Loe99, Loe00a, Loe00b, LR99] wurden die entwickelten Konzepte prototypisch realisiert und auf ihre Anwendbarkeit hin getestet. Aufgrund der gemachten Erfahrungen lässt sich sagen, dass sich die Verfahren schon mit geringem Ressourceneinsatz für WIS mit mehreren tausend Dokumentenaktualisierungen pro Tag einsetzen lassen.

12.1 Zusammenfassung

Durch den Einsatz von Web-Technologie ist es prinzipiell möglich, von jedem Ort der Welt aus auf die von einem WIS angebotenen Informationen zuzugreifen, lediglich ein Web-Client wird benötigt. Der Web-Client kann ein spezielles Programm auf einem Computer, ein Mobiltelefon oder ein persönlicher digitaler Assistent sein. Durch die Nutzung von HTML oder XML können die in einem Dokument enthaltenen Informationen prinzipiell[1] auf jedem der verfügbaren Anzeigegeräte darge-

---

1 Heute werden leider die programmspezifischen Darstellungsmöglichkeiten missbraucht bzw. noch Zusatzmodule (plug-in) verwendet, so dass die Darstellbarkeit der enthaltenen Informationen nicht mehr auf jedem Anzeigegerät und jeder Plattform gewährleistet ist.

stellt werden. Um Dienste sowie aktuelle Informationen anbieten zu können, ist ein WIS eng mit anderen Informations- und Anwendungssystemen, wie z. B. DBS, verknüpft. In diesem Buch haben wir die Nutzung eines DBS zur Informationsbereitstellung betrachtet.

Bislang standen für die Bereitstellung aktueller, in einem DBS gespeicherter Informationen nur Verfahren zur dynamischen Generierung von Web-Seiten sowie die Möglichkeit der periodischen Vorgenerierung zur Verfügung. Während einfach zu realisierende und administrierende Verfahren, wie z. B. CGI-Programme, für viele gleichzeitige Dokumentenanforderungen aufgrund mangelnder Skalierbarkeit in der Regel nicht geeignet sind, lohnen sich andere Ansätze, wie z. B. der Einsatz von Web-Applikations-Servern, wegen ihres verhältnismäßig hohen Aufwands nicht für WIS mit wenigen Dokumentzugriffen. Die Vorgenerierung von Web-Seiten muss ständig wiederholt werden, um veraltete Dokumente zu vermeiden. Allerdings kann es bei einer automatischen Vorgenerierung je nach Aktualisierungsintervall bei einem zu langen Intervall entweder zu veralteten Dokumenten oder bei zu kurzen Abständen zu unnötigen Generierungsvorgängen kommen.

Auch die in anderen Arbeiten sowohl für die dynamische Seitengenerierung als auch die Vorgenerierung vorgeschlagenen Verbesserungen können die sonst üblichen Nachteile nicht beseitigen.

12.1.1 ORDBS-gesteuerte Dokumentenaktualisierung

Mit dem in diesem Buch diskutierten Verfahren der ORDBS-gesteuerten Dokumentenaktualisierung werden nun die Nachteile beider Realisierungsalternativen beseitigt. Durch die Nutzung von DB-Triggern zur Reaktion auf Datenmodifikationen und den anschließenden Einsatz benutzerdefinierter Funktionen zur Bestimmung der betroffenen Dokumente und für ihre Neugenerierung können stets aktuelle Web-Seiten angeboten werden. Weil die Seiten nicht bei jedem Zugriff erneut erzeugt werden müssen, sondern als statische Dokumente zur Verfügung stehen, werden die für den Web-Server sonst üblichen Belastungen vermieden und kurze Antwortzeiten erreicht.

Der in das ORDBS integrierte Dokumentengenerator wurde so entworfen, dass er sich an möglichst viele unterschiedliche Einsatzumgebungen und Anforderungen anpassen lässt. So können je nach WIS andere Wünsche in Bezug auf die Abhängigkeitsverwaltung, die Leistungsfähigkeit und den Funktionsumfang des Makroprozessors oder die Dokumentenpublikation bestehen. Daher wurde der gesamte Dokumentengenerator modular aufgebaut, so dass sich einzelne Komponenten einfach ersetzen lassen. Beispielsweise kann der Dokumentenschreiber, der für das Publizieren einer soeben generierten Web-Seite zuständig ist, ausgetauscht werden. Über ein entsprechend verändertes Modul lassen sich die Dokumente z. B. entweder direkt im lokalen Dateisystem oder mittels HTTP oder FTP auf einem entfernten Rechner aktualisieren. Durch den Einsatz abstrakter Tabellen, wie sie für den SQL-Standard vorgesehen und von einigen ORDBVS angeboten werden, wird nur ein

Dokumentenschreibermodul benötigt. Die unterschiedlichen Realisierungen werden als Implementierungen der abstrakten Tabelle bereitgestellt. Über entsprechende Konfiguration ist es bei den meisten adaptierbaren Modulen möglich, mehrere Realisierungen nebeneinander einzusetzen. Auf diese Weise lassen sich z. B. über unterschiedliche Dokumentenschreiber eine Reihe von miteinander verknüpften WIS mittels des jeweils bevorzugten Verfahrens aktualisieren.

Mit Hilfe der ORDBS-gesteuerten automatischen Dokumentenaktualisierung kann die Belastung des Web-Servers bei gleichbleibender oder verbesserter Aktualität reduziert werden. Weil hierdurch der DB-Zugriff vom Web-Server aus vermieden wird, werden auch weniger Lizenzen benötigt, so dass auch die Software-Kosten gesenkt werden können. Zudem lassen sich auch die Hardware-Kosten senken, da der Web-Server wegen der überwiegenden Auslieferung statischer Dokumente nicht mehr so leistungsfähig sein muss.

Aufgrund der Vorgenerierung von Web-Seiten eignet sich das in diesem Buch vorgestellte Verfahren nicht für Web-Applikationen, bei denen auf Benutzereingaben oder den jeweiligen, auch zeitlichen, Kontext reagiert werden muss, wie z. B. bei der Bereitstellung von personalisierter Information. Da heute aber die einzelnen Web-Dokumente aus einer Vielzahl von Komponenten bestehen, können durch die Vorgenerierung einzelner Seitenteile die Generierungszeiten und damit auch die Antwortzeiten verkürzt werden.

12.1.2 Verbesserte Suchmöglichkeiten

Basierend auf den vom ORDBS durchgeführten automatischen Dokumentenaktualisierungen lassen sich auch die Suchergebnisse einer WIS-lokalen Suchmaschine verbessern. Gehörten Teilbereiche des WIS aufgrund der dynamischen Seitengenerierung zur „hidden world", so können sie nun in den von einem Suchroboter indexierbaren und damit über die Suche auffindbaren Bereich konvertiert werden. Wegen ihrer Änderungshäufigkeit werden Daten dynamisch generierter Dokumente normalerweise nicht in Suchindizes aufgenommen. Die nun mögliche statische Bereitstellung erlaubt ihre Indexierung. Durch die zusätzliche Kopplung von Dokumentengenerierung und -indexierung kann zudem die Suchdatenbasis vergrößert und aktueller gehalten werden. Somit ist es den WIS-Benutzern erstmals möglich, die aktuellen Informationen auch über eine lokale Suche aufzufinden.

In diesem Buch haben wir weder spezielle Suchalgorithmen diskutiert, noch sind wir auf die verschiedenen verfügbaren Suchmaschinen eingegangen. Vielmehr haben wir versucht, Lösungsmöglichkeiten für den Einsatz der für ein spezielles WIS präferierten Suchmaschine und die entsprechende Kopplung mit dem Dokumentengenerator aufzuzeigen. Auch wurden Alternativen zur Einbettung einer Suchmaschine in ein ORDBS diskutiert. Während bei einer Vollintegration der Suchindex über eine benutzerdefinierte Indexstruktur realisiert wird und das DBS die Indexaktualisierung übernimmt, werden bei einer Halbintegration der Suchindex über den Einsatz von UDFs und UDTs simuliert und Trigger zu seiner automa-

tischen Aktualisierung benötigt. Weil bei einer Vollintegration der Suchindex wie
ein Index einer eingebauten sekundären Zugriffsmethode genutzt werden kann,
stellt sie die insgesamt bessere Lösung dar. Allerdings kann die Vollintegration nicht
auf jedem ORDBS realisiert werden und entspricht auch nicht dem von SQL:1999
unterstützten Funktionsumfang. Die Halbintegration ermöglicht dagegen die Portabilität auf Standard-konforme DBS.

Eine direkte Anwendung der ORDBS-gesteuerten Dokumentengenerierung verkörpern die üblicherweise in einem WIS angebotenen Navigationshilfen, sog. *site maps*
oder *navigation bars*. Ihr Inhalt kann automatisch vom ORDBS gepflegt und an Veränderungen an der Dokumentenbasis angepasst werden. Auf diese Weise können
auch die von WIS-Benutzern häufig zur thematischen Suche verwendeten Navigationshilfen stets auf dem aktuellen Stand gehalten werden.

12.1.3 Dokumentenverwaltung

Zwar bildete die ORDBS-gestützte Dokumentenverwaltung nicht den Schwerpunkt
dieses Buches, dennoch wurden Verbesserungsmöglichkeiten im Vergleich zu
bestehenden Lösungen auf Basis relationaler und objektorientierter DBS aufge-
zeigt. Größere Vorteile scheinen insbesondere auch in Bezug auf die Verwaltung
von XML-Dokumenten möglich, da mit Hilfe der Erweiterbarkeit objekt-relationaler Systeme zahlreiche der vielfältigen Anforderungen gelöst werden können.
Neben der reinen Dokumentenspeicherung, die durch die Nutzung von UDTs und
UDFs verbessert werden kann, lassen sich auch (XML-spezifische) Anfragesprachen bereitstellen. Weiterhin ist es möglich, mittels benutzerdefinierter Indexstrukturen die Anfrageverarbeitung zu beschleunigen. Abstrakte Tabellen können die
Dokumenten-DB mit anderen Datenquellen, u. a. dem Dateisystem, verbinden und
so den Datenaustausch erleichtern. Dokumente lassen sich auf diese Weise einfach
vom Dateisystem in das DBS einlagern bzw. umgekehrt auch in das Dateisystem
auslagern. Über den Einsatz des DATALINK-Konzeptes kann das DBS weiterhin die
Kontrolle über die als externe Dateien abgelegten Dokumente behalten.

Zur optimalen Nutzung von objekt-relationaler DB-Technologie für die Dokumentenspeicherung bedarf es noch weiterer Forschungsarbeiten (siehe unten). Durch die
erst in der Entwicklungsphase steckende Spezifikation von wichtigen XML-Grund-
bausteinen lassen sich zum gegenwärtigen Zeitpunkt noch nicht einmal alle Anforderungen festmachen.

12.1.4 Anwendbarkeit

Die entwickelten Verfahren und Konzepte wurden im Rahmen des iWebDB-Projektes [Loe99, Loe00a, Loe00b, LR99] prototypisch umgesetzt und getestet. Dabei
standen vor allem Fragen der Anwendbarkeit der in diesem Buch diskutierten Konzepte im Vordergrund. Ferner wurden die einzelnen Erweiterungsmöglichkeiten

objekt-relationaler DBS untersucht, um die derzeit vorhandenen Grenzen kommerziell verfügbarer ORDBVS und die Einschränkungen von SQL:1999 einschätzen zu können.

Bei den durchgeführten Leistungstests mit unterschiedlichen Dokumentgrößen und Systemkonfigurationen wurde deutlich, dass sich mit im Durchschnitt etwa einer Sekunde pro erzeugtem Dokument trotz der von der Funktionalität und Geschwindigkeit her eingeschränkten Prototypen auch für die Praxis noch taugliche Generierungszeiten realisieren lassen. Beim Einsatz eines kommerziellen Makroprozessors konnte der zeitliche Aufwand deutlich reduziert werden. Wird zusätzlich der getestete kommerzielle Dokumentenindex oder der selbst entwickelte Strukturindex zur Indexierung der zuvor generierten Web-Seiten eingesetzt, so vergrößert sich der gesamte Zeitbedarf nur unwesentlich. Legt man eine effizientere Implementierung zugrunde, sind die nach Datenmodifikationen durch das ORDBS automatisch durchgeführte Dokumentengenerierung und die anschließende Indexierung und Ablage der Indexdaten im ORDBS vom zeitlichen Aufwand her anwendbar. Probleme können allerdings bei der Integration in eine Produktionsdatenbank durch zu lange Transaktionsdauern und die damit verbundene verringerte Nebenläufigkeit entstehen.

Derzeit sind noch nicht ausreichend viele Werkzeuge vorhanden, um alle mit der Dokumentengenerierung zusammenhängenden Aufgaben über eine grafische Oberfläche zu administrieren. Auch fehlt es noch an einer kompletten Umsetzung aller Konzepte und an Praxistests. Unter anderem wurde der modulare Aufbau des Dokumentengenerators noch nicht in der Praxis getestet, so dass Aussagen zur Anwendbarkeit schwierig sind. Die Tests mit den bisher vorhandenen Prototypen geben aber Grund zur Hoffnung.

12.1.5 Resümee

Durch den Einsatz objekt-relationaler DB-Technologie lassen sich Web-Informationssysteme verbessern. Durch die Kombination der zwar schon länger verfügbaren, aber erst jetzt in den SQL-Standard aufgenommenen DB-Trigger mit benutzerdefinierten Funktionen, Typen und Zugriffsmethoden ist es möglich, ohne den Einsatz der sonst üblichen dynamischen Seitengenerierung aktuelle Dokumenteninhalte anbieten zu können. Zudem lassen sich über einen ebenfalls aktuellen Dokumentenindex die angebotenen Informationen auffinden. Weitere aus dem ORDBS-Einsatz resultierende Verbesserungen sind auch für die gesamte Dokumentenverwaltung möglich. Die Resultate lassen sich anders als bei anderen Ansätzen mit einem beliebigen ORDBVS erzielen.

Während sich die in diesem Buch vorgestellten Konzepte mit einem kommerziell verfügbaren oder SQL:1999-konformen ORDBVS prinzipiell realisieren lassen, ist der gesamte Entwicklungsprozess aufgrund unzureichender Werkzeugunterstützung und z. T. sehr vieler zu beachtender Programmiervorschriften nicht immer einfach. Insbesondere die Nutzung neuerer Erweiterungsschnittstellen, wie z. B.

abstrakten Tabellen, erfordert viele Vorkenntnisse. Diese Einschränkungen betreffen aber nicht nur unseren Integrationsansatz, sondern generell den Einsatz von Erweiterungsmöglichkeiten. Betrachtet man die Entwicklungsgeschichte der objekt-relationalen DB-Technologie, so stellen nur wenige ORDBVS-Fähigkeiten wirkliche Neuerungen dar. Viele Möglichkeiten sind z. T. schon 15 Jahre alt. In ORDBVS stehen sie aber zum ersten Mal kombiniert zur Verfügung und es fehlt daher noch an Ausgereiftheit der jeweiligen Hersteller-Umsetzung und an Erfahrungen auf der Anwenderseite (siehe unten).

Auch der SQL-Standard SQL:1999 bedarf noch weiterer Ergänzungen, um die Arbeit mit den vorhandenen Datentypen zu erleichtern bzw. noch weitere aufzunehmen, z. B. noch andere Kollektionstypen. Anleihen können von objektorientierten DBVS und dem zugehörigen ODMG-Standard kommen. Sie bieten wünschenswerte Funktionalität, wie z. B. die Mehrfachvererbung, die derzeit bei SQL:1999 und ORDBVS noch vermisst wird. Auf der anderen Seite können aber die in diesem Buch diskutierten Konzepte nicht mit OODBVS umgesetzt werden, weil bei diesen aktive Komponenten, wie die Trigger, und die Server-interne Erweiterbarkeit fehlen.

Die noch nicht in SQL:1999 enthaltene, aber bereits geplante Schnittstellen-Standardisierung für den Zugriff auf externe Daten, SQL/MED [JTC99d], benötigt unserer Meinung nach ebenfalls eine Revision. Durch die bei jeder (abstrakten) Tabellendefinition vorzunehmende direkte Zuordnung von UDFs zu Operationen gehen eine Abstraktionsebene und Nutzungskomfort verloren, wie man sie z. B. vom *Virtual Table Interface* [Inf99f] und dem *Virtual Index Interface* her kennt. Eine entsprechende Erweiterung der derzeitigen Spezifikation erscheint daher angebracht.

Zusammenfassend lässt sich daher festhalten, dass der ORDBS-Einsatz die bisher vorhandenen Möglichkeiten deutlich erweitert und der WIS-Verbesserung dient. Gleichzeitig ist aber noch anzumerken, dass die ORDBVS-Funktionalität und der SQL-Standard noch nicht ausgereift sind und weiterer Ergänzungen bedürfen.

12.2 Ausblick

Die Erweiterung des bisher realisierten Systems um mehr Funktionalität und der Einsatz in realen Projekten stellen einen Teil der zukünftigen Arbeit dar. Die Nutzung unterschiedlicher Makroprozessoren hat hierzu bereits den Grundstein gelegt. Hier wird sich dann auch erst die eigentliche Praktikabilität erweisen (müssen). Im Abhängigkeitsmodell und der Systemrealisierung ist das Löschen von nicht mehr benötigten Dokumenten nicht vorgesehen. Sie sind für die gerade dargestellten Pläne evtl. erforderlich und müssen realisiert werden.

Die ORDBS-basierte Dokumentenverwaltung wurde in diesem Buch nur am Rande behandelt. Die entsprechenden Einsatzmöglichkeiten von ORDBS, insbesondere für die effiziente Speicherung von und die Suche in XML-Dokumenten, bedürfen entsprechender Forschungsarbeiten. Anfänge sind u. a. bei [KM00, SRL00,

SYU99] zu finden. Interessant erscheint hierbei neben der Integration der sonst üblichen Repository-Funktionalität die Nutzung der Erweiterungsmöglichkeiten zur Unterstützung der XML-Anfragesprachen. Weiterhin könnte es aber auch möglich sein, Kenntnisse über anwendungsbezogene DTDs auszunutzen und so mehr Verarbeitungssemantik zu erzielen.

Die Integration des Dokumentengenerators in das ORDBS führt, anstatt die Daten für die Verarbeitung zur Anwendung zu übertragen, die Anwendungslogik näher an die Daten heran. Wir haben als Kontrast zu der sonst üblichen Datenpufferung in Anwendungsnähe in diesem Zusammenhang von der „near by the data application locality", der Nähe der Anwendung zu den Daten, gesprochen. Die Verlagerung von Anwendungslogik kann möglicherweise zur Verarbeitungsbeschleunigung führen. Für Web-basierte DB-Anwendungen lassen sich z. B. der Web-Server und damit auch der gesamte Anwendungs-Server in das DBS integrieren. Ob und wann eine solche Anwendungsintegration sinnvoll ist, müssen weitere Forschungsergebnisse zeigen. Generell gibt es erst wenige Erfahrungen mit der UDF-Nutzung zur Realisierung von Anwendungssystem-Komponenten. Schuld sind u. a. auch die unterschiedlichen Systeminterna und Schnittstellen der einzelnen ORDBVS, die eine einfache Portierung zwischen den jeweiligen Systemen und generelle Aussagen verhindern. Die Nutzung von Java als Implementierungssprache scheint diesbezüglich in der Zukunft jedoch zahlreiche Verbesserungen zu bringen. So werden Java-UDFs mittlerweile von allen kommerziellen ORDBVS unterstützt. Zudem gewährleisten SQLJ und die generellen Java-Eigenschaften eine schnelle Migration zwischen den einzelnen ORDBVS. Da derselbe Java-Code prinzipiell aber auch auf der Client- und Anwendungs-Server-Seite genutzt werden kann, wäre auch die dynamische, z. B. lastabhängige Verlagerung von Anwendungslogik zwischen den drei und mehr Schichten des Anwendungssystems möglich. Hierfür existieren aber noch wenige Erfahrungen und Entwurfsregeln, entsprechender Forschungsbedarf besteht also auch hier.

Die ORDBS-gesteuerte Vorgenerierung von Dokumenten oder ihren Komponenten ist für kontextabhängige Web-Seiten nicht möglich, also auch nicht für Web-Applikationen. Dem Trend zu Web-Portalen, Einstiegsseiten oder Katalogen mit zahlreichen integrierten Diensten und Angeboten folgt die Personalisierung der Portale. WIS-Benutzer bekommen nur noch die für sie relevanten oder die von ihnen gewünschten Dienste angeboten, was die Vorgenerierung gesamter Dokumente verhindert. Die Kombination aus Seitenvorgenerierung und Web-Applikationen erscheint daher sinnvoll. Zusätzliche Anforderungen kommen durch verschiedene Anzeigegeräte, wie z. B. dem klassischen Web-Browser („E-Commerce") oder einem Mobiltelefon („M-Commerce"). Interessant ist hierfür wieder die Integration des Web-Servers in das ORDBS und die DBS-interne Ablage der vorgenerierten Komponenten.

Die angesprochenen Einschränkungen sowohl der kommerziell verfügbaren ORDBVS als auch des SQL-Standards machen es spannend, die zukünftige Entwicklung zu verfolgen oder sogar mitzugestalten. Abstrakte Tabellen lassen die Integration anderer Datenquellen, nicht nur zur Dokumentenpublikation, zu und das

ORDBS kann sich, wie z. B. auch in [MKRZ99] beschrieben, zur zentralen Komponente eines föderierten Systems entwickeln. ORDBS rücken damit nicht nur immer mehr in den Mittelpunkt zukünftiger Systeme, sondern auch in den Blickpunkt der breiteren Öffentlichkeit. Bis dahin sind von Seiten der Hersteller und Standardisierungsgremien noch Verbesserungen und von der Anwenderseite her mehr Erfahrungen notwendig. Es gibt also für jeden noch genug zu tun.

Beispiele

Im Folgenden wollen wir zwei einfache, aber vollständige Beispiele für den Einsatz des Dokumentengenerators geben. Die Beispiele basieren auf den im iWebDB-Projekt entwickelten Prototypen iWebDB/DG und iWebDB/MP (siehe Abschn. 10.1, Seite 153) sowie dem Informix Web DataBlade [Inf99c]. Die gezeigten Dateien und SQL-Kommandos beschränken sich auf die wesentlichen Merkmale und müssen für einen realen Einsatz entsprechend erweitert werden. Zunächst gehen wir auf die für beide Beispielanwendungen gleichen Datenstrukturen ein, bevor wir den Aufbau eines sehr einfachen Veranstaltungskalenders und dann die für die automatische Generierung von Publikationslisten notwendigen Tabellen, Vorlagen und Konfigurationen diskutieren.

```
CREATE TABLE tables
(
table_id      SERIAL,
tablename     VARCHAR(255)
);

CREATE TABLE templates
(
template_id SERIAL,
name          VARCHAR(255),
path          VARCHAR(255)
);

CREATE TABLE config_files
(
file_id       SERIAL,
name          VARCHAR(255),
path          VARCHAR(255)
);
```

Beispiel A.1: Allgemeine Verwaltungstabellen

1   Gemeinsame Daten

In diesem Abschnitt stellen wir die bei beiden Beispielen verwendeten Tabellen vor. Sie können entweder von beiden Anwendungen gleichzeitig genutzt werden und nur einmal existieren oder müssen für jede Anwendung in einer separaten Datenbank

angelegt werden. Die in Bsp. A.1 dargestellte Tabelle tables dient zur Abbildung von
Tabellennamen auf eindeutige IDs. Die beiden Tabellen templates und config_files
erfüllen einen ähnlichen Zweck für die Vorlagen und die Konfigurationsdateien.
Obwohl jeweils ein Datei- und ein Pfadname angegeben wird, können die zugehörigen Dateien auch im DBS gespeichert sein.

```
CREATE TABLE dependencies
(
dep_id       SERIAL,
table        INTEGER,
config_file  INTEGER,
template     INTEGER,
update_flag  VARCHAR(15),
insert_flag  VARCHAR(15),
delete_flag  VARCHAR(15)
);
```

Beispiel A.2: Abhängigkeitentabelle

Die für die Tabellen, Vorlagen und Konfigurationsdateien vergebenen IDs werden
zur Spezifikation der Abhängigkeiten benötigt. Die Abhängigkeiten werde bei unserem Prototyp in der in Bsp. A.2 gezeigten Abhängigkeitstabelle gespeichert. Zu
einer Kombination aus drei IDs werden die auslösenden Ereignisse gespeichert. Für
jeden Trigger-Typ (UPDATE, INSERT, DELETE) ist ein entsprechendes Feld vorgesehen, in das die Art des Aufrufs eingetragen werden kann, z. B. BEFORE, AFTER usw.
Auf diese Weise können alle herstellerspezifischen Aktivierungsmodi unterstützt
werden. Beispielsweise offeriert der für die Beispiele eingesetzte Informix Dynamic
Server 2000 keine Standard-konformen Trigger; die wahlweise Aktivierung pro ver-
ändertem Tupel oder pro Tabelle lässt sich aber trotzdem realisieren.

```
EXECUTE PROCEDURE sqlj.install_jar(
    "file:/www/jars/iWebDB/iwebdg.jar", "dg_jar");

CREATE PROCEDURE check (lvarchar, lvarchar, lvarchar)
WITH (class="jvp") -- der Virtual Processor fuer die Ausfuehrung
EXTERNAL NAME "dg_jar:iWebDG.check"
LANGUAGE java;

CREATE PROCEDURE check (lvarchar, lvarchar, lvarchar, lvarchar)
WITH (class="jvp") -- der Virtual Processor fuer die Ausfuehrung
EXTERNAL NAME "dg_jar:iWebDG.check"
LANGUAGE java;
```

Beispiel A.3: Generator-UDF anlegen

Neben den Tabellen wird auch noch die Generatorfunktion benötigt, die von den Triggern aufgerufen werden soll, um die Dokumente zu aktualisieren. Dazu muss, wie in Bsp. A.3 gezeigt, zunächst das Java-Archiv installiert werden. Anschließend können die UDFs angelegt werden.

```
CREATE TABLE veranstaltungen
(
id              SERIAL,
veranstaltung   VARCHAR(255),
ort             VARCHAR(80),
anfang          DATETIME,
ende            DATETIME
);
```

Beispiel A.4: Veranstaltungstabelle

2   Veranstaltungskalender

Das folgende Beispiel zeigt den Einsatz des Dokumentengenerators für eine Liste mit aktuellen Veranstaltungsterminen. Für die Dokumentengenerierung wird der Makroprozessor iWebDB/MP eingesetzt. Die Veranstaltungsdaten wie der Name, der Ort sowie der Anfangs- und Endzeitpunkt werden in der Tabelle veranstaltungen gespeichert (Bsp. A.4).

Möchte man nun eine HTML-Seite mit allen zukünftigen Veranstaltungen im Web zur Verfügung stellen, so lässt sich dies über den Dokumentengenerator realisieren. In der in Bsp. A.5 gezeigten Konfigurationsdatei wird festgelegt, dass die erzeugte Datei im Pfad /www/htdocs/ unter dem Namen events.html abgelegt werden soll. Das Makro <IWEBDB> begrenzt den vom Makroprozessor auszuwertenden Bereich. Das Makro beschleunigt die Verarbeitung von Vorlagen (s. u.).

```
<IWEBDB>
<VAR ident="DG.OUTFILE">events.html</VAR>
<VAR ident="DG.OUTPATH">/www/htdocs/</VAR>
<VAR ident="DG.GENERATE">true</VAR>
</IWEBDB>
```

Beispiel A.5: Konfigurationsdatei

Die im Bsp. A.6 gezeigte Vorlage zum Erzeugen der Veranstaltungsseite enthält neben dem HTML-Grundgerüst noch die zum Einbinden von Daten benötigten Makros. Zunächst wird mit dem <DB>-Makro die Datenbank ausgewählt. Hierzu wird auf die im Namensraum ENV gespeicherten Umgebungsvariablen zurückge-

griffen. Die Veranstaltungsdaten werden über eine SQL-Anweisung aus der DB ausgelesen (<SQL>) und innerhalb einer HTML-Tabelle mit dem <PRINT>-Makro ausgegeben. Die Ergebnisse der SQL-Anfrage sind dabei über den Namensraum sql
zugreifbar. Das <IWEBDB>-Makro zeigt dem Makroprozessor wiederum den für ihn
relevanten Abschnitt der Vorlage an.

```
<HTML><HEAD></HEAD>
<BODY>
<IWEBDB>

<!-- Datenbank und den JDBC-Treiber auswaehlen -->
<DB name="$ENV.database" driver="$ENV.jdbcdriver" url="$ENV.url"/>
<TABLE>
<TR><TH>Datum</TH><TH>Ort</TH><TH>Veranstaltung</TH></TR>

<!-- Schleife mit der SQL-Anweisung -->
<SQL   db="$ENV.database"
       stmt="SELECT veranstaltung, ort, anfang, ende
       FROM veranstaltungen WHERE ende>CURRENT order by anfang;">

<!-- Werte ausgeben, die Werte sind im Namensraum "SQL" -->
<TR><TD> <PRINT ident="sql.anfang"/>-
    <PRINT ident="sql.ende"/></TD>
<TD><PRINT ident="sql.ort"/></TD>
<TD><PRINT ident="sql.veranstaltung"/></TD></TR>
</SQL></TABLE>
</IWEBDB>
</BODY></HTML>
```

Beispiel A.6: Vorlage

```
-- Bekanntmachen der Tabelle und der Dateien
INSERT INTO tables VALUES (1, 'veranstaltungen');
INSERT INTO templates
    VALUES (1, 'veranstaltungen.mp', '/www/vorlagen/');
INSERT INTO config_files
    VALUES (1, 'veranstaltungen.cnf', '/www/cnffiles/');

-- Spezifikation der Abhängigkeiten („AFTER INSERT")
INSERT INTO dependencies VALUES (1, 1, 1, 1, NULL, 'AFTER', NULL);

-- Anlegen eines Triggers
CREATE TRIGGER veranstaltungenInsertTrigger
    INSERT ON veranstaltungen AFTER
    (EXECUTE PROCEDURE check('INSERT', 'veranstaltungen', 'AFTER'));
```

Beispiel A.7: SQL-Kommandos

Abschließend müssen noch die Tabelle sowie die beiden Dateien bekannt gemacht, die Abhängigkeiten spezifiziert und schließlich der Trigger angelegt werden. Dazu wird jeweils ein entsprechender Datensatz in die Tabellen eingetragen. Zum Schluss wird dann ein Trigger erzeugt, der nach dem Einfügen in die Tabelle veranstaltungen die UDF check aufruft (Bsp. A.7).

3 Publikationsliste

In diesem Beispiel wird gezeigt, wie mit Hilfe von iWebDB unter Nutzung des Informix Web DataBlade für jeden Mitarbeiter einer Arbeitsgruppe eine persönliche Publikationsliste erstellt werden kann. Die Liste soll nur generiert werden, wenn ein entsprechender Schalter gesetzt ist. Das vereinfachte Schema ist in Bsp. A.8 dargestellt. Neben einer Tabelle zur Aufnahme aller Publikationsdaten existieren noch eine für die Autoren sowie eine zur Verknüpfung von Autoren und Publikationen. Über das Attribut ordnung der Tabelle ap wird die Reihenfolge der Autoren bei einer Publikation festgelegt.

```
CREATE TABLE publikation
(
pid       SERIAL,
titel     LVARCHAR,
url       LVARCHAR,
details   LVARCHAR,
jahr      INTEGER
);

CREATE TABLE autor
(
aid       SERIAL,
name      VARCHAR(40),
vorname   VARCHAR(40),
vnkuerzel VARCHAR(6),
liste     BOOLEAN,
uname     VARCHAR(8),
url       LVARCHAR
);

CREATE TABLE ap
(
aid       INTEGER,
pid       INTEGER,
ordnung   INTEGER
);
```

Beispiel A.8: Tabellendefinitionen

In der Konfigurationsdatei (Bsp. A.10) werden für den von einer Änderung betroffenen Autor der Benutzername und der Schalter (liste) aus der DB geladen. Hierzu wird auf die in der Umgebungsvariable TID enthaltene ID des Autors zurückgegriffen. Anschließend wird der Pfad der Ausgabedatei gesetzt und zum Schluss anhand des Schalters entschieden, ob die Liste generiert werden soll.

```
<html><head><title>Publikationen</title></head>
<body>
<h1 align=center>Publikationen</h1>

<!-- interne Variablen initialisieren -->
<?MIVAR name=aid>$TID<?/MIVAR><?MIVAR name=ajahr>3000<?/MIVAR>

<!-- Publikationsdaten holen -->
<?MISQL   sql="select p.pid,p.jahr,p.titel,p.url
            from publikation p,ap ap
           where ap.aid=$aid and ap.pid=p.pid order by jahr desc;"
         results="pub">

<!-- Haben wir ein neues Jahr? -->
<?MIBLOCK cond="$(>,$ajahr,$pub.2)">
<?MIVAR name=ajahr>$pub.2<?/MIVAR>
<h3><?MIVAR>$pub.2<?/MIVAR></h3>
<?/MIBLOCK>

<!-- die zugehörigen Autoren einladen und ausgeben -->
<p><?MISQL sql="select vnkuerzel, name, ordnung from autor a,ap ap
where ap.aid=a.aid and ap.pid=$pub.1 order by ordnung;"
results="autor">
$autor.1 $autor.2, <?/MISQL>

<!-- jetzt noch die Publikationsdaten ausgeben -->
<br><a href="$pub.4">$pub.3</a></p>
<?/MISQL>
</body></html>
```

Beispiel A.9: Vorlage (Web Datablade)

In der Vorlage werden für den über den Parameter TID spezifizierten Autor alle Publikationen abgefragt. Zu jeder Publikation werden alle Autoren in der richtigen Reihenfolge aus der DB gelesen und ausgegeben. Die Darstellung erfolgt jahresweise, wobei für jedes neue Jahr die entsprechende Jahreszahl gedruckt wird.

Über die in Bsp. A.11 dargestellten SQL-Kommandos werden die Tabelle ap sowie die Vorlage und die Konfigurationsdatei in der DB registriert und eine Abhängigkeit zwischen der Tabelle und den Dateien spezifiziert. Abschließend wird ein entsprechender INSERT-Trigger erzeugt, der bei seiner Aktivierung die zu einer Zeichenkette konvertierte Autor-ID an den Dokumentengenerator weiterreicht.

```
<IWEBDB>
<DB name="$ENV.database" driver="$ENV.jdbcdriver" url="$ENV.url"/>
<SQL db="$ENV.database" stmt="SELECT UNIQUE uname, liste
    FROM autor WHERE aid=$ENV.TID;">
<VAR ident="DG.OUTFILE">pubs.html</VAR>
<VAR ident="DG.OUTPATH">/www/htdocs/<PRINT ident="sql.uname"/></
VAR>
<IF cond="$SQL.liste==t">
<VAR ident="DG.GENERATE">true</VAR>
</IF>
</SQL>
</IWEBDB>
```

Beispiel A.10: Konfigurationsdatei

```
-- Bekanntmachen der Tabelle und der Dateien
INSERT INTO tables VALUES (2, 'ap');
INSERT INTO templates VALUES (2, 'allPubs.mp', '/www/vorlagen/');
INSERT INTO config_files VALUES (2, '.cnf', '/www/cnffiles/');

-- Spezifikation der Abhängigkeiten („AFTER INSERT")
INSERT INTO dependencies VALUES (1, 1, 1, 1, NULL, 'AFTER', NULL);

-- Anlegen eines Triggers
CREATE TRIGGER pubtrigger INSERT ON ap
REFERENCING NEW as newap
FOR EACH ROW
(EXECUTE PROCEDURE check('INSERT', 'ap',
'AFTER',newap.aid::char(20)));
```

Beispiel A.11: SQL-Kommandos

Abbildungsverzeichnis

Verzeichnis der Beispiele

Literaturverzeichnis

AC00a M. Altheim, S. McCarron: *XHTML[tm] 1.1 - Module-based XHTML*, W3C Working Draft, http://www.w3.org/TR/xhtml11/, Januar 2000

AC00b M. Altheim, S. McCarron: *Building XHTML[tm] Modules*, W3C Working Draft, http://www.w3.org/TR/xhtml-building, Januar 2000

Adl+00 S. Adler et. al.: *Extensible Stylesheet Language (XSL), Version 1.0*, W3C Working Draft, http://www.w3.org/TR/xsl/, 1. März 2000

All99 *Coldfusion White Paper, Version 4.5*, Allaire Corporation, http://www.allaire.com, 1999

AM98 Gustavo O. Arocena, Alberto O. Mendelzon: *WebOQL: Restructuring Documents, Databases, and Webs*, Proc. International Conference on Data Engineering, Orlando, Florida, S. 24-33, 1998

AMM98 P. Atzeni, G. Mecca, P. Merialdo: *Design and Maintenance of Data-Intensive Web Sites*, EDBT, Valencia, Spanien, S. 436-450, 1998

AMM97 P. Atzeni, G. Mecca, P. Merialdo: *To Weave the Web*, Proc. International Conference on Very Large Databases, Athen, Griechenland, S. 206-215, 1997

Apa99a *Apache HTTP Server Version 1.3, Module mod_include*, Apache Software Foundation, http://www.apache.org, 1999

Apa99b *The Apache JServ Project*, Apache Software Foundation, http://www.apache.org, 1999

Apa99c *Apache 1.3 User's Guide*, Apache Software Foundation, http://www.apache.org, 199

BD+95 C. Bowman, P. Danzig, D. Hardy, U. Manber, M. Schwartz: *The Harvest Information Discovery and Access System*, Computer Networks and ISDN Systems 28 (1&2), S. 119-125, 1995

Bea99 *BEA Weblogic Server: Achieving Scalability and High Availability for E-Commerce and Other Web Applications*, BEA Systems, Inc., http://www.beasys.com, Juli 1999

Bec99 C. Becker: *Entwicklung eines Makroprozessors für das Web Content Management System iWebDB*, Projektarbeit, Arbeitsgruppe Datenbanken und Informationssysteme, Fachbereich Informatik, Universität Kaiserslautern, September 1999

BFM98   T. Berners-Lee, R. Fielding, L. Masinter: *Uniform Resource Identifiers (URI): Generic Syntax*, The Internet Society, Network Working Group, Request for Comments: 2396,   http://info.internet.isi.edu/in-notes/rfc/files/rfc2396.txt, 1998

BG98   W. Benn, I. Gringer: *Zugriff auf Datenbanken über das World Wide Web*, Informatik Spektrum 21, Heft 1, S. 1-8, Februar 1998

BMM94   T. Berners-Lee, L. Masinter, M. McCahill: *Uniform Resource Locators (URL)*, The Internet Society, Network Working Group, Request for Comments: 1738, http://info.internet.isi.edu/in-notes/rfc/files/rfc1738.txt, 1994

BSSJ99   R. Bliujute, S. Saltenis, G. Slivinskas, C. Jensen: *Developing a DataBlade for a New Index*, Proc. International Conference on Data Engineering, Sydney, Australien, S. 314-323, 1999

BPS98   T. Bray, J. Paoli, C. M. Sperberg-McQueen: *Extensible Markup Language (XML) 1.0 — W3C Recommendation 10-February-1998*, World Wide Web Consortium, XML Working Group, REC-xml-19980210, http://www.w3.org/ TR/REC-xml, 1998

Bro96   M. R. Brown: *FastCGI Specification*, Open Market, Inc., http:// www.fastcgi .com, April 1996

Cai95   Robert Cailliau: *A Little History of the World Wide Web*, Web Consortium, http://www.w3.org/History.html, 1995

Cat97   R. Cattell et al.: *The Object Database Standard: ODMG 2.0*, Morgan Kaufmann Publishers, Inc., 1997

CB00   R. Cattell, D. Barry: *The Object Data Standard: ODMG 3.0*, Morgan Kaufmann Publishers, Inc., 2000

CD99   J. Clark, S. DeRose: *XML Path Language (XPath), Version 1.0*, W3C Recommendation, http://www.w3.org/TR/xpath, 16. November 1999

CDI98   J. Challenger, P. Dantzig, A. Iyengar: *A Scalable and Highly Available System for Serving Dynamic Data at Frequently Accessed Web Sites*, Proceedings of ACM/IEEE Supercomputing '98, Orlando, Florida, November 1998

CFP99   S. Ceri, P. Fraternali, S. Paraboschi: *Design Principles for Data-Intensive Web Sites*, SIGMOD Record 28(1): S. 84-89, 1999

CGI95   *The CGI Specification, Version 1.1*, University of Illinois, Urbana-Champaign, http://hoohoo.ncsa.uiuc.edu/cgi/interface.html, 1995

CID99   J. Challenger, A. Iyengar, P. Dantzig: *A Scalable System for Consistently Caching Dynamic Web Data*, Proceedings of IEEE INFOCOM'99, New York, März 1999.

Cla99   J. Clark: *XSL Transformations (XSLT), Version 1.0*, W3C Recommendation, http://www.w3.org/TR/xslt, 16. November 1999

CW91   S. Ceri, J. Widom: *Deriving Production Rules for Incremental View Mainte-nance*, Proc. International Conference on Very Large Databases, Barcelona, Spanien, S. 577-589, 1991

DCMI99   *Dublin Core Metadata Element Set, Version 1.1: Reference Description*, Dublin Core Metadata Initiative, http://purl.org/dc/documents/rec-dces-19990702.htm, 1999

DDM99   S. DeRose, R. Daniel Jr., E. Maler: *XML Pointer Language (XPointer)*, W3C Working Draft, http://www.w3.org/TR/xptr, 6 Dezember 1999

DM98   P. Denning, R. Metcalfe: *Beyond Calculation: The next fifty years of compu-ting*, Springer, Boston, 1998

DMOT00   S. DeRose, E. Maler, D. Orchard, B. Trafford: *XML Linking Language (XLink)*, W3C Working Draft, http://www.w3.org/TR/xlink/, 21. Februar 2000

EBT00   *DynaBase*, eBusiness Technologies, http://www.ebt.com/dynabase/, 2000

ECMA99   *ECMAScript Language Specification, Standard ECMA-262*, European associa-tion for standardizing information and communication systems, http://www.ecma.ch/stand/ECMA-262.htm, Dezember 1999

FF+97   M. Fernandez , D. Florescu , J. Kang , A. Levy , D. Suciu: *STRUDEL: A Web-site Management System*, Proc. ACM SIGMOD Intl. Conference on Manage-ment of Data, Tucson, Arizona, USA, S. 549-552, Mai 1997

FFLS98   M. Fernandez , D. Florescu, A. Levy , D. Suciu: *Web-Site Management: The Strudel Approach*, Data Engineering Bulletin 21(2), S. 14-20, 1998

FG+99   R. Fielding, J. Gettys, J. Mogul, H. Frystyk, L. Masinter, P. Leach, T. Berners-Lee: *Hypertext Transfer Protocol -- HTTP/1.1*, The Internet Society, Network Working Group, Request for Comments: 2616, ftp://ftp.isi.edu/in-notes/rfc2616.txt, Juni 1999

FH+99   J. Franks, P. Hallam-Baker, J. Hostetler, S. Lawrence, P. Leach, A. Luotonen, L. Stewart: *HTTP Authentication: Basic and Digest Access Authentication*, The Internet Society, Network Working Group, Request for Comments: 2617, ftp://ftp.isi.edu/in-notes/rfc2617.txt, Juni 1999

FKK96   A. Freier, P. Karlton, P. Kocher: *The SSL Protocol, Version 3.0*, Transport Layer Security Working Group, Netscape Communications, November 1996, http://home.netscape.com/eng/ssl3/draft302.txt

FLM98   D. Florescu, A. Levy, A. Mendelzon: *Database Techniques for the World-Wide Web: A Survey*, SIGMOD Record 27(3), S. 59-74, 1998

FLSY99   D. Florescu, A. Levy, D. Suciu, K. Yagoub: *Optimization of Run-time Manage-ment of Data Intensive Web-sites*, Proc. International Conference on Very Large Databases, Edinburgh, Schottland, S. 627-638, 1999

FP98   P. Fraternali, P. Paolini: *A Conceptual Model and a Tool Environment for Developing More Scalable, Dynamic, and Customizable Web Applications*, EDBT, Valencia, Spanien, S. 421-435, 1998

Frö99   B. Fröhlich: *Entwicklung des HTML-Moduls für das Web Content Manage-
            ment System iWebDB*, Projektarbeit, Arbeitsgruppe Datenbanken und Informa-
            tionssysteme, Fachbereich Informatik, Universität Kaiserslautern, Mai 1999

GFG97   J. Garcia, P. Ferreira, P. Guedes: *The PerDiS FS: A Transactional File System
            for a Distributed Persistent Store*, Eigth ACM Sigops Workshop, Sintra, Portu-
            gal, September 1998

GJ91   N. Gehani, H. Jagadish: *Ode as Active Database: Constraints and Triggers*,
            Proc. International Conference on Very Large Databases, Barcelona, S. 327-
            336, 1991

GJS96   J. Gosling, B. Joy, G. Steele: *The Java Language Specification*, Addison-Wes-
            ley, 1996

GPS93   F. Garzotto, P. Paolini, D. Schwabe: *HDM - A Model-Based Approach to
            Hypertext Application Design*, ACM Transactions on Information Systems
            (TOIS) 11(1), S. 1-26, 1993

GR93   J. Gray, A. Reuter: *Transaction Processing: Concepts and Techniques*, Morgan
            Kaufmann Publishers, San Mateo, 1993

Gra99   M. Graf: *Ein Index zur Unterstützung von strukturbasierter Suche in XML-
            Dokumenten - Entwurf und Realisierungsaspekte*, Projektarbeit, Arbeitsgruppe
            Datenbanken und Informationssysteme, Fachbereich Informatik, Universität
            Kaiserslautern, Dezember 1999

GW+99   Y. Goland, E. Whitehead, A. Faizi, S. Carter, D. Jensen: *HTTP Extensions for
            Distributed Authoring -- WEBDAV*, The Internet Society, Network Working
            Group, Request for Comments: 2518, ftp://ftp.isi.edu/in-notes/rfc2518.txtl,
            Februar 1999

Hei98   J. Heinrich: *Studie über das Einsatzpotential Objekt-Relationaler DBMS und
            Evaluation kommerzieller Produkte*, Diplomarbeit, Arbeitsgruppe Datenban-
            ken und Informationssysteme, Fachbereich Informatik, Universität Kaiserslau-
            tern, Februar 1998

Heu97   A. Heuer: *Objektorientierte Datenbanken - Konzepte, Modelle, Standards und
            Systeme*, Addison-Wesley, 1997

HMMS87   T. Härder, K. Meyer-Wegener, B. Mitschang, A. Sikeler: *PRIMA - A DBMS
            Prototype Supporting Engineering Applications*, Proc. International Confe-
            rence on Very Large Databases, Brighton, S. 433-442, 1987

HMRS00   T. Härder, W. Mahnke, N. Ritter, H.-P. Steiert: *Generating Versioning Faci-
            lities for a Design-Data Repository Supporting Cooperative Applications*, Int.
            Journal of Intelligent & Cooperative Information Systems, 9:1-2, S. 117-146,
            2000

HR83   T. Härder, A. Reuter: *Principles of Transaction Oriented Database Recovery*,
            ACM Computing Surveys 15(4): S. 287-317, 1983

HR99   T. Härder, E. Rahm: *Datenbanksysteme: Konzepte und Techniken der Imple-
            mentierung*, Springer, 1999

HS97   M. Horowitz, S. Lunt: *FTP Security Extensions*, The Internet Society, Network Working Group, Request for Comments: 2228, ftp://ftp.isi.edu/in-notes/ rfc2228.txt, Oktober 1997

HTD99   *ht://Dig WWW Search Engine Software*, The ht://Dig Group, http:// www.htdig.org, 1999

IAB95   T. Isakowitz, E. Stohr, and P. Balasubramanian: *RMM: A Methodology for Structured Hypermedia Design*, Communications of the ACM 58(8), S. 34-44, August 1995

IBM99   *DB2 Text Extender Administration and Programming*, IBM Corporation, http://www.software.ibm.com/data/, 1999

IBV98   T. Isakowitz, M. Bieber, F. Vitali: *Web Information Systems*, Communications of the ACM, Vol. 41, No. 7, S. 78-81, Juli 1998

IC98   A. Iyengar, J. Challenger: Data Update Propagation: *A Method for Determining How Changes to Underlying Data Affect Cached Objects on the Web*, Technical Report RC 21093(94368), IBM Research Division, Yorktown Heights, New York, Februar 1998.

Inf99a   *Informix Dynamic Server.2000 - Getting Started*, Informix Software, Inc., http://www.informix.com, 1999

Inf99b   *Excalibur Text Search DataBlade Module User's Guide, Version 1.2*, Informix Software, Inc., http://www.informix.com, 1999

Inf99c   *Informix Web DataBlade Module - Application Developer's Guide*, Informix Software, Inc., http://www.informix.com, August 1999

Inf99d   *DataBlade Developers Kit User's Guide, Version 4.0*, Informix Software, Inc., http://www.informix.com, 1999

Inf99e   *Virtual-Index Interface Programmer's Manual, Version 9.2*, Informix Software, Inc., http://www.informix.com, 1999

Inf99f   *Virtual-Table Interface Programmer's Manual, Version 9.2*, Informix Software, Inc., http://www.informix.com, 1999

Inf99g   *Ultraseek Server 3.1 Administrator Guide*, Infoseek Corporation, http:// www.ultraseek.com, 1999

Inf99h   *Ultraseek Server CCE 3.1 Administrator Guide*, Infoseek Corporation, http:// www.ultraseek.com, 1999

Inf00   *Informix i.Reach*, Informix Software, Inc., http://www.informix.com/ireach/, 2000

Ink96   *The Inktomi Technology Behind the HotBot - A White Paper*, Inktomi Corporation, http://www.inktomi.com, 1996

Ink99   *Inktomi Directory Engine*, Inktomi Corporation, http://www.inktomi.com, 1999

Int98   *INTERSHOP 4 - White Paper*, Intershop Communications, Inc., http://
             www.intershop.com, 1998

ISO86   *ISO 8879:1986(E). Information processing -- Text and Office Systems -- Stan-
             dard Generalized Markup Language (SGML), First edition*, International
             Organization for Standardization, 15. Oktober 1986

JTC89   *ISO/IEC JTC1/SC21 Information Technology - Database Languages - SQL*,
             International Organization for Standardization, 1989

JTC99a   *ISO/IEC 9075-1 Information Technology - Database Language SQL - Part 1:
             Framework*, International Organization for Standardization, 1999

JTC99b   *ISO/IEC 9075-3 Information technology - Database Language SQL - Part 3:
             Call-Level Interface (SQL/CLI)*, International Organization for Standardiza-
             tion, 1999

JTC99c   *ISO/IEC 9075-4 Information technology - Database Language SQL - Part 4:
             Persistent Stored Modules (SQL/PSM)*, International Organization for Standar-
             dization, 1999

JTC99d   *ISO/IEC 9075-9 Information Technology - Database Language SQL - Part 9:
             Management of External Data*, International Organization for Standardization,
             1999

Kim94   W. Kim: *UniSQL/X Unified Relational and Object-Oriented Database System*,
             Proc. ACM SIGMOD Intl. Conference on Management of Data, Minneapolis,
             Minnesota, S. 481, 1994

Kim96   W. Kim: *Object-Relational - The unification of object and relational database
             technology*, UniSQL White Paper, 1996

KM00   M. Klettke, H. Meyer: *XML and Object-Relational Database Systems - Enhan-
             cing Structural Mappings Based on Statistics*, Proc. ACM SIGMOD Workshop
             on The Web and Databases, Dallas, Texas, Mai 2000

KS95   D. Konopnicki, O. Shmueli: *W3QS: A Query System for the World-Wide Web*,
             Proc. International Conference on Very Large Databases, Zürich, Schweiz, S.
             54-65, 1995

LC98   M. Loomis, A. Chaudhri: *Object Databases in Practice*, Prentice Hall, 1998

LGA96   D. Lieuwen, N. Gehani, R. Arlein: *The Ode Active Database: Trigger Seman-
             tics and Implementation*, Proc. International Conference on Data Engineering,
             New Orleans, Louisiana, S. 412-420, 1996

Loe97   H. Loeser: *Datenbankanbindung an das WWW - Techniken, Tools und Trends*,
             Tagungsband der GI-Fachtagung „Datenbanken in Büro, Technik und Wissen-
             schaft", Ulm, S. 83-99, 1997

Loe98b   H. Loeser: *Techniken für Web-basierte Datenbankanwendungen - Anforderun-
             gen, Ansätze, Architekturen*, Informatik Forschung und Entwicklung 13 (4), S.
             196-216, 1998

Loe99   H. Loeser: *iWebDB - Eine integrierte Web-Datenbank auf Basis objekt-relatio-naler DB-Technologie*, Tagungsband der GI-Fachtagung „Datenbanken in Büro, Technik und Wissenschaft", Freiburg, S. 20-37, 1999

Loe00a   H. Loeser: *Shift it to the Server! - Let the Database Server Update Your Web Sites*, Proc. International Conference on Web Information Systems Enginee-ring, Hongkong, Juni 2000

Loe00b   H. Loeser: *Keeping Web Pages Up-To-Date With SQL:1999*, Proc. Internatio-nal Database Engineering and Applications Symposium, Yokohama, Japan, September 2000

LR99   H. Loeser, N. Ritter: *iWebDB - Integrated Web Content Management based on Object-Relational Database Technology*, Proc. International Database Engi-neering and Applications Symposium, Montreal, Kanada, S. 92-97, August 1999

LS00   H. Loeser, B. Surjanto: *Effizienter Informationsaustausch durch ORDBS-basiertes Web Content Management*, Fachtagung CAD'2000, Berlin, S. 51-67, März 2000

Ma91   N. Mattos: *An Approach to Knowledge Base Management*, Lecture Notes in Computer Science 531, Springer, 1991

Mic98   *Active Server Pages Technology Feature Overview*, Microsoft Corporation, http://www.microsoft.com, August 1998

Mic99   *What Are the FrontPage Server Extensions?*, Microsoft Corporation, http://www.microsoft.com, April 1999

Mic00   *Internet Database Connector*, Microsoft Corporation, http://www.micro-soft.com, Januar 2000

Mit88   B. Mitschang: *Ein Molekül-Atom-Datenmodell für Non-Standard-Anwendun-gen*, Informatik-Fachberichte 195, Springer, 1988

MKRZ99   N. Mattos, J. Kleewein, M. Roth, K. Zeidenstein: *From Object-Relational to Federated Databases*, Tagungsband der GI-Fachtagung „Datenbanken in Büro, Technik und Wissenschaft", Freiburg, S. 185-209, 1999

MMM96   A. Mendelzon, G. Mihaila, T. Milo: *Querying the World Wide Web*, Proc. Inter-national Conference on Parallel and Distributed Information Systems, Miami Beach, Florida, S. 80-91, 1996

MN98   S. Münz, W. Nefzger: *HTML 4.0 Handbuch*, Franzis-Verlag, 1998

Mom99   B. Momjian: *The History of PostgreSQL Development*, PostgreSQL Documen-tation, http://www.postgreSQL.org, 1999

MV98   U. Masermann, G. Vossen: *Suchmaschinen und Anfragen im World Wide Web*, Informatik Spektrum 21, Heft 1, S. 9-15, Februar 1998

NS96   T. Nguyen, V. Srinivasan: *Accessing Relational Databases from the World Wide Web*, Proc. ACM SIGMOD Intl. Conference on Management of Data, Montreal, Kanada, S. 529-540, 1996

OMG99   *The Common Object Request Broker: Architecture and Specification*, Object Management Group, http://www.omg.org, Oktober 1999

Ora99a   *Text Management with Oracle 8i interMedia*, Oracle Corporation, http://www.oracle.com, 1999

Ora99b   *Oracle8i Data Cartridge Developer's Guide, Release 8.1.5*, Oracle Corporation, http://www.oracle.com, 1999

Pem00   S. Pemberton et al.: *XHTML[tm] 1.0: The Extensible HyperText Markup Language — A Reformulation of HTML 4.0 in XML 1.0*, W3C, Recommendation, http://www.w3.org/TR/xhtml1/, Januar 2000

PG98   B. Plotkin, S. Garone: *Apple's WebObjects: Innovative Engineering + Internet Standards = Industrial-Strength Web Application Server, An IDC White Paper*, International Data Corporation, http://www.apple.com/webobjects/whitepaper/, 1998

Poe99   *XML - The Foundation for the Future, White Paper*, Poet Software, http://www.poet.com, 1999

PR85   J. Postel, J. Reynolds: *FILE TRANSFER PROTOCOL (FTP)*, The Internet Society, Network Working Group, Request for Comments: 959, ftp://ftp.isi.edu/in-notes/rfc959.txt, Oktober 1985

PRSS99   B. Pröll, W. Retschitzegger, H. Sighart, H. Starck: *Ready for Prime Time - Pre-Generation of Web Pages in TIScover*, Proc. ACM SIGMOD Workshop on The Web and Databases, Philadelphia, Pennsylvania, USA, Juni 1999

PRW99   B. Pröll, W. Retschitzegger, R.R. Wagner: *Holiday Packages on the Web*, Proc. of the International Conference on Information and Communication Technologies in Tourism, Innsbruck, S. 108-118, 1999

RLJ99   D. Raggett, A. Le Hors, I. Jacobs: *HTML 4.01 Specification*, W3C Recommendation, http://www.w3.org/TR/html401/, 24. Dezember 1999

RS87   L. A. Rowe, M. Stonebraker: *The POSTGRES Data Model*, Proc. International Conference on Very Large Databases, Brighton, England, S. 83-96, 1987

San99   A. Sanchez (Ed.): *Informix Dynamic Server with Universal Data Option: Best Practices*, Prentice Hall, 1999

SBM99   M. Stonebraker, P. Brown, D. Moore: *Object-Relational DBMSs - Tracking The Next Great Wave*, Morgan Kaufmann Publishers, Inc., 1999

SHH87   M. Stonebraker, E. Hanson, C.-H. Hong: *The Design of the Postgres Rules System*, Proc. International Conference on Data Engineering, Los Angeles, USA, S. 365-374, 1987

Sie99   S. Siegel: *iWebDB/ED - Dateianbindung für ein integriertes Web-Dokumentenverwaltungssystem*, Projektarbeit, Arbeitsgruppe Datenbanken und Informationssysteme, Fachbereich Informatik, Universität Kaiserslautern, September 1999

Sin98   G. Sindoni: *Incremental Maintenance of Hypertext Views*, Proc. ACM SIG-MOD Workshop on The Web and Databases, Valencia, Spanien, März 1998

SM83   G. Salton, M. McGill: *Introduction to Modern Information Retrieval*, McGraw-Hill, 1993

SM⁺00   J. Srinivasan, R. Murthy, S. Sundara, N. Agarwal, S. DeFazio: *Extensible Indexing: A Framework for Integrating Domain-Specific Indexing Schemes into Oracle8i*, Proc. International Conference on Data Engineering, San Diego, Kalifornien, S. 91-100, März 2000

SPEC99   *SPECweb99 Benchmark*, Standard Performance Evaluation Corporation, http://www.spec.org/osg/web99/, 1999

SQLJ99   *SQLJ: SQL Types using the Java Programming Language, Working Draft*, Sybase, Inc., 19. September 1999

SRL00   B. Surjanto, N. Ritter, H. Loeser: *XML Content Management Based on Object-Relational Database Technology*, Proc. International Conference on Web Information Systems Engineering, Hongkong, Juni 2000

SSI95   *Server Side Includes (SSI)*, University of Illinois, Urbana-Champaign, http://hoohoo.ncsa.uiuc.edu/docs/tutorials/includes.html, 1995

Sto96   M. Stonebraker: *Object-Relational DBMSs - The Next Great Wave*, Morgan Kaufman Publishers, Inc., 1996

Sto99   M. Stonebraker: *Architectural Options for Object-Relational DBMSs*, in [San99]

Sun98b   *Java Web Server*, Sun Microsystems Inc., http://www.sun.com, 1998

SYU99   T. Shimura, M. Yoshikawa, S. Uemura: *Storage and Retrieval of XML Documents Using Object-Relational Databases*, Proc. Conference on Database and Expert Systems Applications, Florenz, Italien, S. 206-217, 1999

Tas99   J. Taschek: *The scoop on Web content management*, PC Week Labs, 13. September 1999

TPC00   *TPC-W Benchmark Specification*, Transaction Processing Performance Council, http://www.tpc.org, 2000

Ver99   *Verity Text DataBlade*, Verity, Inc., http://www.verity.com, 1999

W3C00   *About The World Wide Web Consortium*, World Wide Web Consortium, http://www.w3.org/Consortium/, 2000

WAP98   *Wireless Application Protocol - Architecture Specification*, Wireless Application Protocol Forum, http://www.wapforum.org, April 1998

WAP99   *Wireless Application Protocol - Wireless Markup Language Specification, Version 1.2*, Wireless Application Protocol Forum, http://www.wapforum.org, November 1999

WC97   D. Wessels, K. Claffy: *Application of Internet Cache Protocol (ICP), version 2*, The Internet Society, Network Working Group, Request for Comments: 2187, ftp://ftp.isi.edu/in-notes/rfc2187.txt, September 1997

Web00   A. Weber: *iWebDB/DG*, Dokumentation zur Hiwi-Tätigkeit, Arbeitsgruppe Datenbanken und Informationssysteme, Fachbereich Informatik, Universität Kaiserslautern, Januar 2000

WH99   S. White, M. Hapner: *JDBC 2.1 API*, Sun Microsystems, Inc., http://java.sun.com, Dezember 1999

WW98   J. Whitehead, M. Wiggins: *WEBDAV: IETF Standard for Collaborative Authoring on the Web*, IEEE Internet Computing, S. 34-40, September/Oktober 1998

Sachverzeichnis